굿바이
영어
사교육

굿바이 영어 사교육

초판 1쇄 발행 2012년 12월 23일
초판 3쇄 발행 2013년 8월 12일

지은이 · 어도선, 서유헌, 이병민, 김승현, 권혜경, 이찬승
기   획 · 사교육걱정없는세상
발행인 · 표완수
편집인 · 문정우

펴낸곳 · ㈜참언론 시사IN북
출판신고 · 2009년 4월 15일 제 300-2009-40호
주소 · 100-858 서울시 중구 중림로 27 가톨릭출판사빌딩 신관 3층
주문전화 · 02-3700-3256, 02-3700-3250(마케팅팀), 02-3700-3255(편집부)
주문팩스 · 02-3700-3209
전자우편 · book@sisain.kr
블로그 · book.sisain.co.kr

- 시사IN북은 시사주간지 〈시사IN〉에서 만든 출판 브랜드입니다.
- 이 책은 저작권법에 따라 보호받는 저작물이므로 무단 전재와 무단 복제를 금지하며,
  이 책 내용의 전부 또는 일부를 이용하려면 반드시 저작권자와 시사IN북의 서면동의를 받아야 합니다.
- 잘못된 책은 바꾸어 드립니다.
- 책값은 뒤표지에 있습니다.

ISBN 978-89-94973-13-5 03370

영어 사교육 불안에 지친
부모들을 위한 필독서

굿바이 영어 사교육

사교육걱정없는세상 기획
어도선 서유헌 이병민 김승현 권혜경 이찬승 지음

■ 책을 내며

수지맞는 일입니다

　사교육걱정없는세상은 2008년 6월 12일, 입시 사교육으로 고통받는 아이들과 부모들의 문제를 이대로 방치해서는 안 되겠다는 취지로 창립되었습니다. 처음 운동을 시작했을 때는 사교육을 유발하는 입시 정책과 제도를 고치거나, 학원의 잘못된 영업을 바로잡는 일, 혹은 선행교육 금지법 제정과 같은 본격적인 정책 사업을 전개할 수 없었습니다. 모름지기 어떤 정책적 대안을 주장할 때 선행되어야 할 일은, 그 정책이 없어서 문제가 되는 실상을 정확히 이해하는 것입니다. 그러나 그 당시 우리는 사교육걱정없는세상을 이루겠다는 목표만 세웠지, '사교육'의 실상과 현실에 대해서 아는 바가 없었습니다. 그래서 대안을 만들기 위해서라도, 그 현실을 정확하게 아는 것이 필요했습니다.

　그 무렵 새 정부가 들어서면서 인수위원회가 활동을 시작했는데, 영어 몰입 교육이 필요하다는 주장이 제기되면서 사회적으로 큰 파장을 불러일으켰습니다. 당시 논쟁의 핵심에 섰던 이경숙 전 숙명여대 총장이 '어륀지'라는 표현을 쓰며 영어 몰입 교육을 강조하자, 난리가 났습니다. 그렇잖아도 외국어고등학교에 들어가기 위한 영어시험이 갈수록 큰 사회적인 문제가 되고 있는 상황에서, 그의 발언으로 온 나라가 영어 조기 교육 파동으로 들끓었고, 영어 사교육 참여비율은 천정부지로 솟구쳤습니다. 영어 사교육은 그야말로 공포 그 자체였습니다.

그때, 우리는 이 문제부터 풀어야겠다고 판단했고, 서울대학교 영어교육과 이병민 교수를 찾아가서, 영어 조기 교육, 그리고 영어 몰입 교육의 문제에 대해 자문했습니다. 이병민 교수님의 말씀은 너무도 명쾌했습니다. '영어 조기 교육은 과학적 근거가 없고, 영어 몰입 교육은 우리 한국적 상황에서 적용할 방식이 아니다'는 것이었습니다. 영어 조기 교육의 이론적 기반이 되는 '외국어 학습 결정적 시기 가설'도 그 이론이 입증된 것이 아니라 아직도 논쟁 중이며 그 가설의 입증 시도도 영어를 모국어로 사용하는 국가 환경에서나 가능한 것이지, 우리나라와 같이 한국어를 일상적으로 사용하는 국가에서는 불가능하다는 것입니다. 영어 조기 교육은 그야말로 과학적 근거가 없다는 것이지요. 또한 학교 수업을 영어로 진행하는 소위 '몰입 교육'의 경우도 그 효과를 낸다는 것이 말처럼 쉽지 않다고 지적했습니다. 학교에서 몰입 교육을 해봤자, 영어 수업 이외 대부분의 시간에는 우리말로만 소통하는 나라에서 그것은 코끼리 비스킷이라는 것입니다.

교수님의 말씀은 아주 풍부한 과학적·학문적 이론을 토대로 한, 근거가 탄탄한 것이었습니다. 이병민 교수님과의 만남이 계기가 되어 그분 말씀을 좀 더 충분히 들어야겠다고 생각하다가, 그럴 것이라면 아예 강좌를 열어서 시민들과 함께 듣기로 결정하고, '영어 사교육 광풍에서 살아남기'라는 3회 연속 교양 강좌를 개최했습니다. 그리고 이 일이 계기가 되어, 새 정부의 영어 사교육 정책을 평가하는 토론회와 '영어 사교육 포럼'이라는 모임이 조직되었고, 2년에 걸쳐 영어 사교육 실상에 대한 종합적 조사 작업을 시작했습니다. 이 과정에서 영어 조기 교육, 몰입 교육, 엄마표 영어, 영어 다독, 학교 영어 교육 등 영어 교육 전반에 대한 점검이 끝났고, 그 과정에서 정리된 내용을 국민들과 공유하기 위해 2010년 '행복한 영어학교'라는 강좌를 개설했습니다. 강좌는 폭발적인 반응을 얻었습니다. 함께 참여했던 시민들이 이 강좌를 통해 새롭고 건강한 정보를 접하고 안심했고, 또 영어 조기 교육이 아니라도 아이들에게 적절하고 건강하게 영어 교육을 제공할 통찰을 얻었습니다.

'행복한 영어학교' 강좌에 대한 시민들의 뜨거운 관심을 접하고 나서, 우리는 이 내용을 책으로 출판하기로 결심했습니다. 우리 단체가 해야 할 일들이 산적한 가운데 같은 내용의 강좌를 여러 번 개최할 수 없는 상황에서, 더 많은 시민들을 만날 수 있는 길은 출판이 거의 유일했습니다.

이 책은 행복한 등대지기학교 6개 강좌들과 이병민 교수님의 국민교실 2개 강좌를 그때 내용 그대로 녹취해서 정리한 것입니다. 딱

딱한 글이 아닌 강의체 글인지라 독자들이 읽기 쉽고 당일 강의의 생생한 흐름과 호흡을 함께할 수 있을 것입니다. 이 책이 세상에 나올 수 있도록 도움을 주신 강사이자 필자 분들께 머리 숙여 감사드립니다. 강의에 참여해주셨을 뿐 아니라 필자로서 녹취된 내용을 다시 말끔하게 정리하는 글쓰기의 수고를 거치느라 다들 많은 고생을 하셨습니다.

지금 우리나라에 나와 있는 허다한 영어 사교육 관련 책 중에서 이토록 알찬 정보와 바른 관점을 가지고 시민들을 설득한 책은 없다고 자부합니다. 영어 사교육을 매개로 불안을 부추겨 이익을 얻고자 하는 흐름 속에서, 이 책은 오히려 불안을 잠재움으로써 영어 사교육 부담을 줄이는 데 적지 않게 기여할 것으로 자평합니다. 그런 의미에서 이 책을 읽는 독자들은 수지맞았습니다. 모쪼록 이 책을 읽는 독자들마다, 영어 사교육 공포가 해소되고 아이들에게 바른 영어교육을 시킬 지혜를 얻게 되며, 입시 고통과 사교육 부담을 안겨주는 잘못된 세상을 바꾸는 일에 참여하고자 하는 뜨거움이 찾아오면 좋겠습니다. 감사합니다.

2012년 12월
사교육걱정없는세상

차례

책을 내며 수지맞는 일입니다 •004

1장 삶을 풍요롭게 하는 영어 교육과 영어책 읽기 •011
-어도선(고려대학교 영어교육과 교수)

2장 뇌과학이 들려주는 조기 영어 교육의 폐해 •049
-서유헌(서울대학교 의과대학 교수)

3장 조기 영어 교육, 거품 빼고 진실 캐기 •093
-이병민(서울대학교 영어교육과 교수)

4장 영어 교육의 단계별 고민과 대책, 여기에 다 모였다 •165
-김승현(영어사교육포럼 부대표)

5장 자녀와 함께하는 영어책 읽기, 영어도서관 활용법 •203
-권혜경(숭실사이버대학교 실용영어학부 외래교수)

6장 영어 공부의 진실을 공개한다 •245
-이찬승(교육을 바꾸는 사람들 대표)

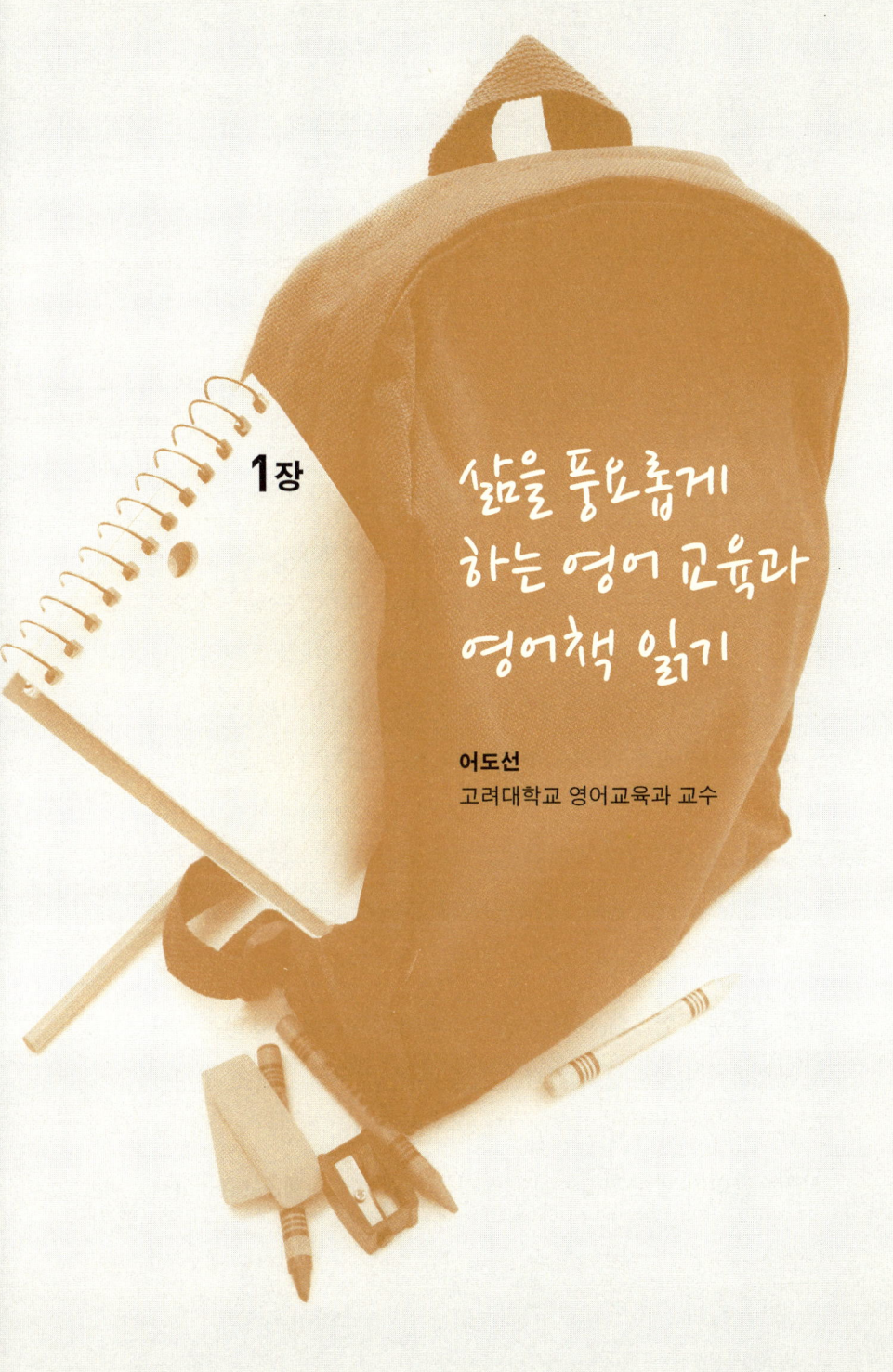

1장

삶을 풍요롭게
하는 영어 교육과
영어책 읽기

어도선
고려대학교 영어교육과 교수

아이들 내면을 황폐화시키는 영어

　오늘 제 강의는 영어 교육에 대해 근본적으로 다시 한 번 생각해 보는 시간이 될 것입니다. 제가 영어 선생님들에게 한 학기나 1년간 영어를 가르치고 나서 느끼는 점을 질문하면 대부분은 일종의 자괴감을 느낀다고 대답해요. '아! 올해도 학생들이 영어를 싫어하게 만들었구나.' '영어에 대한 두려움을 더 가중시켰구나.' '아이들이 영어를 무섭게 느끼도록 했구나' 하는 자괴감을 느낀답니다. 보람보다 자괴감을 느낀다는 것 자체가 교육을 하는 사람으로서는 견디기 어려운 일이죠.

　아이들한테 '영어 공부 좋으냐?'고 물어보면 아주 특별한 몇몇 학생을 제외한 많은 학생이 영어를 싫어하고, 심지어 영어 때문에 불행하다는 학생도 있어요. 이런 상황에서 아이들은 정복되지 않는 영어를 정복하기 위해서 온 시간과 열정을 사실 다 바치고 있죠. 학생들은 자기의 내적인 성장을 추구해야 할 시간을 오히려 영어에 쏟아 부으면서 자신의 내적 환경이 황폐해가는 것을 목도하게 됩니다. 그래서 중고등학교 학생들이 가장 많은 시간을 할애하는 주요 과목인 국어, 영어, 수학 중에서 영어가 이런 황폐화에 가장 큰 몫을 차지한다고 생각합니다.

한국 영어 교육은 영어 학습이지 교육이 아니다

엄밀히 말해서 우리나라에서는 영어 교육이 이루어지지 않고 있어요. 진정한 의미에서 교육은 어떤 것을 매개로 해서 한 인간의 정서적·문화적·인지적 성장을 이루게 하는 것인데, 우리는 영어를 학습의 대상으로 놓고 '영어 학습'만 하지 영어를 통해서 하는 교육은 하지 않기 때문입니다. 수학과나 지리교육과 또는 역사학과에 '콘텐츠가 뭐냐?' '학생들이 배워야 될 내용이 뭐냐?' 이렇게 물으면 그 내용이 있는데 반해 영어에 대해 똑같이 질문하면 내용이 없어요. 대신 읽고, 쓰고, 말하고, 듣고 하는 기능에 관한 얘기만 할 뿐이죠. 무엇을 왜 배워야 되는지에 대한 논의 과정 없이 영어의 기능만 익힌다는 것은 매우 우스운 일이에요.

앵무새에게 '안녕하세요, 안녕하세요'라고 소리 내도록 매일 훈련시키면 어느 날 앵무새가 '안녕하세요' 하잖아요? 하지만 그것을 말이라는 행위로 볼 수는 없어요. 앵무새 스스로 말을 하고 싶은 욕구나 필요성, 자신의 욕망이나 꿈, 사상을 전달하고픈 욕구를 느낀 게 아니기 때문이죠. 우리가 지금 마치 영어라는 '구속복'에 아이들을 꿰어 맞추는, 그래서 기껏 해봐야 말 잘하는 앵무새를 양산해내는 것은 아닌가, 영어 훈련 자체를 영어 교육으로 잘못 알고 있는 것은 아닌가 생각해봐야 합니다.

  지금 우리에게는 진정한 의미에서의 영어 교육 철학, 영어 교육 윤리학이 없어요. 전 세계 어느 교과 과목에도 영어 교육 철학이라든지, 영어 교육 윤리학이라는 과목은 없습니다. 한 3년 전에 영국의 에든버러 대학에서 영어 교육 윤리학이라는 과목이 개설되긴 한 것으로 알고 있어요. 반가운 일이기는 하지만 전체적으로 보면 아직도 영어를 하나의 기능 과목으로서만 인정하고 있습니다. 하지만 우리가 영어를 통해서 가르치는 대상은 아이들입니다. 수많은 것을 경험하고, 배워서 내적으로 성숙해져야 하는 아이들이죠. 그런데 우리는 영어를 가르친다고 생각하면서도 교육한다는 생각을 잊어왔던 것 같습니다. 그러다 보니 우리나라에서 영어 교육은 정말 비인간화돼 있습니다. 아이들이 학습의 주체가 아니라 그저 가르칠 대상이 된 거예요. 이렇기 때문에 대부분은 배움에 대해서 소극적이면서 노예적 속성을 띠게 돼요. 학생들의 자아, 꿈, 이상, 정서, 가치관, 심지어 내적인 욕망 자체가 설 자리는 없는 거죠. 이런 환경에서 교사와 학생들 간에, 학생과 학생들 간에 상호교류는 있을 수가 없습니다. 그저 천편일률적이고 예측 가능한, 그래서 배움을 이룰 수 없는 그런 교류들로 채워질 뿐이죠.

  1997년 레베카Rebecca 교수가 영어 교육 자체가 대단히 "비인간화dehumanized"되어 있다고 지적한 적이 있어요. 그리고 2005년에 제프 홀Geoff Hall이라는 유명한 학자도 같은 지적을 했어요. 그러나 사람들은 이 부분에 관심을 가지고 있지 않은 듯해요. 사람들의 1차적 관심은 효율성이에요. 영어를 어떻게 하면 빨리, 잘 배울까라는 문제에만 초점을 두고 있죠. 그렇기 때문에 계속 방법론 쪽에만 초점을 두어요. 다시 말해서 영어를 통해 학생들에게 어떤 배움을 이루게 하는가를 고민해야 하는데, 우리는 현재 영어는 있지만 콘텐츠가 없기에 가르칠 내용 자체가 거의 없는 형편입니다. 그러다 보니까 학생과 교사 사이에, 학생과 학생 사이에 교감할 수 있는 부분도 없습니다.

가장 큰 배움은 인간적인 교감을 통해 이루어집니다. 그런데 현재의 영어 교육에는 교감할 수 있는 근거가 전혀 없어요. 천편일률적인 영어 훈련이 이루어지기 때문에 결과적으로 많은 학생들의 내면을 황폐화시키는 과정을 그대로 답습하고 있습니다. 비인간화 과정이라고 볼 수 있죠.

입시를 위한 평가가 교육을 훈련으로 만들어

세계화 시대에 걸맞은 국제적인 인재를 키우기 위해서 영어 교육을 시킨다는 거창한 명분을 가지고 있지만, 사실은 입시를 위한 영어 교육이라는 것이 정확한 표현이겠죠. 모든 입시는 결국 평가를 위한 교육을 요구합니다. 그런 평가를 위한 교수법이 아이들을 황폐화시키는, 비인간화된 영어 교육으로 내몬다는 사실을 잘 아실 거예요. 수능 영어 문제를 보세요. 영어로 무엇인가 읽는다고 했을 때, 실제 우리 머릿속에서는 상상을 하게 됩니다. 또 어떤 좋은 글귀가 나오면 '아, 이거 외워야지' 하고, 어떤 경우에는 '이 사람은 왜 이렇게 생각하지' 하며 반박도 하고, 논리적으로 완벽한 글을 보면 '이것을 외워서 어디다 응용해야겠다' 하는 생각을 합니다. 다시 말해서 읽기 과정에서, 이해와 더불어서 이루어지는 인지적·정서적 또는 문화적 작용은 매우 다양합니다.

하지만 입시에서는 내가 텍스트를 통해 어떤 주관적 감정을 갖느냐, 나의 자아가 텍스트에 얼마만큼 많이 개입하느냐, 내가 텍스트를 어떻게 느끼고 판단하느냐 하는 것은 전혀 허용되지 않아요. 오로지 텍스트의 정보에 대한 노예적 수동성을 얼마만큼 갖추고 있느냐에 따라서 점수가 나올 뿐이죠. 그러다 보니 학생들은 시험 문제 유형을 익히고, 유형에 따른 연습문제를 백 개고, 천 개고 반복해서 풀게 됩니다. 시험 문제에 나와 있는 텍스트 자체가 좋은 내용이라면, 시험을 통해서라도 그런 내용을 접할 수 있게 되어 좋겠죠. 예를 들면, 캘리포니아의 지층대는 신생대 때 이루어졌다고 하는 지문이 있는데, 우리가 그것을 알아야 할 이유가 있나요? 학생들과 내적 관계를 전혀 허용하지 않는 사실과 정보 중심의 텍스트를 가지고 내용 찾기, 주제 찾기를 할 뿐인 거죠. 또 예측하기, 문장의 내용과 다른 것 찾기, 속뜻 찾기 따위를 하는 거고요. 이런 능력도 필요하겠지만 읽기에서 얻어지는 그런 능력이 실제 말하기와는 거의 연결이 안 된다는 것이 문제입니다.

따라서 진정한 의미의 평가가 사실 없다고 볼 수 있어요. 진정한 의미에서 평가는 주관적 평가도 전제되어야 합니다. 공교육이 비난받는 이유 중에 하나가 '왜 영어를 그렇게 가르치느냐?'는 거예요. 그러고는 영어 선생님을 탓해요. 영어 선생님이 교과서의 첫 번째 이야기가 너무 감동적이어서 머릿속으로 상상을 해요. '야! 이런 이야기들을 가르치면 아이들이 얼마나 좋아할까?' 하면서 '이것을 어떻게 가르칠까?' 하고 방법론을 생각해요. 그러다가 2장으로 넘어가니까 더 감동이 밀려와요. 그래서 교과서를 밤새도록 읽었어요. 다음날 '올 1년은 이렇게 감동적인 글들을 가지고 영어 수업을 하면 아이들이 인격적으로, 정서적으로, 문화적으로, 언어적으로 얼마나 많이 성장할까' 하고 기대하면서 학교에 가죠. 이러면 얼마나 좋겠어요. 하지만 이런 분들이 몇 분이나 계실까요? 아이들과 마찬가지로 선생님들도 교과서를 지겨워하고 싫어한다고 해요. 내가 좋아하는 것을 가르쳐서 상대방도 그것을 좋아하게 만드는 것도 사실 어려운데, 자신이 좋아하지 않는 것을 잘 가르쳐야 한다는 것은 정말이지 난감한 일이죠.

교과서로 인해 교사의 역량 자체가 상당히 제한을 받고 있어요. 교과서의 내용을 1과부터 12과까지 한번 보세요. 마치 1년 동안 아무리 공부를 해도 영어가 늘지 않는다는 걸 전제로 교과서를 만든 것 같은 느낌이 들지 않나요? 1과하고 12과의 수준이 똑같거든요. 길이도 똑같아요. 적어도 3월에 시작한 아이들이 12월쯤 되면 한 두세 페이지 정도 분량이 늘어난 글을 봐야 되는데 말이에요. 내용도 사실은 큰 차이가 없어요.

텍스트의 성격이 다르다는 것은 텍스트를 활용하는 방법이 다르다는 뜻이에요. 텍스트의 성격에 따라서 그것을 활용할 수 있는 방법이 다 다르고, 텍스트의 성격이 다르기 때문에 학습되는 언어의 분야나 양, 방법 자체가 다 다르게 나오겠죠. 이는 텍스트를 활용하는 방법론상에서 큰 차이가 난다는 뜻이에요. 그런데도 1과부터 12과까지 천편일률적인 활동인 거예요. 교사의 역량이 교재에 의해서 제한을 받는데다가 교사가 주관적인 평가도 못하게 돼 있어요. 허용은 하지만 실제로는 못해요. 이런 사정이니 고작 아이들이 얼마만큼 잘 외우는지만 평가할 수밖에 없죠. 그래서 어느 학원에서는 중간고사 3주 전부터 교과서를 다 외우게 한대요. 그렇게 하면 점수를 잘 받을 수 있죠. 주관적 평가를 하지 않으니 팩트fact에 관한 것, 정보에 관한 것이야 다 외워버리면 해결되는 것 아니겠어요?

선생님들에게 주관적 평가를 허용하면 상황이 많이 달라지겠죠. 의미에 관한 영역은 어떻게 새롭게, 다르게, 논리적으로 보느냐가 굉장히 중요하거든요. 이런 것들은 학원에서 가르칠 수가 없어요. 사교육에서 다룰 수 없는 부분이죠. 자연히 학원에서 아이들을 '영어 구속복'에 몰아넣고 엄청나게 훈련하는 비인간적인 과정이 반으로 줄어들 수 있어요. 그런 점에서 평가 자체가 바뀌어야 해요.

우리가 학습이라고 할 때 기본 전제로 생각하는 것이 뭔가요? 학생들 모두가 배울 수 있는 인지 능력을 갖추고 있다는 거잖아요? 하지만 실질적으로 인지 능력은 아주 특출한 몇몇 아이를 제외하고는 거의 차이가 없어요. 문제는 아이들이 배우려고 하지 않는다는 거죠. '훈련 중심'의 영어 교육으로는 선생님이 아이들의 내면에 들어갈 수 있는 기회가 전혀 없어요. 아이가 뭘 느끼고, 뭘 생각하고, 뭘 고민하는지 알 수가 없죠. 자신의 자아 자체를 텍스트를 통해서 드러내거나 확장할 수 있는 방법 자체가 전혀 허용되지 않기 때문에 선생님이 그냥 영어에 관한 정보만 전달하면 끝이에요. 교감 자체가 없어요. 배우려고 하지 않는 아이들을 어떻게 할 거예요? 학생 대부분이 배우려고 하지 않잖아요? 다시 말해서 우리가 가르치는 순간에 아이들의 내면 속에서 무슨 일이 일어나고 있는가에 대한 기본적인 관심이 필요하다는 겁니다. 엄마는 왜 공부해야 되는지 알기 때문에 아이에게 공부하라고 말하지만, 아이들은 모르기 때문에 안 하거든요. 엄마가 아이의 내면 속에서 왜 학습에 대한 저항이 일어나는지를 보면 더 나은 해결점을 찾을 수 있겠죠.

교과서도 문제고, 평가 자체도 문제고, 그래서 아이들은 아이들이 좋아할 거리가 전혀 없기 때문에 영어에 대해서 어떤 교감을 느낄 수 없는 상태에서 계속 훈련만 받고 있는 겁니다. 이러니 영어에 대해서 부정적인 생각이 커질 수밖에 없어요.

교감을 통한 사회적 의미의 영어 교육이 불가능한 교실

그래서 제가 강조하고 싶은 것이 '정의affect'라는 거예요. 아이들은 배울 수 있는 능력도 있지만 그 배울 수 있는 능력 자체를 스스로 방해하고 저해하는 '정의적 영역'도 같이 가지고 있다는 거죠. 이 정의적 영역은 긍정적인 면도 있고 부정적인 면도 있어요. 교육에서는 인지 능력만 보지 말고 정의적 능력 자체에서 긍정적인 면을 어떻게 활성화시킬 것인가를 고려해야 합니다. 그런데 우리는 그냥 학생을 가르치는 대상으로만 봐요. 교육에서는 사실 학생이라는 말 대신에 "a whole person," 즉 전인全人이라는 표현을 선호하죠. 전인은 완전히 발달한 단계는 아니지만 발달하는 과정 속에 있는 사람을 말합니다. 교육을 통해서 그 과정이 훨씬 더 견고해지도록 해주는 거죠. 그런데 학생은 필요한 정보만 가져가면 끝이고, 교사는 그냥 강사로서 필요한 정보만 전달해주면 끝이에요. 교감이 있을 자리가 없어요. 이른바 '큰 교육'은 선생님과 학생들 간의 교감이 어느 정도 수준으로 이루어지느냐에 달려 있는데도 말이죠.

우리의 영어 선생님도 현재는 강사의 위치를 강요받고 있지만 바람직한 영어 교육을 하기 위해 '교육자'로서 어떤 태도를 가지고 가르칠 것인가를 생각해봐야 합니다. 좋은 영어 교육을 하는 데 큰 걸림돌이 토플·토익 시험, 텝스TEPS, 국가영어인증시험이라는 지적이 있어요. 과거에 토플, 토익에 문제가 있다고 해서 텝스가 개발되었죠. 그런데 지금 결국 아이들은 토플도 봐야 하고, 토익도 봐야 하고, 텝스도 봐야 하고, 국가인증시험도 봐야 해요. 그렇게 시험을 많이 봐서 영어 능력이 늘어난다면 환영할 만한 일이지만, '영어 기술'과 실제로 '언어 사용 능력'은 별개의 문제예요. 말 한 마디 못해도 토플에서 좋은 점수를 받을 수 있다잖아요. 실제로 어느 학원에서는 '이런 표현이 나오는 문제의 정답은 대부분 2번이다'라고 가르쳐준다고 합니다.

아이에게 왜 영어를 가르쳐야 되는지, 왜 이런 시험을 치르게 해야 되는지를 따지고 보면 결국 입시 때문이에요. 국가를 위해서 입시를 보는 것은 아니죠. 결국 교육이 양산해내는 것은 엄청난 개인적 이기주의라는 겁니다. 이런 시험이 개인적으로 우수한 점수를 받는 학생이 사회에서도 항상 우등이 된다는 암묵적인 의식을 자꾸 길러내는 거예요. 영어 못하면 한국 사회에서 열등한 존재로 살 가능성이 크다고 느끼게 만드는 거죠. 영어를 잘하면 국제 사회에서 유리한 고지에 있는 것처럼 분위기를 조성합니다. 이것은 바람직한 풍토가 아니죠. 영어는 여러 가지 능력 중에 하나일 뿐인데 불필요하게, 근거도 없이, 과대 포장되어서 이런 과현상이 빚어진 겁니다. 우리나라 교육 정책이나, 교육 방법, 부모들이 교육을 대하는 자세 모두 어떤 깊은 철학이나 윤리학에 근거해서 이루어진 게 아니라, 그 자체가 개인적 이기주의를 실현하는 하나의 행위가 되어온 것이 사실입니다.

더 큰 문제는 무엇을 왜 가르쳐야 되는지 모른다는 사실이에요. 교육 일선에서는 이렇게 표현합니다. '주제 중심의 교과다.' 영어가 외국어이기 때문에 지식을 전달해줘야 되는 부분이 분명히 있어요. 암기하지 않으면 해결이 안 되는 것들도 있죠. 어떤 어휘들은 암기해야 합니다. 문법적인 특성들도 암기해야 하죠. 하지만 의미 생산에 관한 영역들은 암기하면 안 돼요. 의미 생산의 영역은 다 어디에 있느냐? "입출력 가설input-output hypothesis"이라고 말들을 합니다. 어떤 입력input이냐? 이해 가능한comprehensible 또는 의미 있는meaningful 입력이어야 한다는 거예요. 그러니까 '이해 가능한', 그리고 '의미 있는' 입력이 이루어지면 출력output될 가능성이 커진다는 것이겠죠. 이해하기 쉽고 의미 있는 걸 하면 그렇겠죠. 여기서 중요한 것은 무엇이 의미가 있느냐는 겁니다. 어떤 것이 의미가 있느냐 없느냐는 그것을 받아들이는 대상의 자아 self 하고 얼마만큼 관계를 맺느냐, 맺지 못하느냐에 달렸어요. 어떤 사람은 굉장히 의미 있게 보지만, 어떤 사람은 무의미하게 볼 수 있죠. 각자 다른 자아를 가지고 있기 때문입니다. 자, 그렇다면 이제는 '교과 내용 자체가 학습자의 자아와 인격적 관계를 맺게끔 하는가'라고 물어봐야 돼요.

우리 중고등학교 교과서의 80퍼센트 이상이 정보 중심의 글로 채워져 있습니다. 정보 중심의 글은 정보를 찾아내기만 하면 더 필요하지 않아요. 필요한 정보를 얻어내면 두 번 다시 읽을 필요가 없는 글이죠. 의미 있는 입력이 이루어졌을 때, 출력 자체가 커진다는 얘기는 하면서 정작 교과서에는 의미 있는 입력을 해줄 수 있는 텍스트를 실어놓지 않았어요. 소시지 만들 때 소시지 케이싱 casing 에 창자고 뭐고 막 갈아 넣잖아요? 그리고 물리적 힘을 가하면 소시지가 나오죠. 언어는 그런 식으로 아무리 집어넣어도 인간의 머릿속으로 들어가지 않아요. 그게 큰 문제죠.

이를테면 제가 A라고 했을 때 A를 다 받아들이는 게 아니라 어떤 사람은 50퍼센트, 어떤 사람 100퍼센트, 어떤 사람은 0퍼센트를 받아들여요. 다시 말해서 입력 자체가 사람마다 다 다르게 나타나는데 왜 다르게 나타날까요? 자기가 "허용"하는 만큼 들어오는 거예요. 따라서 학습자로 하여금 더 많이 "허용 afford"하게 만드는 것이 제일 중요한 문제입니다. 그러기 위해서는 의미 있는 텍스트 내용이 우선적으로 필요하겠죠.

우리가 아이들에게 호텔 예약하기, 음식 주문하기, 인사하기 등 이른바 실용영어를 무조건 외우라고 하죠? 그런데 실제적인 언어 행위는 말을 통해서 정보를 전달하고 의미를 계속 만들어내는 작업이에요. 암기해서 억지로 의미를 만들어가는 것도 있지만 의미를 만들기 위해서는 목표 문화 target culture와 많이 가까워져야 돼요. 여기서 유의해야 할 것은, 왜 우리만 영미권 문화를 익혀야 되느냐 하는 겁니다. 이것도 문화적 사대주의예요. 미국 사람들도 우리 행위를 이해해야 하지 않나요?

영어를 쓰게 되면 톤이 좀 바뀌어요. 그리고 없는 말도 막 만들어서 하죠. 영어권 문화에 맞는 새로운 자아를 만들어내는 거죠. 새로운 "언어 자아 language ego"를 만드는 거예요. 그런데 이 새로운 "언어 자아"는 팩트 fact로 뭉쳐져 있는 게 아닙니다. 의미로 뭉쳐진 것들이에요. 정서, 카타르시스, 욕망, 희망, 꿈, 자아, 가치관이 다 뭉뚱그려져 있죠. 그걸 어떻게 만들어내요? 허구한 날 정답 찍기나 하면서 새로운 "언어 자아"를 어떻게 형성합니까? 사회적 의미에서의 영어 교육을 배워야 되는데, 사회적 의미에서의 영어 교육은 없어요.

교감 자체가 허용되지 않는 교실 환경에서 사회적 의미의 영어 교육은 불가능합니다. 그래서 영어를 통해 영어 언어를 가르치는 것이 아니라, '영어를 매개 medium로 해서' 아이들이 인지적이고 정서적이고 문화적으로 더 성장할 수 있게끔 하는 교육의 관점이 필요합니다. 문제는 이 관점 자체가 학부모나 또는 학생들의 가장 직접적인 목적인 입시나 점수를 만족시키지 못한다면 공허한 담론에 불과하다는 것이죠. 하지만 장기적으로 보면 이 관점을 취하는 것이 학부모와 학생의 단기적 목적을 만족시킬 뿐만 아니라, 궁극적으로 참된 영어 교육을 가능하게 할 수 있다는 겁니다.

참된 영어 교육이란 어떤 것인가?

그렇다면 참된 영어 교육은 어떤 영어 교육인가? 말하고 싶지 않은 사람을 말하게 하는 곳은 딱 한 군데예요. 취조실이죠. 학교에서는 의사소통 접근법을 강조하면서 아이들한테 자꾸 말하라고 그러는데, 아이들은 말하고 싶은 욕구가 없거나 말할 필요를 별로 느끼지 못해요. 더군다나 말을 하는 가장 근본적인 이유는 자기 욕구의 실현인데, 자기 욕구를 실현할 이유도 없는 아이에게 '말해봐, 말해봐' 하고 있는 거예요.

또는 학생 두 명을 일으켜 세워서 이른바 롤 플레이를 해요. 예를 들어 교과서에 탐Tom과 제인Jane이 나오는데 탐이 어떤 성격을 가진 아이고, 어떤 부모 밑에서 자라났고, 어떤 사회적 문제를 가졌고, 병이 있는지 없는지 아무도 몰라요. 아이들은 책에 씌어 있는 대로 그냥 발화 행위를 하죠. 제인 역할을 맡은 아이는 자기가 왜 제인이 되었는지 모르지만 제인이라고 하니 제인 역할을 하죠. 이게 굉장히 우스운 거예요. 우리가 의사소통 행위라고 말하는 이러한 롤 플레이가 사실은 의사소통 행위에 역행하는 것이니 우습지 않겠어요? 말하기에서 가장 중요한 것은 말할 수 있는 환경입니다. 편안하게 느껴야 돼요. 얼마든지 말실수를 할 수 있기 때문에 실수에 대해서 자유로울 수 있어야 하니까요.

그래서 첫째, 말하고 싶은 욕구, 말을 할 수 있는 환경, 말을 할 수 있는 내용을 만들어주는 것이 중요해요. 둘째, 말은 들어주고 싶은 사람이 전제가 돼야 합니다. 예를 들어서 말싸움을 할 때 상대방이 맞대응을 하면 싸움이 커지잖아요. 들어줄 사람이 있기 때문에 계속 말을 하는 거죠. 셋째, 환경입니다. 언어 행위는 환경에 큰 영향을 받습니다. 우리 교실 환경은 말하고 싶거나 듣고 싶은 환경이 아니에요. 이런 상태에서 말하기는 무의미한 행위입니다. "심리적으로 전혀 무의미한" 얘기예요. 스테빅E.Stevick 같은 학자는 국내에서 이루어지는 의사소통 접근법에 대해 "회칠한 무덤"이라고 극단적으로 말했어요. 겉으로는 멀쩡하게 보이는데 안은 다 썩었다는 얘기죠. 지금 쓰고 있는 영어 교과서는 의사소통 접근법하고는 잘 맞지 않게 구성되어 있습니다. 읽기 따로, 듣기 따로, 말하기 따로, 쓰기 따로예요. 더 심각한 것은 교과서가 문어 중심인지 구어 중심인지 구별이 어렵다는 점이에요. 영어 교과서에서 의미 중심의 글은 10퍼센트가 안 됩니다. 말할 거리, 생각할 거리가 제한돼 있죠. 이래서는 자신의 정서와 인식이 화자-청자 간에 공유되지 못합니다. 의사소통이 없다고 볼 수 있죠.

그리고 시험에서 하는 영어와 우리의 실제적인 언어 행위가 매우 다릅니다. 우리가 읽기에서 독해 체크업comprehension check-up 같은 활동을 하는데, 읽기에서 필요한 활동들 자체가 실제로 말하기 행위로 연결될 수 있는 문항들로 만들어야잖아요. 그런데 우리는 지금 '독해 활동을 위한 독해comprehension for the sake of comprehension'에 한정되어 있어요. 아무것도 없고 그저 "독해" 행위를 하기 위한 독해 문제만 풀고 있는 거예요. 쓰기와 말하기로 연결되지 않아요. 이제 그런 관점까지 연구해야 해요. 그래야 독해 활동이 실제로 말하기와 쓰기로 연결이 될 수 있을 것입니다.

그런데 독해도 글의 종류, 장르에 따라 다르게 나타납니다. 글에는 정보 중심의 글과 의미 중심의 글 두 가지가 있어요. 정보 중심의 글은 정보에 관한 활동을 하게 되면 그걸로 끝나는 거예요. 그런데 의미 중심의 글은 달라요. 어린아이들은 오늘 읽어준 동화를 내일 또 읽어달래요. 어른은 다 알기 때문에 다시 읽는 것을 지겨워하지만, 아이들은 매 순간 머릿속에서 새로운 현실을 구성해냅니다. 다시 말해서 의미는 고정된 것이 아니라 그때그때 상황에 따라서 확대되기도 하고, 축소되기도 하고, 변형되기도 한다는 거죠. 행위다변적 속성을 갖는 겁니다.

어떤 텍스트로 가르칠 것인가?

어떤 텍스트로 아이를 가르치는 게 도움이 되는지 고민해보셨어요? 정보나 사실 중심의 글을 통해서 얻게 되는 언어 능력과 이야기 중심 텍스트narrative text라고 하는, 이야기를 통해서 아이들이 얻게 되는 언어 영역이 또 달라요. 전개하는 방식이나 목적 그리고 언어 사용이 다르기 때문에 그렇죠. 정보나 사실 중심의 글은 앞을 읽어보면 대충 어떤 결론이 나올지 예측이 되죠. 하지만 이야기는 끝까지 알 수 없어요. 이야기는 중간에 있는 에피소드만으로는 해석이 안 되잖아요. 글 전체를 다 읽어봐야 알 수 있죠. 여기에 관한 연구는 L1 상황, 즉 영어를 모국어로 하는 상황에서 많이 이루어졌어요. 킨치Kintsch, 맥나마라MacNamara, 그래써Graesser 등이 이 분야에서 유명한 학자들입니다.

텍스트의 성격이 이렇게 장르에 따라 다르다면 영어를 모국어로 하지 않는 상황 속에서는 어떤 장르가 먼저일까요? 유아에서 초등학교 초반까지는 이야기 중심이다가 초등학교 4, 5학년부터는 정보 중심이 됩니다. 고등학교에 가면 이야기는 필요 없이 정보만 주죠.

2010년에 장윤수 교수가 대학생을 상대로 실험해보았어요. 한 그룹은 정보 중심 텍스트expository text를 8주 동안 읽고, 이야기 중심 텍스트로 옮겼어요. 다른 그룹은 8주간 이야기책을 읽은 뒤 정보 중심의 글을 8주간 읽었어요. 그랬더니 결과가 너무 판이하게 나왔어요. 영어 교육을 할 때 아이들이 가장 가깝게 관계를 맺는 것이 텍스트입니다. 교실에서 선생님과 학생들의 매개 고리가 바로 텍스트죠. 장윤수 교수의 연구에 따르면 텍스트의 구성과 성격에 따라서 교사와 학생 사이의 상호반응의 정도, 방향 등이 결정돼요. 텍스트의 성격이 학습자에게 미치는 영향을 다룬 이 연구는 굉장히 중요합니다. 그러나 어떤 텍스트를 어떤 순서대로 어떤 수준의 학생들에게 제공해야 하는지에 대해서는 따로 연구가 되어 있지 않아 현재 교과서의 텍스트 구성에도 생각해봐야 할 문제가 많은 것이죠.

우리는 아이들이 쉽게 잊어먹는다고 혼내는데 사실은 우리가 잊어버리기 쉽게 가르치고 있는 거예요. 아이들의 어휘력을 키워주기 위해서는 가장 기초적인 것 하나만 이해하시면 돼요. "감정이입 empathy"이에요. 감정이입이 전제가 되지 않는 것들은 수백 번 반복해야 암기가 돼요. 감정이입의 정도가 큰 것들은 빨리 암기가 되고 장기기억 속에 남을 가능성이 높습니다. 대표적인 것이 욕입니다. 영어로 하는 욕은 한 번 들으면 평생 기억에 남아요. "퍼스널 인베스트먼트 personal investment"라고 해요. 욕을 하는 행위와 관련된 것은 이것이 굉장히 큰 것으로 볼 수 있죠. 또 사람의 신체에 관한 어떤 부분에 대한 영어 단어도 한 번 들었는데 평생 잊지 않는 경우가 있어요. 이는 어휘 기억에 있어서 어휘와 학습자 간에 어떠한 내적인 관계를 구성하느냐가 중요하다는 뜻이에요. 그런데 우리 교육 현실은 이를 무시하는 경향이 있어요. 텍스트나 교과 활동 자체가 아이들로 하여금 메모리를 극대화하면서 활성화할 수 있는 쪽으로 진행되지 않아요. 대단히 큰 문제입니다.

'자발적 다독 extensive reading'이 필요한 이유

좋은 영어 학습이 되기 위해서는 의미 있는 언어 입력 자체가 지속적으로 이루어져야 돼요. 의미 있다는 것을 다른 식으로 풀면 자아 연관성을 갖는다는 겁니다. 그런데 아이들의 내적 자아를 구성하는 요소는 매우 다양해요. 가치관, 문화, 정서, 욕망, 꿈, 카타르시스 같은 것들이 텍스트에 나와 있는 텍스트의 자아 textual self 와 계속 교감을 이뤄가야 해요. 영어 학습이 아니라 영어 속으로 들어가는 겁니다. 이를 "몰입flow"이라 합니다. 우리말로 된 글을 읽다 보면 깊이 빠져서 자기가 읽고 있다는 것 자체를 순간적으로 잊는 경우가 있죠. 이것이 몰입이죠. 영어 교육에서 매우 중요한 것 중에 하나는, 인위적인 구별이지만 "습득acquisition"이라는 개념이에요. 의식적으로 학습하지 않는 가운데에서 의미 있게 노출된 언어 자체가 "픽업pick-up"되면 자동으로 습득이 된다고 합니다. 학습되는 것보다 습득되는 것이 많아질수록 아웃풋output될 확률이 커집니다. 왜냐하면 습득된 것은 장기기억 속에 오래 남기 때문이에요. 지속적으로 의미 있는 언어 입력이 이루어지기 위해서는 "자발적 다독extensive reading"이 절대적으로 필요합니다.

그런데 우리나라 공교육에서는 정독intensive reading에 많은 중점을 두고 있어요. 사교육도 마찬가지입니다. 만약 학교에서 자발적 다독extensive reading을 교과 과정으로 채택하면 사교육은 많이 없어질 겁니다. 정독의 경우 가르칠 거리가 한정되어 있기 때문에 사교육이 가능하죠. 가르칠 거리에 대해서 좀 더 전문적으로 준비한 학원이 훨씬 효율적으로 접근할 수 있어요. 암기해야 될 것만 딱딱 집어 가지고, 정확하게 암기하도록 훈련시키면 되니까요. 그런데 자발적 다독은 정해진 교재가 아니라 아이가 읽고 싶은 책을 골라서 읽고 싶으면 읽고, 읽고 싶지 않으면 읽지 않는 거예요. 그리고 읽기 자체가 보상이니까 시험도 없어요. 그래서 사교육 자체가 성립이 안 됩니다. 읽는 양과 수준도 학생들이 결정하죠.

자발적 다독에서 요구하는 것은 시험에서 요구하는 "i+1"이 아니에요. i는 언어 능력linguistic proficiency을 말합니다. 그러니까 i+1은 자신의 언어 능력보다 조금 높은 단계의 독해를 위한 것이죠. 반면에 자발적 다독에서는 i-1을 권장합니다. 자신의 언어 능력보다 한 단계 낮은 수준의 원서를 많이 읽으면서 말하기, 쓰기와 연결시키겠다는 거예요. 많이 읽다 보면 "눈으로 익혀지는 어휘", "눈으로 익혀지는 문장"이 됩니다. 그런데 어떤 텍스트를 중심으로 자발적 다독을 해야 할까요?

사실과 정보 중심 글을 가지고 읽는 아이들이 있어요. 어떤 아이들은 자동차 잡지만 매일 읽어요. 그런가 하면 어떤 아이들은 패션에 관한 글만 죽어라 읽어요. 그런데 이런 친구들은 4주를 못 가요. 4주 내내 패션 잡지만 읽어보세요. 나중에는 지겨워요. 이들과 달리 소설을 읽는 아이들은 계속 읽어요. 한 권 읽고 나면 또 다른 것을 읽고 싶어 하고, 다 읽으면 또 다른 것을 읽고 싶어 해요. 이런 차이는 정보 중심의 글은 정보의 양은 많지만 내적인 성장을 이루어주지 못한다는 데서 비롯됩니다. 소설 같은 글은 아이들에게 내적인 변화를 주죠. 특히 어떤 글은 감동이나 깨달음을 선사해요. 그렇게 해서 책이 가지고 있는 유용한 기능 자체를 이해하게 되는 거죠. 그 깨달음에 대한 희열 때문에 또 다른 글을 읽고 싶어 하고 또 읽게 됩니다. 그러한 즐거움이 언어적 어려움을 극복하게 되는 내적인 동기 요인이 되더군요. 이제는 자발적 다독을 강조해야 할 때입니다.

자발적 다독의 위력

제가 1997년부터 2001년까지 4년 동안 초·중·고등학교와 대학교에서 연구한 다독 연구 결과를 모아서 국제 저널에 논문을 발표했어요. 당시 연구해본 결과 자발적 다독을 한 아이들은 실력이 많이 늘었어요. 아이들이 챕터북 chapterbook, 옥스퍼드 출판사 등에서 나온 짧은 스토리 북을 20권 정도 읽고 나면 영어 작문을 한 번도 배운 적이 없는데도 영어로 작문을 해요. 정확성은 부분적으로 떨어지지만 유창성 fluency 은 엄청나게 높아지죠. 영어 작문에서 제일 중요한 게 "유창성"이에요. 많이 쓰면서, 시행착오를 거치면서 차차 정확성을 갖게 되는 거죠.

자발적 다독이 말하기에 미치는 영향도 매우 큽니다. 말이란 것은 자기가 알고 있는 언어를 가지고 계속 의미를 생산해야 하는 것인데, 자발적 다독을 할 때는 많은 부분에서 왜 이 사람이 이런 행동을 했을까, 왜 이 사람을 죽였을까, 왜 결혼했을까, 왜 헤어졌을까 생각하게 되죠. 감정이입 때문에 심정적으로, 인지적으로 내용과 관계를 맺게 involved 된다고 할까요? 주인공이 위기에 처하면 자기도 위기에 처한 것처럼 느껴요. 악인이 나오면 나쁜 감정을 갖죠. 드라마에서는 이를 이용해서 나쁜 배역을 맡은 인물을 꼭 하나씩 등장시켜서 시청자로 하여금 그 사람에게 울분을 토해내게 합니다. 글도 마찬가지예요. 글은 그 같은 효과가 더 크죠. 비디오를 통해서 가르치는 것보다 소설을 읽으면서 가르치는 게 훨씬 효과가 크다고 하잖아요. 읽으면서 머릿속에서 상상하며 구성을 해내니까요. 내용이나 언어가 오랫

동안 기억에 남을 수밖에 없습니다. 그래서 자발적 다독을 하면 말하기와 쓰기가 상당히 해결됩니다. 초등학생 때와 중학교 1학년 때, 즉 입시와 직접적인 관련이 없는 학년일 때 자발적 다독을 하면 좋겠어요. 나아가 고등학교 1학년 정도까지 해도 좋습니다.

자발적 다독을 할 경우 아이가 한글 책을 읽든 영어책을 읽든 간에 항상 요약summary 을 시키세요. 일단 기억을 잘 못하면 요약이 안 돼요. 학교 다닐 때 영어 시험 문제 풀려고 지문 쭉 읽어내려 갔는데 문제 풀려니까 생각이 안 나서 다시 읽은 경우 많았죠? 요즘은 약간 꾀를 내서 어떻게 합니까? 문제의 지문부터 읽어요. 실제 읽을 때는 그렇게 안 하는데 시험 볼 때는 그렇게 합니다. 이렇게 요령을 피우다 보면 지문이 조금만 길어져도 숨이 턱 막히죠. 심리적으로 압박감이 와서 자기 능력을 발휘할 수 없게 됩니다. 하지만 자발적 다독을 하면 하루에 50페이지는 기본이죠. 웬만한 지문이 모두 편안하게 느껴져요. 다독을 하면 "눈이 고정되는eye fixation" 시간이 상당히 짧아지는데, 이것이 매우 중요합니다. 관사나 전치사는 내용을 전체적으로 파악할 때는 사실 몰라도 돼요. 빨리 읽게 되니까 뇌에서 프로세싱할 필요가 없는 것들은 다 지나가게 되죠. 그래서 글의 요점만 읽는 능력이 생깁니다. 지문을 빨리 읽게 되니 요점을 빨리 파악하게 되는 것이죠.

요약을 시키면 처음에는 길게 불필요한 내용까지 다 씁니다. 글의 흐름을 정확히 알지 못해서 그래요. 글의 요체를 잘 모르기 때문이죠. 그리고 요약을 하다 보면 기억하는 용량이 커집니다. 그래서 긴 지문에 자신감이 생겨요. 주제도 정확하게 잘 뽑아내죠. 필요한 정보가 어떻게 형성되어 있는가를 요약하면서 스스로 재구성하게 됩니다. 글의 흐름을 잘 이해하기 때문에 언어 능력도 좋아지고, 예측하는 능력도 높아지죠. 제가 고등학교 선생님 한 분과 함께 2학년을 상대로 자발적 다독 프로그램을 운영한 적이 있는데, 한 학기 동안 자발적 다독을 했던 학생들이 3학년에 올라가서 전교 1등부터 12등까지 거의 다 차지했다고 해요(자발적 다독을 하기 전 이 학생들 중 가장 뛰어난 학생이 전교 20등이었던 것으로 기억합니다). 어떻게 이런 일이 생겼을까요? 제가 첫 번째로 꼽는 것은 아이들이 인격적으로 다른 아이들보다 훨씬 많이 성장했다는 점이에요. 그래서 학습에 대해서 더욱 책임 있는 자세를 갖게 된 것이죠. 아이들은 문학 작품을 통해서 자기 삶의 의미를 많이, 깊이 깨달아 성숙해집니다. 두 번째는, 기억하는 능력과 정보를 구성하는 능력이 다른 교과에도 전달이 돼요. 특히 국어, 논술에 큰 도움이 됩니다. 결국 자발적 다독은 전 교과에 걸쳐서 굉장히 긍정적으로 작용합니다.

이 점에서 자발적 다독은 영어 교과만의 문제가 아니라 전 교과의 관심사가 될 수 있을 겁니다. 예를 들면, 최근에 한국에도 다문화주의가 도래했잖아요. 우리나라에서 다문화주의는 사회적으로 해결해야 할 큰 문제예요. 미국 사회에서 사회 저변층을 형성한 아이들 가운데 다문화 가정 아이들이 많다고 해요. 우리나라도 이제 그렇게 될 것 같아 염려가 됩니다. 계층의 대물림 현상이 일어나고, 학력에서 소외되기 시작하면 다문화 아이들에게 드는 사회적 비용이 엄청나게 될 테니까요. 이를 해결하는 하나의 효과적인 수단이 영어 교과예요. 왜 그럴까요? 영미 그림책 보면 베트남계 미국인, 한국계 미국인, 일본계 미국인, 필리핀계 미국인이 쓴 좋은 작품이 많습니다. 그래서 저는 초등학교 때부터 자발적 다독을 통해서, 어느 정도는 다문화주의적 작품들을 가지고 영어 교육을 해야 한다고 봅니다.

영미 그림책뿐만 아니라 영문 챕터북도 이용해야죠. 다문화주의에 대한 인식이 크면 클수록 언어 능력이 활성화된다는 연구 결과도 나와 있습니다. 당연한 결과예요. 다문화주의적 가치란 다양한 가치 체계를 존중하고 이해하는 것이잖아요. 그 능력을 많이 가지면 가질수록 어느 교과에서든 이해 능력이 커지는 거예요. 물론 영어 교육에서 나온 하나의 결과지만 궁극적으로는 모든 교과에 다 적용할 수 있어요. 자발적 다독을 기반으로 한 영어 학습이 그런 역할을 충분히 해줄 수 있다는 거죠.

창의적 활동을 통한 영어 교육

그럼 이제 다독 외에 보다 구체적으로 아이들에게 어떻게 영어를 공부할 수 있도록 안내할 것인가에 대해 생각해보죠. 우리는 지금 창의적 관점에서의 언어 행위를 용납하지 않아요. 상황에 따라서 내용은 같지만 말은 다 바뀌죠. 같은 내용을 말해도 매 순간 창의적으로 언어를 재구성하기 때문입니다. 우리나라 영어 교과에서는 언어를 창의적 관점에서 계속해서 갖고 놀면서 재구성할 수 있는 기회를 거의 허용하지 않아요. 틀리는 것도 용납이 되지 않죠. 틀림을 배움의 한 과정으로 이해해주는 철학이 전혀 없어요. 자기가 통제할 수 없는 어떤 대상에 대해 사람들은 두려움을 느낍니다. 통제할 수도 없는데 틀리는 행위를 용납하지 않으면 '할 수 있다 can-do spirit'라는 심리적 환경이 형성되지 않아요. 그러니까 영어를 통제할 수 없다고 느끼면 틀림에 대한 두려움 때문에 영어를 가지고 놀 수 없게 되죠. 그런데 언어는 가지고 놀지 못하면 말이 안 나와요. 그래서 두려움을 별로 느끼지 않거나 아예 의식하지 않는 '뻔뻔한' 친구들이 영어를 가장 빨리 배우는 겁니다. 이런 이유 때문에 창의적 언어 사용이 허용되는 교과를 집에서나 학교에서 허용해야 하는 거고요.

아이에게 글짓기를 하되 하루에 한 단락 정도라도 자기가 하고 싶은 이야기를 만들어보라고 하세요. 거짓말을 써도 상관이 없어요. 이게 언어를 가지고 노는 작업이에요. 저는 영미 그림책이라는 수업 시간에 영미 그림책 창작을 해요. 학생들이 그림을 '괴발개발'로 그려도 이것이 바로 영어와 노는 작업이에요. 문제는 사범대 학생들이 대학 졸업 후 선생님이 되면 영어와 노는 수업을 못한다는 사실이에요. 그런 수업을 하면 학부모로부터 당장 전화가 온대요. 왜 시험에 도움이 안 되는 걸 하느냐고. 사실 길게 보면 긍정적 의미에서 언어 능력을 구축해가는 좋은 방법인데 말입니다.

창의성 중심의 영어 교육만큼 잘 짜인 좋은 활동 activities도 중요해요. 집에서 직접 아이에게 영어를 가르치는 '엄마표 영어'가 있어요. 오죽하면 '엄마표 영어'가 나왔겠어요. 엄마표 영어의 문제점 가운데 하나는 그런 활동들이 전문화되어 있지 않다는 거예요. 교사와 학생을 매개하는 것이 일차적으로는 텍스트라고 볼 수 있는데 사실 텍스트 자체가 매개하는 것이 아니라, 텍스트에 근거를 둔 활동이 매개한다는 것이 정확한 표현이죠. 결국은 활동의 성격이나 질이 교사와 학생 간의 상호교감뿐만 아니라, 학생과 텍스트 간 상호교감의 질과 방향을 결정해요. 그래서 양질의 다양한 활동이 필요하죠. 이럴 때 활동을 다양하게 한다고 다 좋은 것은 아니에요. 활동의 기본적 구성 요건을 "눈 굴리기 활동 snowball activities"이라고 보시면 돼요. 눈사람 만들 때 굴리면 굴릴수록 더 커지잖아요. 활동 자체가 하나의 연계성을 가지고, 점점 더 커지게 구성하자는 것이죠.

활동에서 또 하나 중요한 것은 약간 낮은 단계 low-order의 활동으로 아이들이 빨리 성취감을 느끼게 하는 것이에요. 그래야 질문 내용도 매우 단순한 것에서부터 대단히 심오한 것 higher-order까지 스펙트럼을 다양하게 구성할 수 있죠. 그런데 실제 대학에서 가르치는 커리큘럼을 보면, 어떤 것이 텍스트에 근거를 둔 진정한 의미의 활동인가에 대한 고민이 많지 않아 보여요. 활동만을 전문적으로 다루는 과목이 없어요. 사실 제일 중요한 것인데 말입니다.

가장 중요한 것은 양질의 다양한 활동을 통해 내 아이가 텍스트를 어떻게 잘 프로세스해서 텍스트가 담고 있는 문화적 내용과 언어를 가장 많이 학습하고 습득하게 만들 것인가입니다. 그렇다고 전통적인 활동을 무시하라는 뜻은 아닙니다. 강압적이면서 훈련 중심의 영어 교육도 분명히 효과는 있어요. 문제는 인본주의적 관점에서 우리가 주장하는 다양한 관점이 전제되지 않으면 훈련 중심의 영어 교육은 엄청난 내적 혼란을 불러일으킨다는 것입니다. 그뿐만이 아니라 저항감과 학습에 대한 부정적 인식을 갖게 됩니다. 그러면 더 안 좋아지죠.

인본주의적 관점의 영어 교육이 답이다

이제 방법론에서 눈을 돌려 우리의 아이들이 공부하는 교실 환경을 살펴보죠. 우리에게는 '학습 공동체'가 없어요. 아이를 학교에 보내면서 학교 공동체, 학습 공동체에 보낸다는 생각은 눈곱만큼도 하지 마세요. 왜냐하면 아이들은 소속감이 없으니까요. 소속감이 없는 공동체는 그냥 물리적인 공간에 불과하죠. 모두 독립된 학습자로서만 존재해요. 자기 것만 챙기고 자기 것만 공부하면 그만이에요. 이 사회가 주장하는 경쟁 때문에 그렇게 됐어요. 아이들은 공동의 학습을 위해서 서로 협력하면서 배우는 존재가 아니라, 점수에 의해서 분리되고 점수를 통해서 경쟁해야 되는 존재로 전락하고 말았어요.

영어도 마찬가지예요. 결국 아이들은 하나의 배움을 이루는 상호 활동이 아니라, 각자 고립된 하나의 학원이에요. 칸막이에서 영어를 공부하는 애들이 있어요. 얼마나 우스꽝스러운 모습인가요? 언어를 어떻게 다른 사람과 단절된 상태에서, 칸막이 속에서 몇 시간씩 공부하면서 습득해요? 선생님도 마찬가지예요. 그렇게 공부하게 해서는 영어로 말 한 마디도 못한다는 것을 잘 아실 거예요. 이런 상태에서 교실은 심리적으로 억압된 공간이에요. 학습 공동체가 상실되면 언어는 극복할 수 없는 하나의 도전 과제가 돼요. 외국어 학습에 따른 도전 과제를 극복하겠다는 내적 의지가 필요한데 대부분의 아이들에겐 이게 없습니다. 현재와 같이 학습 공동체 의식이 실종된 교실이라면 정말 독한 의지를 가진 극소수의 아이들을 제외하고는 다 낙오할 수밖에 없죠.

인본주의적 관점의 영어 교육이 필요하다는 점이 여기서 대두됩니다. 그렇기 때문에 감정이입을 일으킬 수 있는 교재와 교과 활동에 큰 관심을 가져야 합니다. 또 그런 것들이 실제적으로 구성되는 아이들의 내적인 상황, 정서적 영역에 대한 관심을 항상 놓지 않고 있어야 합니다. 실제로 부모가 공부를 강요할 때, 또는 공부하라고 했을 때 아이들 마음속에서 무슨 생각이 어떻게 일어나는지에 대해 관심을 갖지 않으면 아이와 매일 싸우게 돼요. 그 싸움에서는 다 패자예요. 결코 어느 편도 이길 수가 없는 싸움이죠.

모두가 윈-윈 할 수 있는 길은 학습자로서 내 아이는 누구인가를 이해하는 데 있겠죠. 한 학급에 40명이 있다고 했을 때 좋은 교육이라면 각각의 아이 성향에 맞게, 또는 40명을 다 만족시킬 수 없으면 비슷한 성향의 아이들을 묶어서라도 교육시킬 수 있어야 합니다. 어떤 성향을 가진, 어떤 가치관을 가진 아이라는 것은 부모님 자신이 제일 잘 알아요. 알면서도 제대로 교육을 못하죠. 욕심이 앞서기 때문에 그래요. 이럴 때 어떻게 해야 할까요?

제인 애널드 Jane Arnold의 편저를 인용해서 설명드리자면 학습자는 매우 다양한 변인을 가지고 있는데 그중에서 가장 큰 정의적 요인이 "자긍심 self-esteem"이에요. 공부를 잘하는 아이들은 항상 나는

할 수 있다고 생각하고, 자기 자신을 높게 평가해요. 자긍심은 자기가 자기 자신에 대해서 갖는 것이 아니라, 타인이 나를 어떻게 생각하고 있느냐에서 가장 크게 느껴집니다. 그것을 자기 것으로 받아들일 뿐이죠. 타인 중에서 가장 큰 사람이 누구죠? 부모님이에요. 그래서 가급적이면 아이들이 영어 공부를 할 때 "네가 이렇게 힘든 것을 하는구나. 이렇게까지 노력을 하는구나. 잘했다" 이런 말로 보상하면 안 됩니다. '잘했다, 못했다'라는 것은 다른 판단의 기준이 될 수 있기 때문에 아이들로 하여금 자긍심을 계속 높여줄 수 있는 다른 방식의 교육이 필요합니다. 그것이 바로 다음과 같은 인본주의적 관점의 영어 교육입니다.

우리는 '영어가 말을 하는 것이 아니라, 사람이 말을 한다'는 관점을 항상 잊지 말아야 해요. 아이들은 표현해야 할 의미를 가지고 있는 '주체'입니다. 영어에 아이를 꿰맞추는, 구속하는 관점의 영어 교육은 잘못된 것입니다. 고립된 공간에서 자기 혼자 공부하는 것은 입시나 시험을 위해서 부분적으로 필요할 수 있어요. 그러나 진정한 의미에서의 영어 교육은 실제로 사용할 수 있는 영어 능력을 키워주는 것입니다. 이를 위해서는 상호 교감, 상호 활동이 극대화될 수 있는 관점에서의 영어 교육이 필요합니다.

인본주의적 관점에서는 스테빅이 지적하듯이 "삶의 목표"와 "언어 목표"가 따로따로 가지 않아요. 영어 교육의 진정한 목표는 영어를 통해서 삶이 같이 성장하도록 만드는 것입니다. 이것이 인본주의적 관점의 영어 교육입니다. 그리고 "정서적 문맹성," 즉 아이들이 배우려고 하지 않는 내적인 장애가 영어 교육의 큰 걸림돌이라는 것을 항상 염두에 두셔야 합니다. 어떤 교재, 어떤 텍스트, 어떤 교과 활동, 또는 어떤 조언이 아이들의 부정적인 마음을 해소시키면서 영어라는 도전을 긍정적이고 적극적으로 받아들일 수 있게 만드는지에 대해 관심을 갖는 것이 인본주의적 관점의 영어 교육입니다. 인본주의적 관점의 영어 교육을 통해 아이들의 자긍심을 높여줘야 합니다. 그래야 영어 공부에 희망이 있습니다.

인본주의적 관점의 영어 교육은 학습자 중심의 협동학습을 강조하고 있습니다. 그런데 아이들이 벌떡벌떡 일어나서 발표하는 게 아이들 중심의 학습이 아니에요. 아이들이 '의미 생산의 주체'로 설 수 있게 만드는 게 진정한 의미의 학생 중심 수업입니다. 협동학습은 아이들이 옹기종기 모여 있는, 물리적 공간의 그룹만으로 이루어지는 게 아닙니다. 그룹에는 그룹 역학 관계 dynamics가 있어야 돼요. 그룹 성원 간의 역학 관계는 소속감으로 이뤄져 있는데, 의미를 공유할 때 소속감이 이루어져요. 수업 내 협동학습은 그런 소속감 속에서 진행돼야 합니다.

마지막으로 인본주의적 관점의 영어 교육에서 중요한 것은 아이들이 고차원적인 경험을 할 수 있는 영어 텍스트를 제공해주는 것입니다. 저는 영미 아동문학을 활용한 다독 프로그램이 인본주의적 관점에서의 영어 교육이 강조하는 것들을 모두 다 만족시켜줄 수 있다고 봅니다. 영미 아동문학이 가지고 있는 장점은 문장의 99.9퍼센트가 일상적 표현이라는 점이에요. 아동문학에서는 문학적 표현이 거의 없어요. 게다가 다 회화체 영어colloquial English예요. 일상생활에서 쓰는 구어 표현이 굉장히 풍부하게 나와 있는데, 이 문장들이 아무 의미 없이 막 나와 있는 것이 아니에요. 해당 상황에 가장 적확하게 표현돼 있어요. 아이들이 주인공이나 구성에 빠지기 시작하면 텍스트에 있는 모든 것(언어, 내용)이 의미 있는 입력이 됩니다. 그 모든 것이 또한 문화적으로 유의미하죠.

문학을 통해서 얻을 수 있는 것은 언어 외에도 다양합니다. 문학이 가지고 있는 문학적 특성 내지는 문학적 요소가 다양하기 때문이에요. 인물, 플롯, 주제, 소재, 시점, 에피소드에 의해서도 다른 의미를 줄 수 있어요. 다양한 방식의 의미 있는 영어 학습과 습득이 가능하다는 것이죠.

제가 인본주의적 영어 교육의 필요성을 강조하면서 요약해 말씀드리고 싶은 것은 우선 책을 많이 읽게 하라는 것입니다. 여러 연구 결과에 나와 있듯이 다독은 영어의 영역뿐만 아니라 전 교과, 나아가 이 사회에 굉장히 의미 있는 공헌을 할 것입니다. 아이들이 많이 읽고, 많이 생각하고, 많이 느끼고, 많이 쓸 수 있게끔 해주십시오. 조금 더 깊이 있는 사실과 정보 중심의 글을 많이 읽게 해주세요. 초기에는 읽기에 빠질 수 있는, 흡인력을 많이 갖춘 의미 중심의 텍스트를 읽도록 하는 것이 유리하겠죠. 그리고 학습자 변인과 텍스트 변인에 대한 제 이야기도 기억하시기 바랍니다. 이제 강의를 마치고 질의 응답 시간을 갖도록 하겠습니다.

질의 응답

청중1 좋아하는 책을 반복해서 계속 읽는 것보다는 여러 가지 주제의 책을 많이 읽는 게 좋다는 말씀인가요? 아니면 방법에는 큰 문제가 없다는 건가요?

어도선 아이들의 연령에 따라서 발달 단계가 다르게 나타나요. 아이들은 좋아하는 것의 기준이 시시각각 변하죠. 그래서 같은 책을 여러 번 읽어도 지루해하지 않아요. 왜냐하면 아이들이 실제적으로 발견해내는 과정이 상황에 따라 다를 수 있기 때문이죠. 그러니까 아주 어린 아이는 반복적 읽기를 해도 나쁘진 않습니다.

청중1 아이가 원하는 대로 따라가주는 식으로 한다는 건가요?

어도선 그렇죠. 가급적이면.

청중1 아이가 원하면 계속 반복해서 읽어도 되고요?

어도선 네.

청중1 아이가 지겨워하면 다른 책으로 넘어가나요?

어도선 당연히 그래야죠.

청중2 엄마의 '제한적인 교육'이 끝난 뒤 원어민과 대화한다든지, 또래 그룹 활동을 하는 게 도움이 되는지요? 우리나라 상황에서 학습 공동체나 상호작용을 위해 어디서 어떻게 도움을 받아야 되는지요?

어도선 가르치는 사람이 얼마만큼의 성심을 가지고 가르치느냐가 교육에서 가장 중요한 문제예요. 그러므로 교육자가 굳이 외국인일 필요는 없어요. 대학에서 영어로 강의를 하는 가장 큰 목적은 영어를 통해서 학생들에게 영어를 가르치겠다는 게 아니에요. 영어를 통해서 학생들이 영어를 더 많이 쓰게끔 유도하겠다는 거죠. 중요한 건 교사가 영어를 못하더라도 아이들이 영어를 많이 쓸 수 있는 교실 환경과 텍스트를 만들어내는 거예요.

현재 학원의 내·외국인 강사가 엄마들만큼 진실한 마음을 가지고 아이들의 언어 실력을 늘리기 위해서 애쓰고 있는지는 잘 모르겠어요. 학부모들은 많은 비용을 투자하면 그 정도의 효과가 있으리라고 믿고 싶겠지만, 현실은 그렇지 않아요. 잘 나간다는 학원조차 교과 구성, 프로그램, 기본적 교육 내용이 입시를 만족시켜주는 것 외에는 특별히 좋은 점이 없어요. 학부모들은 학원이나 학교가 다 해주기를 바라지만 교육은 장소를 불문하고 하는 것이죠. 영어도 학교에서 가르치는 영역과 집에서 엄마가 가르치는 영역이 따로 있어요. 그래서 최소한 집에서 텍스트를 같이 읽어보는 것이 좋죠. 그리고 요즘은 독자반응비평 reader-response criticism이 영어 교육 속에 들어와 있어요. 의미는 책 속에 있는 것이 아니라 독자가 각각 만들어낸다는 것입니다.

텍스트와 독자의 교감 사이에서 의미가 만들어진다는 뜻입니다.

그렇게 본다면 어머니들이 만들어내는 의미 영역이 따로 있고, 발견해놓은 것 따로 있고, 아이들이 읽는 게 따로 있기 때문에 그것을 서로 비교해보는 것도 괜찮아요. 두려워하지 마시고 어머니들이 생각하시는 좋은 질문·활동을 만들어보세요. 그러다 보면 차차 나아질 거예요.

청중2 원어민 영어가 절대적인 것은 아니라는 말씀이죠?

어도선 그렇죠. 거기에 의존해서는 안 되죠. 우리는 지나치게 의존적이에요. 마치 원어민이면 다 해결될 수 있다고 믿어요. 저는 원어민보다 선생님으로서의 자세를 제대로 갖춘 한국인 교사가 더 낫다고 봐요. 교실에서는 아이들 상황 잘 파악하고, 아이들하고 잘 어울려주면서 영어를 할 수 있게끔 성심성의껏 지도해주는 선생님이 최고예요. 원어민 교사의 자질이 의심스러운 경우가 많아요. 두 번째는, 그렇게 많은 비용을 들이면서 왜 원어민 교사 관리를 안 하는지 모르겠어요. 원어민 교사가 어떤 철학관, 어떤 교육관을 가지고 있는지, 어떤 교육 방법을 보유했는지 따지지 않고 고용하는 경향이 있어요. 결국 고비용 저효율이 될 수밖에 없죠.

청중3 다독을 통한 인본주의적·창의적 영어 교육을 시도해야 된다는 말씀이 특히 인상적이었어요. 그중에서 '아이 마이너스 원$_{i-1}$' 부분에 대해서 더 구체적으로 알고 싶습니다. 그리고 아이들의 어휘력을 키우는 가장 좋은 방법이 무엇인지 궁금합니다.

어도선 어휘력을 키우기 위해서는 좋은 읽기 자료를 반복적으로 읽는 것이 좋아요. 챕터북 한 권을 분석해보면, what이 28번 쓰이고, be

동사가 56번 나오고, 어떤 형용사가 78회 사용되고 그래요. 한 책에서 동일한 어휘나 동일한 문형의 패턴이 반복적으로 나와요. 특히 영미 아동문학에서는 더 그렇죠. 다독에서는 사전을 찾지 않습니다. 왜냐하면 읽기 흐름이 끊기면 자꾸 늦어지니까요. 다독은 무조건 플롯만 쫓아가는 거예요. 그래서 모르는 단어가 나와도 내용 이해에 크게 장애가 없는 한 그냥 지나가게 돼요. 다른 책을 읽다 보면 전에 그냥 넘겼던 어휘가 나와요. '아! 이거 거기서 봤던 건데?' 이렇게 되거든요. 이처럼 반복적으로 접하면서 눈에 익은 어휘를 사전에서 찾으면 거의 다 오래 기억하죠. 그렇다고 저는 단기적 관점에서의 어휘 훈련을 부정적으로 생각하지 않아요. 하지만 사전만 외우게 해서는 안 됩니다. 어휘의 의미는 문맥에 따라서 얼마든지 달라질 수 있거든요. 그런데 무조건 암기만 하면 실제로 사용을 못하죠. 문맥 속에서 어휘를 읽히면 어휘의 뜻을 이해하는 능력뿐 아니라 사용 능력도 크게 좋아집니다. 어휘 교육을 할 때는 단순하게 암기만 시키지 마시고 쓰게 하세요. 강제적으로 암기시킬 때도 그 어휘가 들어 있는 문장을 항상 쓰게 하세요. 문맥 속에서 어휘의 뜻을 이해할 수 있는 능력을 길러줘야 해요. 사전을 찾지 않고도 앞뒤의 문맥을 통해서 의미를 유추해내는 능력이 굉장히 중요합니다. 그런 능력을 갖추면 읽기 속도가 빨라지면서 이해 속도도 빨라지죠.

다독은 글자 그대로 정독하는 것이 아니라 책을 많이 읽는 것이므로 아이 수준보다 한 단계 낮은 수준의 책을 골라야 해요. 그래서 '아이 마이너스 원$_{i-1}$'이라고 표현합니다. 자기는 500단어짜리 책을 읽는데 친구는 700단어짜리 책을 읽으면 아이는 질투가 나요. 그래서 열심히 읽어 얼른 700단어짜리로 넘어가죠. 700에서 좀 헤매다 내려왔다가 다시 올라가요. 그러면서 성취감을 느껴요. 다독을 하는 아이들은 매우 빨리 성장합니다. 혼자 하기보다 마음이 맞는 친구들과 함께 다독을 하면 리딩 커뮤니티가 형성돼 서로 책을 권하게 됩니다. 선생님이 추천하는 책은 읽지 않아도 자기들끼리 이야기하는 책은 읽어요. 아이들은 교과서는 버려도 문학책은 한번 읽고 감동을 받으면 꼭 가지고 싶어 해요. 그런 경험이 읽기에 대단히 긍정적인 도움이 됩니다. 이 같은 읽기를 통해서 아이들은 영어 능력만 키우는 것이 아니라 하나의 인간으로서 더 성숙한 모습을 갖게 돼요. 그리고 학습에 좀 더 적극적인 태도를 갖게 되죠. 그런 점에서 다독이 영어 교육의 여러 가지 기현상을 해결해줄 수 있는 돌파구가 될 수 있지 않을까 생각합니다.

저는 1995년부터 다독을 주장했어요. 그동안 아무도 알아주지 않다가 최근에 무슨 바람이 불었는지 다독에 관심들이 많아졌어요. 저는 교육대학원에서 현직 영어 선생님들께 다독에 관한 논문을 여덟 편 쓰게 하면서 현장에서 다독을 실천해봤기 때문에 다독이 뭔지 실제적으로 잘 알고 있다고 믿어요. 지금 외국어 교재 시장이 잘 발달되어 있습니다. 큰 서점에 가면 웬만한 책은 다 있어요. 아이들이 서점에 가서 꺼내 보고 선택을 하게 해도 괜찮아요. 부모님이 보기에 괜찮을 것 같은 책은 아이와 상의해서 권해도 좋고요.

청중4 현재 영어 교육은 다독하고는 상당히 거리가 있는 커리큘럼인데, 변화를 기대해도 되겠는지, 외국어로 영어를 쓰는 나라에서 다독 중심의 교육 과정이 편성된 곳이 있는지 궁금합니다. 영어 교육 과정을 기획하시는 분들은 어떤 생각을 갖고 어떻게 진행하고 있는지도 알고 싶습니다.

어도선 대학에서 다독을 대단히 많이 연구했어요. 말레이시아나 타이완은 자체적인 Graded Readers 시리즈가 따로 있을 정도입니다. 여러 나라에서 다독을 연구했지만 하나의 교과 과정으로 채택한 나라는 없는 것 같아요. 우리나라 공교육에서는 사실상 다독을 교육하지 않았어요. 그래서 '사교육걱정없는세상'이 포럼을 통해서 다독을 하나의 교과 과정이 될 수 있게끔 노력하고 있는 것 같아요. 정책적으로 이게 얼마나 반영돼 있는지는 잘 모르겠습니다. 다만 서울시교육청과 부산시교육청이 관심을 가진 듯해요.

공교육에서 고비용 저효율에 신음하면서 아이들의 영어 능력을 사장시키고, 아이들을 황폐화시키는 정독 관점의 교육을 해소하는 한 방안으로 다독 기반 영어 교육을 교과 과정에 넣는 것이 필요하다고 봅니다. 다독 기반 영어 교육을 시작할 때 선생님들이 특별히 준비할 건 없어요. 아이들이 스스로 선택해서, 스스로 골라서 읽는 거니까요. 한 교실당 책 140권 정도가 필요하거든요. 챕터북, 뉴베리 어워드 Newbery Award 북 등을 대량 공급 받으면 한 교실당 60만~70만 원 정도만 들이면 돼요. 영어 전용 교실 만드는 비용의 일부만 있어도 충분히 영어 다독 교육이 가능한 거죠.

청중4 지금의 교육 과정을 다독으로 완전히 바꿔도 무리가 없다고 보시는 거예요?

어도선 정독 intensive reading이 가지고 있는 문제점 때문에 다독 교육이 필요한 것입니다. 정독만 가지고는 안 되기 때문에 서로 보완이 돼야 해요. 정독과 다독 관점에서 교과 과정이 융화를 이뤄야 하죠. 새로운 교과를 만들 필요 없이, 정독과 다독이 동시에 진행되도록 교과 과정을 바꾸기만 해도 돼요. 그러면 따로 영어 시간을 늘리지 않아도 가능합니다. 그렇게 되면 평가 자체도 바꿔야 해요. 그런 부수적인 일들이 상당히 많을 거예요. 시범학교 몇 곳을 운영하면서 천천히 도입해야 합니다. 장기적 관점에서 우리 아이들이 혜택을 받을 수 있는 교육이 되도록 하는 것이 공교육 발전을 위해서도 바람직하겠죠. 그래서 저도 오늘 강의를 통해 부분적으로는 집에서 할 수 있는, 또는 개인적으로 할 수 있는 교육 방법을 이야기하면서 동시에 학교 교육이 갖는 문제점을 지적하고 하나의 대안을 제시한 것입니다.

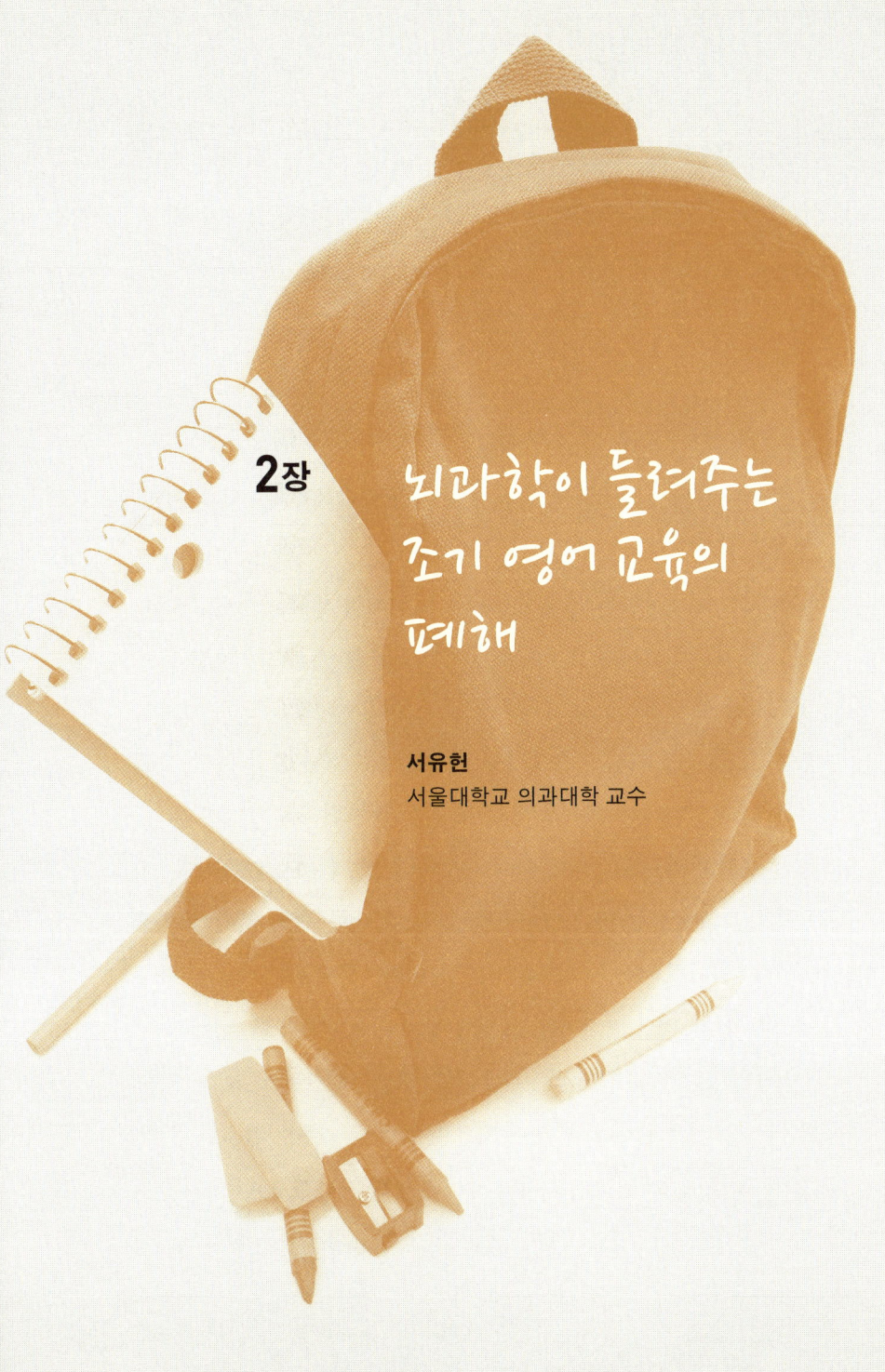

2장 뇌과학이 들려주는 조기 영어 교육의 폐해

서유헌
서울대학교 의과대학 교수

뇌가 충분히 자라는 데 20년 걸려

저는 의과대학 교수로서 30년 동안 뇌를 연구해왔습니다. 뇌가 발생하고 성장하고 나이가 들면서 병이 드는 과정을 주로 연구하죠. 이렇게 뇌를 연구하다 보니 성장기의 뇌 발달이 일생을 좌우한다는 사실도 알게 되었습니다. 우리나라에서 사교육을 완전히 추방할 수야 없겠지만 우리 세금으로 운영되는 공교육이 제대로 작동하면 사교육은 그저 보조 역할만 수행하면 되지 않겠습니까. 오늘 아침 신문을 보니 우리나라의 교육비가 40조 원을 돌파했다고 합니다. 40조 원 중에서 반이 공교육비고 반이 사교육비라는 통계도 봤습니다.

우리가 교육받는 곳은 100퍼센트 두뇌입니다. 엄마 뱃속에서 태어날 때 아기의 뇌는 350그램 정도, 성인의 4분의 1 크기죠. 2~3년만 지나면 세 배로 커집니다. 그 이후에는 서서히 발달해 20세에 도달하면 기본 뇌가 어느 정도 완성되죠. 그때부터는 스스로 뇌 성장에 책임을 지게 됩니다. 20세가 되면 부모 허락 없이도 결혼할 수 있고, 또 투표도 할 수 있는 것처럼 뇌가 성장하는 데도 20년이 기본으로 소요되는 시간인 셈이죠.

태어나자마자 뇌 용량이 성체와 비슷한 동물이 상당히 많습니다. 하등동물일수록 그렇죠. 사람으로 치면 태어나자마자 영어 교육을 해도 된다고나 할까요. 인간은 불가능하죠. 20년이란 세월을 충분히 보내지 않으면 인생을 책임질 수 없어요. 이걸 어떻게 남보다 빨리 단축할 수 있을까 해서 우리나라에선 사교육이 발달했습니다. 그러나 절대로 단축할 수 없습니다.

제아무리 영양 상태가 좋아도 인간의 뇌가 충분히 자라는 데는 20년이 걸립니다. 20년 동안 뇌의 모든 부위가 서서히 같이 발달합니다. 나이에 따라 어느 부위는 좀 더 빠르게 발달하고, 또 어떤 부위는 좀 더 느리게 발달하죠. 각각의 성장 패턴이 있습니다. 따라서 교육이 제대로 되려면 유아 시절에는 그 시기에 적합한 교과 과정을 만들어 뇌를 발달시켜야 합니다. 유아에게 초등학교 과정을 교육하면 안 되죠. 초등학교 시절에도 그 나이에 맞는 교육을 해야지 〈수학 정석〉을 풀라고 하면 우리의 뇌가 받아들기 힘듭니다. 우리 뇌가 받아들일 준비가 돼 있는지 알아보는 게 가장 중요합니다. 억지로 주입하면 뇌에 나쁜 스트레스를 주게 되죠.

강의 전반부에는 어떻게 하면 우리 뇌가 스트레스를 받는지, 어찌 하면 즐겁게 교육을 받을 수 있는지, 두 가지 측면을 말씀드리겠습니다. 그다음 뇌의 성장 패턴이 어떤 형태인지 말씀드리도록 하죠. 뇌에 기반을 둔 영어 적기 교육 방법이라고나 할까요.

조기 교육은 뇌의 기본 회로가 생기기 전에 과부하 주는 셈

우리나라도 이제 경제적으로 살 만하잖아요. (천장을 가리키며) 이렇게 많은 불을 켠다는 걸 옛날에는 상상할 수 없었죠. 여기서 우리가 전구 하나만 켜고 어두운 데서 강의를 듣는다고 칩시다. 여기 모인 분들이 돈을 걷어서 발전소에 미리 내고 우리한테는 220볼트가 아니라 한 10만 볼트를 보내달라고 하면 어떻게 될까요? 전선도 맞지 않고 회로도 없는데. 우리 뇌도 20년이 걸려야 기본 회로가 치밀해집니다. 20세가 지나면 끝이냐? 아닙니다. 우리의 노력에 따라 평생 회로가 늘었다 줄었다 합니다.

지금 여러분이 즐겁게 이야기를 듣고 계신데 오늘 강의 끝나고 시험 봐서 70점 이상 못 맞으면 밤새 집에 안 보내겠다고 하면 스트레스 받아서 금방 도망가고 싶어지겠죠. 우리 뇌가 나쁜 자극을 받는 거죠. 그러면 망가집니다. 10만 볼트가 흐르려면 견딜 만한 고압전선이 있어야겠죠. 그렇지 않으면 과부하가 걸려 불이 납니다. 지금 뇌에 불이 난 아이들이 굉장히 많습니다. 그렇죠? 단계별로 앞쪽 뇌가 발달할 때는 앞쪽 뇌, 옆쪽 뇌가 발달할 때는 옆쪽 뇌가 발달하는 교육을 해야 합니다. 우리는 뒤죽박죽되어 있습니다. 회로도 없는데 고압의 전기가 들어오는 셈입니다. 타버릴 수밖에 없죠. 여러분 가운데에도 뇌에 불난 분들이 있죠? 애들 문제, 돈 문제, 명절에 어떻게 내려가야 하나 등등 이런저런 걱정 탓에 여러분 뇌에 불이 조금씩 붙었네요. 그런 걸 제가 어느 정도는 볼 수 있습니다.

영어를 말하는 뇌는 머리 왼쪽 옆에 있습니다. 측두엽이라고 하죠.

사람의 뇌 구조

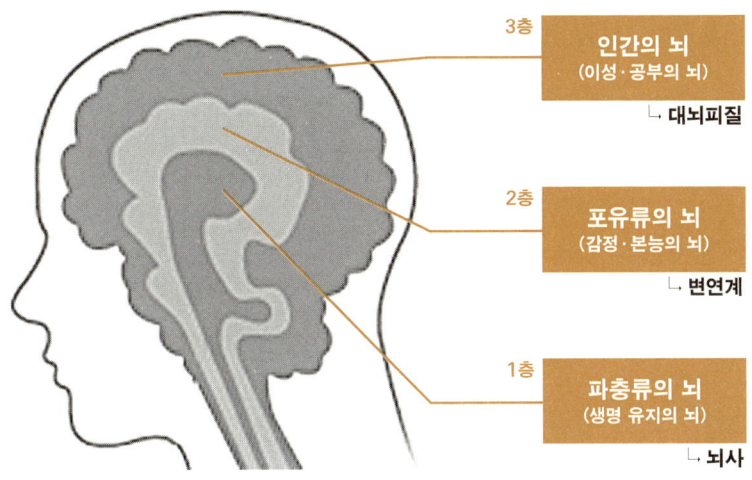

여기서 듣고 말하는 것이 다 이루어집니다. 연구 결과에 따르면 이 측두엽은 초등학교 시절에 가장 빠르게 발달합니다. 언어 교육은 초등학교 때 본격적으로 하는 게 좋다는 걸 말해주죠. 태어나면서부터 엄마, 아빠, 형제자매, 친구를 통해 자연스럽게 언어에 노출되죠. 여러분이 과외 받아서 말 배웠습니까? 아니죠. 자연스럽게 하는 건 괜찮아요. 뇌가 특별히 스트레스를 받을 일이 없으니까요. 그러면 회로가 천천히 발달하는데 언어로 자극을 주면 더 빨라져요. 무리하면 망가지죠. 요즘에는 유아 때도 아니고 뱃속에 있을 때부터 영어를 들이댑니다. 앞으로는 아마 수태되기 전에도 할 겁니다. 정자와 난자한테 영어로 이야기를 해줘야 되는 거죠. 이렇게 말하면 무슨 말도 안 되는 소리냐고 웃죠? 우리 현실에 빗대보면 그렇다는 겁니다.

5개월, 6개월이 되면 태아의 언어 뇌가 어느 정도 작동을 합니다. 말을 들을 수 있는 기능이 생기기 시작해요. 그걸 잘못 이해하고 'I am a boy. You are a girl' 하는데, 그때는 소리의 높낮이를 어느 정도 구별할 수 있을 뿐 언어를 이해하진 못하죠. 그런데도 태교를 하겠다고 영어를 들려주면, 두터운 뱃가죽에다가 양수가 가득한데 자궁을 통해서 뭐가 전달되겠어요. 내가 아이 교육을 이렇게 잘 시켰다는 자기만족을 느낄 뿐이죠. 갓난아기를 보세요. 1년이 지나야 비로소 입을 뗄까 말까예요. 아인슈타인은 세 살이 돼서야 말을 했답니다. 누구나 다 인정하는 20세기의 가장 위대한 천재가 말이죠. 우리나라에서 아이가 그때까지 말을 안 하면 어떻게 될까요. 난리가 나겠죠. 아인슈타인의 엄마는 피아니스트였답니다. 그런데도 가만히 내버려뒀대요. 세 살 때 첫 마디에 거의 완전한 문장을 구사했다고 하죠. 아인슈타인은 나중에 보니까 언어의 뇌가 과학의 뇌보다 덜 발달해 있더라고 합니다.

3층으로 이루어진 인간의 뇌, 각각의 기능은?

　제가 〈머리가 좋아지는 뇌 과학 세상〉이라는 책을 썼는데 곧 중국어로 번역돼서 나옵니다. 뇌가 복잡해 보이지만 여러분은 학창 시절에 이미 뇌에 관해서 많이 배웠어요. 그런데도 우리는 뇌에 관해서 아는 게 너무 없다, 너무 복잡하다고만 알고 있죠. 간단하게 제가 말씀드릴게요. 뇌는 3층으로 되어 있습니다. 1층, 2층, 3층 중에서 몇 층이 제일 중요합니까? (청중: 1층이겠죠.) 왜요? (청중: 기반이니까.)

제가 쓴 글을 벌써 읽었나요? (청중: 아니요.) 아, 안 읽었어요? 제가 이렇게 질문하면 많은 사람이 3층이라고 대답해요, 맨 위에 있는 대뇌피질. 하도 많이 들었으니까 이게 가장 중요하지 않겠느냐고 얘기하는데, 가장 중요한 것은 1층이죠.

2008년 중국 쓰촨성에서 대지진이 났을 때 약 10만 명이 죽거나 행방불명됐어요. 같은 강도의 지진이 일어나도 죽는 사람의 숫자가 천차만별인 것은 바로 기초가 되는 1층이 얼마나 중요한지 말해줍니다. 그러면 뇌의 1층은 어떤 기능을 합니까. 생명 유지 기능을 하죠. 생명이 있어야 공부도 하고 생각도 하고 화도 낼 것 아닙니까. 뇌사 상태에 빠지면 그때는 죽은 거예요. 1층에는 생명의 뇌가 있고, 그것이 망가지는 걸 뇌사라고 부른다는 걸 잘 기억하세요. 1층이 어디 있습니까? 목뼈 바로 위. 목뼈가 부러져도 죽지는 않죠. 사지가 마비돼요. 목뼈 바로 위에 생명의 뇌가 있습니다.

의사 선생님이 와서 마지막 선고를 합니다. 뇌사하셨습니다. 그러니까 이제 이분의 장기를 다른 사람한테 이식하자고 말합니다. 그런데 아직 심장도, 맥박도 뛰고 있어 대부분의 유족은 죽었다고 인정하기 힘듭니다. 하지만 우리나라 장기이식법에 따르면 1층이 죽으면 뇌사고, 뇌사가 일어나면 사망으로 인정합니다. 옛날에는 뇌사가 일어나도 장기 이식을 못했어요. 잘못했다가는 살인죄로 처벌받을 수 있었죠. 뇌가 죽으면 심장을 비롯한 다른 장기는 수일 내에 100퍼센트 멈춘다는 걸 정확하게 아셔야 합니다. 그러니 가족이 뇌사 판정을 받으면 안타깝지만 귀중한 장기를 다른 사람한테 기증할 수 있어야겠습니다.

1층은 생명 유지, 2층은 감정과 본능, 3층은 이성과 공부의 뇌

생명이 유지되면 그다음으로 중요한 기능이 뭡니까? 우리 목표가 매일매일 즐겁게 사는 거 아니에요? 욕망과 감정이 충족되면 더 이상 바랄 게 없잖아요. 그래서 1층만 가지고는 안 되죠. 가난한 부부가 처음에는 단칸방에서 시작하지만 열심히 일을 해 돈도 벌고 애도 낳으면 더 이상 단칸방에서 못살게 돼요. 서로 눈치 보느라고 싫어한다는 겁니다. 아이는 엄마, 아빠 눈치 보느라 눈을 언제 뜨고 감아야 할지 불편하죠. 잘못 떴다가는 낭패를 볼 수도 있고요. 부부도 아이 눈치 보느라 중요한 시간 다 보내잖아요. 아이는 아이대로 나도 뭔가 비밀이 있고 내 감정이 있다고 주장하겠죠. 그래서 2층을 올립니다. 2층은 바로 감정과 본능을 관할하는 뇌예요. 개나 고양이는 귀여워해주면 꼬리를 흔들고 뽀뽀하려 하지만, 뱀도 그런가요? 그렇지 않습니다. 그러니까 뱀은 감정이 없습니다. 그래서 1층을 파충류의 뇌라고 불러요.

2층은 감정과 본능의 뇌라는 걸 기억하세요. 감정과 본능, 호르몬 중추, 변연계, 이런 것들이 다 2층에 속합니다. 감정과 본능이 충족되면 다음에 뭐가 필요합니까? 오늘 여러분이 모인 이유가 뭐죠? 우리가 세금 내서 만족스럽진 않지만 공교육을 만들어놨는데 아이들은 학교에 가서 만날 낮잠만 잔단 말이에요. 밤에만 사교육 시설에 가서 공부를 하니 돈만 무지하게 들고 이래서야 되겠느냐, 그래서 여기

모였죠. 사교육이 없는 세상이 되면 얼마나 좋을까, 이런 생각을 하는 곳이 바로 3층입니다. 맨 위, 인간만이 발달했죠. 지금은 아파트 어느 층이 제일 비싼가요? 옛날에는 12층이나 7, 8층을 로열층이라고 했는데 요즘은 아니죠. 제일 높은 데 있는 아파트가 비싸죠. 그런 방을 뭐라고 부릅니까? (청중: 펜트하우스.) 펜트하우스. 전망도 좋지요. 그러니까 우리 인간이 바로 펜트하우스예요.

우리 인간은 가장 넓은 펜트하우스를 갖고 있는 셈입니다. 인간 다음으로 넓은 3층을 가진 동물인 침팬지의 3층은 위로 올라가는 조그만 방이에요. 그게 뭐죠? (청중: 옥탑방.) 맞아요. 우리가 펜트하우스라면 침팬지는 옥탑방 정도라고 이해하시면 돼요. 만일 거꾸로라면 어떤 일이 벌어질까요? 여기 계신 분이 모두 침팬지고 우리 인간은 동물원에 있겠죠. 차이는 그것뿐입니다.

유전자를 연구해보면 인간과 침팬지는 97.5퍼센트가 같아요. 2.5퍼센트만 다릅니다. 주로 뇌가 다르다고 이해하시면 됩니다. 우리 인간은 3층이 제일 넓기 때문에 지구상에서 먹이사슬의 최정상에 위치하죠. 그래서 우리는 뇌를 잘 발달시켜야 돼요. 특히 3층. 이 3층이 잘 발달된 사람이 천재도 되고 영재도 됩니다. 3층도 부위별로 기능이 상당히 다릅니다. 동계올림픽에서 금메달을 딴 김연아 선수의 뇌를 조사해보면 어느 쪽이 발달했을까요? 분명히 소뇌는 많이 발달해 있을 겁니다. 소뇌는 레이더 기능을 하죠. 소뇌가 발달돼야 정확하게 위치 선정을 합니다. 레이더 기능이 발달한 김연아 선수를 과학대학이나 의과대학에 보냈다면 어떻게 됐을까요? 아마 자살을 기도했을지도 모르죠.

여기 계신 모든 분의 뇌도 다 다릅니다. 얼굴의 차이보다 뇌의 차이가 더 분명합니다. 뇌를 보면 그 사람의 지능과 감정과 정서와 행동, 모든 걸 알 수 있죠. 그래서 요즘 뇌를 많이 연구합니다. 연쇄살인범의 뇌는 뭐가 다른가. 호모 섹슈얼리티를 가진 동성애자의 뇌는 그렇지 않은 사람과 어떻게 다른가. 그런 연구가 활발하게 진행 중입니다.

연쇄살인범의 뇌는 전두엽 부위가 보통 사람과 다르다는 보고가 많습니다. 뇌가 잘못돼서 정신분열증이 생겨 살인한 경우에는 어떻게 하죠? 형을 집행하지 않고 정신병원에 입원시키죠. 연쇄살인범이 그런 법리를 이용한다면? 정신분열증 환자는 특정 신경전달물질계에 이상이 있어요. 그런데 연쇄살인범이 전두엽 쪽 신경전달물질계에 이상이 있어서 연쇄살인을 했다, 나는 그러고 싶지 않은데 내 뇌가 자꾸 그렇게 시켰다고 주장하면 어떡합니까. 벌을 줘야 할지 말아야 할지 그런 문제에 봉착하겠죠. 미국에서 그런 사건이 있었어요. 많은 배심원이 사형을 시켜야 한다고 해서 인정을 못 받았는데 앞으로 뇌에 관해 더 깊은 연구가 이루어지면 어떻게 될지 모릅니다. 만일 뇌에 문제가 있는 경우 빨리 치료를 해야 한다는 결론이 나오면 뇌질환 환자를 병원에 입원시키는 일들이 많이 벌어질 겁니다.

자, 그러면 우리 아이들은 어떤 뇌를 발달시키면 좋을까요? (청중: 1층, 2층, 3층 고루.) 그것은 답이 아니죠. 그거야 당연한 것이니까요. (청중: 3층.) 3층. 또? (청중: 1층부터.) 그렇죠. 아무래도 살아 있어야 공부도 할 수 있으니까요. 3층은 이성의 뇌, 공부하는 뇌예요. 공부의 주체는 3층입니다. 그런데 3층만 계속 자극해서 입력만 시키면 어떻게 될까요. 감정과 본능의 뇌에 문제가 생기겠죠. 우리나라 사람들은 3층만 발달하면 되지 아이들에게 무슨 감정과 본능이 필요해, 대학에 들어간 다음에 감정과 본능도 있는 거 아니야, 그렇게 생각하죠. 아이들에게 '너 오늘 즐거웠니? 오늘, 학교 가서 공부하는 게 정말 행복했니?' 이런 건 물어보지 않죠. 눈만 마주치면 '공부 안 하고 뭘 하니, 오늘 몇 점 맞았어!' 이렇게 묻잖아요. 안 그래요? 말을 안 하더라도 눈초리는 매섭겠죠. 그러면 안 됩니다.

우리는 '아이들은 감정과 본능 충족 없이도 공부만 하고 살 수 있다'고 생각합니다. 그러니까 우리 아이들에게 '너 오늘 얼마나 고생이 많았니. 얼마나 힘들었니. 내 마음이 참 아프구나.' 이렇게 말하면서 따뜻하게 안아주지 않죠. 아침 출근길에 남편에게 '오늘 직장에 가서 내 생각하면서 행복하게 일하다 와요. 돈은 적게 벌어도 좋아요.' 이렇게 말하지 않죠. '돈만 많이 벌어오세요. 무슨 짓을 하든 간에.' 그렇죠? 그래서 문제예요. 아이들은 오히려 어른들보다 더 예민해요. 부부가 감정과 본능을 만족시키지 못하면 어떻게 됩니까? (청중: 싸우죠.) 싸우다가 이혼하죠. 요즘은 결혼하더라도 바로 혼인 신고를 하지 않는다고 합니다. 신혼여행 갔다 와서도 좀 살아보고 한다는군요. 만약 문제가 있으면 서로에게 아무런 흔적이 남지 않도록 하자는 거죠.

우리 아이가 어느 날 "나 오늘 엄마, 아빠하고 이혼하고 싶어"라고 말하면 도대체 뭐라고 대답해야 좋겠어요? 아이가 "엄마, 아빠는 둘

이서 재밌게 잘사는데 나는 도대체 사람도 아니야? 나에게는 따뜻한 말 한 마디 안 하고 말이지. 같이 못살아"라고 말하면 뭐라고 해야 되죠? 주먹부터 올라갈지도 모르죠. 머리를 치겠죠. 그러면 그 아이는 나중에 치매에 걸립니다. 조심해야 합니다. 뇌는 귀중하기 때문에 절대로 때리면 안 돼요. 눈 오는 날 길을 가다가 미끄러져 머리를 부딪혀서 1, 2초 동안 정신을 잃으면 나중에 치매에 걸릴 확률이 3배 이상 높아집니다. 뇌는 절대 때리면 안 됩니다. 권투 선수, 레슬링 선수가 치매, 파킨슨병에 많이 걸리죠. 뇌는 항상 사랑의 대상이어야 합니다.

지혜의 뇌인 3층 뇌만 발달시키면 곤란해

뇌와 가장 가까운 게 피부입니다. 피부는 뇌와 같은 외배엽에서 나옵니다. 외배엽, 내배엽, 중배엽. 학교 때 그 많은 시험을 봤는데 떠오를 듯 말 듯하죠? 같은 외벽에서 나왔으니 피부와 뇌는 형제지간이죠. 피부도 때려서는 안 되고 잘 쓰다듬어줘야 해요. 여자 피부는 남자보다 더 예민하잖아요. 남자는 만져도 잘 모르죠. 그래서 피부는 뇌와 교통하는 상당히 중요한 경로입니다. 스킨십이라고 하잖아요. 부부 사이에는 물론이지만 부모와 자녀 사이에도 스킨십을 잘해야 합니다. 아침에 나오면서 안아주고, 만날 때마다 안아주고. 외국 사람들은 남자든 여자든 관계없이 서로 포옹하지 않습니까. 우리나라에선 그렇게 하면 이상한 눈으로 보죠.

촉각뿐만 아니라 오감을 다 사용해야 해요. 아이 콘택트 eye contact

는 부드럽게, 말도 부드럽게 해야죠. 아이에게서 어떤 냄새가 나는지도 맡아야 해요. 여러분이 아이의 전체를 파악해야 한다는 걸 아셔야 합니다. 아이가 이혼을 요구하면 "우리는 이혼을 하고 싶어도 절대 할 수 없는 관계다"라고 말해야 하죠. 왜 그렇죠? 부부 간에는 유전자의 교합이 없습니다. 부모와 자녀는? 엄마 유전자 반, 아빠 유전자 반을 나눠 가졌죠. 부부는 결심만 하면 그날로 헤어져서 남남이 될 수 있지만 부모와 자녀는 그럴 수 없습니다.

임신 여부를 처음 알 수 있는 때가 4주째예요. 월경이 없으니까요. 그때 이미 태아의 뇌엔 1층, 2층, 3층이 분명하게 나타납니다. 그런데 잘 보이진 않아요. 적당히 구분해놓은 상태죠. 1층, 2층, 3층은 원래 수많은 회로로 서로 연결되는데, 이때는 회로가 없습니다. 기관을 만들 때라서 그렇습니다. 이때 태아의 기관 형성에 장애가 올 위험이 있어요. 잘못되면 기형아가 되죠. 임신 3개월 동안이 가장 중요한 시기예요. 이때는 사람 많은 곳에 가지도 말고 욕심내지도 말고 매일매일 즐겁게 생활해야 해요. 한 달만 되면 이미 모양을 잘 갖춥니다. 그래서 낙태를 해도 되느냐 안 되느냐 말이 많죠. 3개월이 되면 태아의 뇌는 주름만 없다뿐이지 성인의 뇌나 다름이 없습니다. 1층, 2층, 3층에 수많은 회로가 생깁니다.

맨 위 지혜의 뇌만 발달시켜서는 교육의 목표를 달성할 수 없습니다. 감정의 뇌, 본능의 뇌가 성숙하면 지혜의 뇌로 올라가는 회로가 쫙 열리죠. 회로가 굵어져요. 여러분들이 과거의 기억을 간직할 수 있는 까닭은 뭔가요? 즐거웠던 추억과 심한 충격을 받은 일은 결코 잊지 못합니다. 학창 시절 친구들하고 몰래 학교를 빼먹거나 나쁜 짓 했던 기억은 절대로 지워지지 않아요. 학교 가다가 지하철에 불이 났다. 이런 것도 평생 못 잊습니다. 즐거움과 충격이 우리 뇌에 가장 오래 각인돼 있어요. 그러면 아이들 공부는 어떻게 시켜야 할까요. 충격을 줘야 할까요? 즐겁게 해줘야 해요. 즐거우면 감정의 뇌에서 지혜의 뇌로 올라가는 회로가 활짝 열려요. 반대로 매 맞아 눈물 흘려가면서 억지로 하면 매듭이 생겨요. 신경전달물질이 잘 올라가질 않거든요. 감정이 충족돼야 지혜의 뇌가 활짝 열린다는 걸 기억하세요. 감정과 본능을 채워줘야 지혜의 뇌를 키우는 교육 목표를 달성할 수 있습니다. 그런 걸 소홀하게 하니까 요즘 자살하는 친구들이 많잖아요.

3층만 혹사하면 어떻게 될까요? 사고하는 뇌가 망가지고 말아요. 그게 치매예요. 치매는 3층이 망가지고 맨 밑에 있는 동물의 뇌와 생명의 뇌만 남은 상태예요. 얼굴은 사람인데 뇌는 동물이 되는 거죠. 사실은 아이보다 본인 뇌부터 챙겨야 해요. 부모 마음이 즐겁지 못한데 아이를 행복하게 해줄 수는 없습니다. 우리 아이들에게 매일 공부하라고 강요만 하면 과잉학습장애, 스트레스증후군이 나타나 소아정신장애 질환을 앓게 됩니다. 그래서 요즘 옛날에 비해 주의력결핍장애, 즉 ADHD_{attention deficit hyperactivity disorder}가 크게 늘었어요. 지금 초등학교 학생의 10~20퍼센트가 과잉행동을 하는 ADHD 증상을 보이고 있어요. 자폐증도 늘었죠. 그런 상태에서 따돌림 당하면 자살하기 쉽습니다. 어린이 정서질환, 정신병이 급증했어요. 감정의 뇌가 발달하지 못한 결과예요.

아이들의 감정이 어른들보다 더 예민하다고 그랬죠? 더 많은 사랑을 원할 수밖에 없습니다. 하지만 부모는 만족할 만큼 사랑을 주지 않죠. 그러면 2층 감정의 뇌가 위축됩니다. 정서, 감정장애 질환에 걸리기 쉬워요. 병까지 들진 않더라도 감정 본능이 충족되지 않으면 아이들은 어떻게 할까요? 공교육에서도 사교육에서도 보상받을 수 없죠. 그러니까 부모나 선생님 몰래 비정상 수단을 동원하게 되죠. 담배 피우고, 술 마시고, 싸우기도 하고요. 남을 때리거나 왕따 시키는 건 좋지 않은 일이지만 그런 식으로 쌓였던 걸 분출하는 셈입니다. 여러분도 모임에 가시면 남 얘기 하면서 스트레스 풀곤 하시잖아요. 아이들도 마찬가지입니다. 그런 아이들은 소년원에 보낼 게 아니라 감정과 본능을 채워줄 수 있는 교육을 해야 합니다. 전뇌교육을 실시하지 않으면 안 돼요. 학교 폭력과 인터넷 중독 등의 청소년 비행으로부터 학교 현장을 복구하려면 감정과 본능을 어루만지고 그 다음에 지적인 개발을 해줘야 합니다.

감정의 뇌 바로 옆에 해마가 있습니다. 해마는 기억의 남대문입니다. 해마는 또 전두엽 바로 뒤쪽에 있어요. 눈동자 바로 뒤쪽의 이 전두엽에는 동기를 부여하는 뇌가 있습니다. 그러니까 즐겁게 공부하면 기억도 잘되고 동기부여도 됩니다. 아빠, 엄마한테 맞아 눈물 흘려가면서 공부하면 기억도 안 되고, 하고 싶은 마음도 잘 생기지 않죠. vicious cycle. 우리말로 악순환이죠. 감정과 기억과 동기는 같이 돌아갑니다. 칭찬은 고래도 춤추게 한다고 그러잖아요. 영화 볼 때 한쪽은 마음대로 울고 웃게 하고, 한쪽은 그러지 못하게 막고 나중에 기억력 테스트를 해보면 어떻게 될까요. 멋대로 즐긴 쪽이 훨씬 기억을 잘합니다. 감정은 이렇게 우리 뇌의 3층과 밀접하게 연결됩니다. 걱정이 많고 우울해하는 사람이 치매에 잘 걸립니다. 인생을 낙관적이고 적극적으로 살라는 이유를 아시겠죠.

다양한 인지 요소가 필요한 영어 교육, 너무 어릴 때 하는 건 좋지 않아

자, 오늘 우리의 공부 주체인 3층으로 가봅시다. 3층이 작동을 잘하려면 2층과 1층이 제대로 받쳐줘야 되겠죠. 인간의 뇌 중 가장 잘 발달한 곳이 3층입니다. 맨 앞쪽을 전두엽이라고 부릅니다. 우리말로는 이마엽입니다. 한번 만져보세요. 자기 이마가 어떻게 생겼나. 뒤로 비스듬하게 넘어간 사람이 있고 절벽처럼 90도로 깎아지른 사람이 있어요. 뒤로 비스듬하게 잘 넘어간 사람 손들어보세요. 상당히 많네요. 전두엽이 발달하면 절벽 같아지고 그렇지 못하면 비스듬하게 넘어갑니다. 절벽은 저하고 두 사람밖에 없네요. 원생 인류 중에 전두엽이 발달하지 못해 이 지구상에서 사라진 종도 있습니다. 전두엽은 주의집중 기능을 합니다. 동기를 부여하죠. 동기가 부여되면 저절로 집중하게 되잖아요. 동기가 없으면 열 시간을 책상에 붙들어 앉혀놓아봐야 집중을 못합니다. 몰래 귀에다가 뭘 꽂고, 만화책을 밑에 놓고, 그런 친구들은 주의집중을 못하죠. 계획을 짜고 창의력을 발휘하는 공부는 꿈도 못 꿉니다.

전두엽은 종합적이고 창의적인 계획을 세워 그것을 실행하게 하는 기능을 합니다. 인간성, 도덕성을 관장하는 기능도 전두엽의 몫입니다. 따라서 교통사고가 나서 이 부위가 망가지면 그 사람의 인간성과 도덕성은 무너지게 됩니다. 신앙심이 깊은 사람도 전두엽을 다치면 돌변하죠. 주의력결핍과 과잉행동 증상이 나타나고 인간성, 도덕성을 상실해요. 그만큼 전두엽은 인간에게 가장 중요한 부위입니다.

전두엽은 평생 발달합니다. 50세, 60세가 돼도 적절한 지적 자극을 가하면 신경세포 회로가 더 치밀해지죠. 나이가 들수록 완숙미가 더해져 젊었을 때보다 훨씬 고상해지는 사람들이 이런 경우에 해당합니다. 우리 뇌는 노력한 만큼 쉼 없이 발달합니다.

최근 발달한 여러 가지 영상 기술로 연구한 결과 전두엽은 유아 시절에 가장 빠르게 발달하는 것으로 나타났습니다. 따라서 유아 교육의 목표가 반복적인 단순 암기여서는 안 됩니다. 스스로 생각하는 힘을 키워줘야 합니다. 푸른색, 빨간색, 흰색, 회색, 검은색. 이 중에서 하늘색은 뭔가요? 아이들은 푸른색에 동그라미를 칠 거예요. 1년 365일 중 하늘이 푸른 날이 얼마나 되겠어요. 게다가 아무리 푸르더라도 내 마음이 즐겁지 않으면 검게 보이겠죠. 다섯 개가 다 답이 될 수 있죠. 이런 교육을 해야 합니다. 앵무새처럼 반복하는 교육은 효과가 없어요. 세 살 버릇 여든 살까지 간다는 옛말이 있죠. 옛날사람은 과학을 몰랐지만 오랜 인생 경험을 통해 세 살 때 잘못 가르치니까 이상하게 되더라는 걸 알게 된 겁니다.

어린 시절 교육을 제대로 못 받고 의과대학에 오니까 우리나라 의사들 어떻습니까. 존경받는 의사 많죠? 왜 그렇게 시니컬하게 웃습니까. 자기가 아픈 것처럼 남을 이해하고, 언제든 부르면 뛰어가는 의사들이 과연 몇이나 있습니까. 저를 포함해 몇 사람 안 되죠. (웃음) 어려서부터 도덕성, 인간성이 몸에 붙도록 가르쳐야 해요. 내가 불편하면 남도 불편하다. 이런 게 몸에 배어 있어야 합니다. 그러니까 외국에서는 이제 유아, 유치원에서도 체험 교육을 많이 하죠. 우리처럼 앉혀놓고 영어, 수학 공부만 시키지 않습니다.

전두엽은 대안을 살펴보는 융통성, 인지적 융통성 기능도 있습니다. 한 가지 생각, 한 가지 일이 끝나면 다른 생각으로, 다른 계획으로 옮겨가야 하는데 이 기능에 문제가 생기면 그러지 못합니다. 문을 잠그고 돌아서면 문이 열린 것 같아 불안해지는 거죠. 영화 〈에비에이터〉에 보면 레오나르도 디카프리오가 화장실에서 피가 나도록 손을 씻는 장면이 나옵니다. 그렇게 씻고 나서도 들여다보면 병균이 우글우글한 것 같아서 수건도 못 써요. 누가 들어오면 그제야 밀치고 나가죠. 이렇게 인지적 융통성이 없는 병을 강박장애라고 합니다. 강박장애로 고생하시는 분들이 상당히 많습니다.

아이들은 인지적 융통성이 있어야 합니다. 언어는 단어의 단순한 연결이 아니죠. 생각과 감정, 철학과 같은 다양한 인지 요소가 개입되어야 비로소 살아 있는 언어가 되겠죠. 그러니 우리말도 아닌 영어를 너무 어릴 때 가르치는 건 좋지 않습니다.

그런가 하면 두정엽은 과학의 뇌입니다. 이걸 우리말로는 마루엽이라고 해요. 마루처럼 평평하죠. 아인슈타인은 두정엽, 마루엽 천재였다고 해요. 뒤쪽에는 시각피질이 있어 눈동자를 통해 들어온 자극이 이곳에 맺혀 사고하게 하죠. 이쪽을 다치면 시각 인식을 상실해요. 이곳이 잘 발달한 사람은 유명한 패션디자이너나 미술가가 될 수 있습니다. 피카소처럼.

그다음은 측두엽. 아까 언어의 뇌라고 했죠? 이병민 교수님 같은 분은 이쪽이 발달했겠죠. 이병민 교수는 서른 살이 다 돼서 본격적으로 영어를 공부했다더라고요. 너무 일찍 학원에 가서 배울 필요 없어요. 아까 말한 대로 소뇌는 평형, 레이더 기능을 맡습니다. 박지성이나 김연아는 이 부분이 발달했겠죠. 이처럼 우리 뇌에는 다양한 기능이 있습니다. 인간관계 지능도 있어요. 자기 뇌에 적합한 분야를 선택하면 성공하겠죠. 그런 건 상관없이 의과대학이나 법학대학만 좋은 줄 아니 그게 큰 문제예요. 우리 아이는 어떤 뇌가 발달했는지 잘 살펴야 합니다.

유아 및 초등 교육이 우리 일생을 좌우합니다. 뇌가 교육을 100퍼센트 담당하고 유아, 초등학교 시기에 뇌가 가장 빠르게 발달하니까요. 우리 교육에서 가장 잘못된 점은 남보다 일찍 가르치려고만 한다는 겁니다. 선행교육이라고 그러죠. 또 남보다 일찍 시작하면 많이 배울 수 있다는 양적 교육. 이 두 가지가 우리의 교육을 완전히 망치고 있습니다. 뇌를 잘 몰라서 그래요. 우리의 뇌는 준비가 안 돼 있는데 뇌에게 쉴 틈을 주지 않으니 선행교육이나 양적 교육은 모두 뇌를 망가뜨리는 셈이에요.

뇌의 에너지는 충분한 잠과 아침밥

뇌 발달의 일반 원칙을 한번 볼까요? 뇌는 항상 적절한 자극을 원합니다. 적절하다는 것이 중요해요. 오랜 동안 과잉 자극하면 손상됩니다. 뇌에는 휴식과 수면이 필수입니다.

뇌에는 시냅스 회로와 줄기세포가 있습니다. 뇌에도 줄기세포가 있어요. 우리의 뇌가 일부 망가지면 기억의 대문에 있는 해마 줄기세포가 그쪽으로 가서 어느 정도 보충해줍니다. 신경세포는 한 번 망가지면 재생되지 않아요. 뇌실 벽에도 줄기세포가 있습니다. 이것을 어떻게 잘 이동시킬까 하는 게 앞으로의 중요한 연구 과제입니다.

우리의 뇌가 끊임없이 창조된다는 것을 다른 말로 가소성이 있다고 표현합니다. 가소성은 영어로 plasticity예요. 플라스틱과 같은 성질을 가지고 있다는 얘기죠. 플라스틱은 어떤 형태로든 마음대로 변형할 수 있죠. 뇌도 여러분의 노력 여하에 따라 얼마든지 변합니다. 평생 동안 발달하니까요.

창의력은 감정의 뇌와 밀접합니다. 창의력은 반드시 감정이 뒷받침돼야 생깁니다. 특정 뇌 기능은 특정 시기에 더 효율적으로 습득된다는 걸 기억해야 합니다. 유아 때는 전두엽을 발달시키는 교육이 이뤄져야 합니다. 미리 배우는 것은 바람직하지 않아요. 스트레스는 뇌 발달에 나쁜 영향을 끼칩니다.

뇌가 기본적으로 발달하는 데는 20년의 세월이 걸린다고 했지 않습니까. 남자나 여자나 똑같죠. 단축은 못합니다. 남자의 뇌는 여자의 뇌보다 10퍼센트 정도 더 무거워요. 남자가 더 머리가 좋아서일까요? 동의합니까? (청중: 아니요.) 남편 보니까 안 그렇더라?

뇌의 무게와 기능은 비례하지 않습니다. 얼굴이 크다고 뇌가 큰 게 아니에요. 특정 기능을 담당하는 뇌 부위의 회로가 얼마나 치밀하게 발달했는지가 관건이죠. 적절한 학습이 뇌 발달에 필수입니다. 그러면 끊임없이 창조해요. 이걸 뇌의 가소성이라고 합니다. 신경세포를 적절히 자극하면 무수하게 가지치기를 합니다. 가지는 뭡니까? 전깃줄이죠. 정보를 빨아들여요. 자극이 없으면 죽죠. 다 잘리고 몸뚱어리만 남아 죽습니다. 전자현미경으로 보면 다른 신경세포와 가지가 결합합니다. 이쪽에서 저쪽으로 정보를 전하죠. 그러면 없던 가지가 새로 생기고 굵어져요. 고속도로가 만들어진다는 말이죠. 평생 치매에 걸리지 않고 공부 잘할 수 있는 거죠. 줄기세포를 외부에서 넣어주지 않아도 뇌 속에 줄기세포가 있어서 죽은 세포를 대체할 수 있지만 그 수가 많지 않습니다. 그래서 앞으로 어떻게 하면 줄기세포를 뇌로 많이 보낼 수 있느냐를 연구하는 것이 중요합니다. 이것을 증가시키는 방법이 있습니다. 좋은 환경을 만들어주면 많이 증가해요.

"Use the brain or lose it." 뇌를 사용하라, 아니면 다 잃어버린다. 핵심입니다. 그렇다고 뇌를 무조건 많이 쓰면 또 싹 다 없어져요. 그러니 욕심을 내면 절대 안 됩니다.

회로를 한번 살펴볼까요? 시냅스의 회로는 전깃줄처럼 연결돼 있지 않습니다. 여기에 정보를 전해주려면 어떤 물질이 뛰어가서 전해줘야 해요. 그것을 신경전달물질이라고 합니다. 시냅스는 수백조, 수

뇌의 시냅스 회로

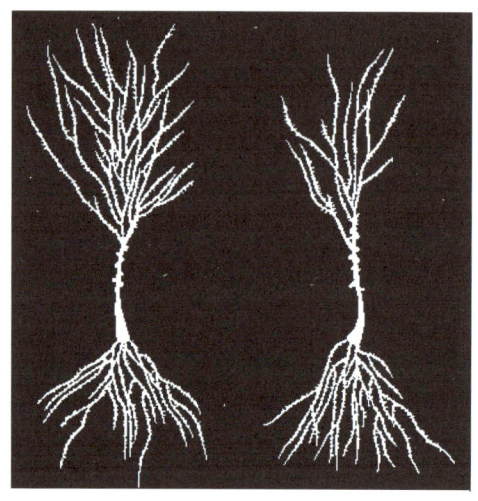

천조 개예요. 받은 정보가 많을수록 넓어집니다. 1차선 도로가 고속도로가 된다는 말이죠. 그 사이에 뭔가 공간이 있어요. 100년 전쯤에는 이렇게 떨어져 있는데 어떻게 이쪽에서 저쪽으로 정보를 전할 수 있겠는가 하고 의심했는데, 연구를 해보니 어떤 물질이 나오더라는 거죠. 그게 신경전달물질이에요.

신경전달물질은 많이 나오면 없어져요. 쌀이 떨어지면 또 사와야 되잖아요. 똑같습니다. 우리의 뇌에서 신경전달물질을 만들려면 두 가지가 필요해요. 우선 시간이 있어야죠. 그리고 재료도 있어야 합니다. 신경전달물질은 휴식 시간, 수면 시간에 만들어집니다. 그러니 충분히 쉬고 충분히 자야죠. 여러분은 몇 시간 잡니까. 일곱 시간, 여덟 시간이죠. 우리 애들은 몇 시간 재워야 하죠? 여러분보다 더 많이 자야죠. 한 살 미만의 영유아는 20시간 잡니다. 엄마가 고생 고생해서 10개월 동안 없는 돈에 너를 잘 먹여서 낳아놨더니 잠만 자니. 사람은 하루에 여덟 시간만 자면 된다는데 왜 스무 시간 자. 열 시간은 좀 일어나라며 깨우면 어찌 될까요. 자는 아기를 깨워서 이것저것 보여주고 들려줘봐요. 어떻게 될까요. 뇌가 망가집니다. 스무 시간 자야 해요. 초등학생은 평균 아홉 시간에서 열 시간. 경제협력개발기구 OECD 국가 중에서 우리나라 초등학생이 제일 적게 잔답니다.

밥도 잘 먹어야 해요. 원료가 없으면 안 된다고 했잖아요. 아침, 점심, 저녁 중 뭘 잘 먹어야 할까요? 아침은 하루를 시작하는 가장 중요한 준비 기간입니다. 오늘 아침에 식사하고 나오신 분 손 한번 들어보세요. 남자 분 가운데 안 드는 분이 계시네. 남편들은 아침에 눈 반만 뜨고 뛰어나가죠? 그러면 부인은 남편 뒤통수에 대고 돈 많이 벌어오라고 말하죠. 먹은 게 없어서 신경전달물질이 제대로 만들어지지 못했는데 어떻게 돈을 벌어옵니까. 이번엔 아이가 늦잠 자서 막 뛰어나가죠. 도시락 싸놓은 거 가지고 뛰어요. 아이 뒤통수에 대고 공부 잘하고 오라고 해봐야 소용없습니다. 아침에 가족이 함께 식사를 하세요. 저희 집은 6시면 다 일어납니다. 다라고 해봐야 아내하고 저밖에 없으니까요. 아내는 일어나서 저를 위해 주스를 만들어요. 저는 밥하고 반찬 해놓고. 적어도 30분 이상 같이 얼굴 보면서 이야기하죠.

아침밥은 어떻게 만들어야 하죠? 탄수화물도, 단백질도, 지방도 있어야 해요. 탄수화물은 뇌의 유일한 에너지원이에요. 옛날에 탄수화물은 몇 킬로칼로리를 낸다고 했습니까? (청중: 4.) 단백질은? (청중: 4.) 지방은? (청중: 9.) 달달 외웠네요. 얼마나 단순 암기를 철저하게 시켰으면 자면서도 4, 4, 9를 합니다. 사실 뇌에 필요한 에너지는 탄수화물뿐이에요. 하지만 신경전달물질의 주원료는 단백질입니다. 그리고 지방은 신경전달물질의 원료이면서 신경세포막을 구성하는 주성분이에요. 그러니까 탄수화물, 단백질, 지방 다 골고루 먹어야 합니다.

우리나라 사람들은 하루에 먹는 열량의 한 25퍼센트 정도를 지방으로 섭취하죠. 미국은 50퍼센트 이상. 그러다 보니 비만이 많죠. 그래서 미국에서는 하루에 먹는 열량의 한 30퍼센트 미만으로 지방 섭취량을 줄이자고 캠페인을 벌이죠. 우리나라에서도 그 이야기를 듣고 우리도 지방 섭취를 줄이자고 주장합니다. 20퍼센트로. 그런데 우리나라 노인 지방 섭취분은 15퍼센트밖에 안 돼요. 그걸 줄이면 어떻게 될까요? 영양결핍이 되겠죠. 함부로 따라 하면 안 돼요.

잠은 지친 뇌를 쉬게 하고 신경전달물질을 제조하며 기억을 재정비하고 강화해줍니다. 눈뜨고 있을 때 들어왔던 기억을 재강화해요. 중요한 것은 반드시 자기 전에 한번 보는 게 좋아요. 잠을 자지 않으면 그런 과정이 일어나지 않는다고 최근 보고가 됐어요. 우리나라 학교에서처럼 단순 암기 사항만 시험문제로 내면 잠을 많이 안 자더라도 어느 정도 좋은 점수를 받을 수 있어요. 반복만 하면 되니까. 충분히 읽고 생각한 뒤에 답을 쓸 수 있는 문제를 내야 뇌 발달에도 도움이 되는데 우리나라 시험은 그렇지 못하죠.

지금 수능 시험은 아침부터 저녁까지 하루에 다 보잖아요. 만약 이틀 동안 나눠서 본다면 결과가 많이 다를 거라는 이야기를 하죠. 영유아는 스무 시간, 유아는 열 시간 이상, 초등학생은 아홉 시간에서 열 시간, 중고등학생은 여덟 시간 내외를 꼭 자야 합니다. 2008년 여름에 미래학자 앨빈 토플러가 우리나라 국회에서 강연을 했습니다. 아이들이 밤 11시 이후까지 공부하는 나라는 미래가 없다는 내용이었어요. 그게 바로 우리나라입니다.

좌뇌와 우뇌는 어떻게 다른가

언어의 뇌는 주로 좌측에 있어요. 분석하고, 계산하고, 논리하는 것도 좌측입니다. 좌뇌와 우뇌의 기본 기능은 같아요. 조금 다른 점은 주로 좌측에서 언어 기능을 담당한다는 것입니다. 우뇌는 비언어적이고, 비분석적이고, 비계산적이고, 비논리적이고, 음악적이고, 회화적이고, 감정적이고, 감각적이고, 이미지적인 부분을 담당해요. 단순히 언어 측면에서 본다면 영어 교육은 좌뇌가 맡는다고 볼 수 있죠. 좌뇌는 오른손을 지배해요. 우뇌는 왼손을 지배합니다. 오른손잡이 남자는 90퍼센트 이상이 좌뇌에 말하는 중추가 있어요.

왼손은 우뇌가 지배한다고 그랬죠. 오른손잡이 남자가 왼손도 같이 잘 쓰면 35퍼센트의 언어중추는 우측으로도 갑니다. 말하는 중추가 좌측에만 있는 것보다 양쪽에 다 있는 게 유리하겠죠. 남자는 90퍼센트 이상이 좌측에 있어요. 여자는 3분의 2는 좌측에 있지만 적어도 30~40퍼센트는 우뇌에도 있습니다. 그러니 여자가 남자보다 말을 더 잘할 수밖에 없죠. 남자 분들은 부인과 말로 싸워서 이기겠다는 생각은 버려야 합니다. 왼손도 잘 쓰면 언어중추가 왔다갔다 해요.

맹인은 뒤쪽에 시각중추가 있어요. 앞을 못 보니까 시각중추에 자극이 없을 거 아니에요. 그럼 이 시각중추는 무엇을 할까요. 놀지 않아요. 듣는 기능으로 바뀌어요. 우리의 뇌는 아주 잘 바꿉니다. 가소성이 있다고 했잖아요. 어떤 장기도 그러지 못해요. 뇌의 특성입니다. 따라서 노력하는 자에게 창의력이 생깁니다. 창의력은 엄마, 아빠로부터 받은 유전보다는 노력의 소산입니다.

과도한 조기 교육으로 좌뇌만 발달하면 불행합니다. 학원은 100퍼센트 좌뇌 교육이에요. 공교육에서는 음악도 듣고 그러죠. 전문 음악가나 화가는 어떨까요. 역시 좌뇌가 발달합니다. 전문가들은 분석을 해야 돼요. 좌뇌, 우뇌를 같이 잘 쓰는 교육을 해야 합니다. 조기에 영어를 과도하게 주입하면 그런 교육이 될 수 없어요.

옆의 그림을 우리 쪽에서 보면 a의 여자는 오른쪽이 웃고 있습니다. b의 여자는 왼쪽이 웃고 있어요. 어느 여자가 더 행복하게 보입니까? 왼쪽이 웃는 여자, 즉 b의 여자죠. 좌측의 시야는 우리의 우측으로 들어옵니다. 우측이 뭐라 그랬죠? 이미지의 뇌죠. 남자는 좌측이 많이 발달했어요. 남자들은 논리적으로 분석하는 걸 좋아합니다. 보통 아내가 남편한테 무엇 때문에 가장 많이 야단을 맞나요. (청중: 야단이요?) 그렇죠. 야단 못 치죠. 부인한테 가장 많이 쓰는 말 중 하나가 '말도 안 되는 소리.' 남자들은 논리에 맞지 않는 것을

a   b

싫어해요. 여자들에게는 이 세상이 논리로 설명할 수 없는 것투성이인데 말이죠. 아내의 얼굴 표정 보면 오늘 무슨 날인가 금방 알아야 하는데 남자들은 아무리 힌트를 줘도 모르죠. 남자들은 좌측이니까. 여자들은 남편 표정 보고 금방 알죠. 오늘은 무슨 일이 있었구나. 오늘 양복에 노란 넥타이 매고 왔는데 내일 또 같은 걸 입고 오면 여자들은 돈 좀 있어 보이는데 왜 저러나 하면서 금세 알아요. 저기 계시는 대표님을 비롯한 남자들은 몰라요. 관심도 없죠. 그게 바로 좌뇌와 우뇌의 차이예요. 우리에게 전뇌 교육이 필요한 이유이기도 하고요.

사랑은 어느 쪽 귀에 속삭이는 것이 좋을까요. (청중: 왼쪽.) 왜요? (청중: 감정은 오른쪽 뇌니까요.) 발렌타인 데이에 초콜릿 팔잖아요. 어디에 진열해야 잘 팔릴까요? (청중: 왼쪽.) 그렇죠. 장사를 잘하려면 뇌과학을 알아야 합니다.

우뇌 트레이닝하는 데 좋은 것은 요리입니다. 오감을 다 동원하죠. 남자들이 집에서 하는 요리는 라면 끓이는 정도겠죠. 그건 아무 짝에도 소용없어요. 어떤 재료로 만들까. 어떤 순서에 따라 재료를 조합하고 다듬을까. 어떤 양념을 넣어야 할까. 맛은 어떻고, 보기엔 어떨까. 오만 가지를 다 생각해야 해요. 무엇을 하든 오감을 다 동원해 즐기는 게 우뇌 발달에 도움이 됩니다.

쇼핑하는 것도 그렇죠. 남자들은 백화점에 가면 다리 아파서 인상만 쓰고 있죠. 높은 층에서 훑어 내려오면서 구경하고 냄새도 맡으면 좋습니다. 음악을 듣는 것도 좋습니다. 거울에 비친 모습을 바로잡아 그려보는 훈련도 도움이 됩니다. 한 번 그려보면 고정관념에서 벗어나 잘 그리게 됩니다. 거꾸로 놓고 바로 그려본다든지, 트레이닝 방법이 다양합니다.

그렇다고 우리 아이는 무조건 많이 시키자, 이러면 어떻게 돼요? 많던 회로가 끊어집니다. 해마, 신경세포에 다 불이 납니다. 앞에서 말했듯이 10만 볼트의 전류를 220볼트용 회로에 보내면 어떻게 되겠어요. 불이 날 수밖에 없죠. 소아정신과에 가면 뇌에 불붙은 아이들이 많아요. 이것도 따라 읽어보세요. "Overuse the brain and lose it." 뇌를 너무 많이 쓰면 다 잃는다.

조기 교육보다 좋은 환경에 노출시키는 것이 더 중요해

그러면 어떤 환경을 만들어줘야 뇌 발달에 좋을까요. 임신 기간에 시어머니나 남편과 갈등이 잦았던 엄마에게서 태어난 아이를 검사해보면 기억력이 나빠요. 엄마가 스트레스 받으면 아기도 스트레스를 받아요. 스트레스 없는 좋은 환경에서 태어나면 기억력이 좋죠. 잘 노는 엄마한테서 태어난 아이한테 너만은 열심히 공부해야 한다고 구박하면 아이의 기억력은 다시 나빠져요.

임신 중의 환경이 중요하다는 이야기입니다. 그런데 더 중요한 것은 아기가 어떤 환경에 직접 노출되느냐입니다. 영어 조기 교육을 받으면 아이가 과연 즐겁겠어요? 한국말도 못하는데 말이죠. 우리 연구팀이 2003년 미국의 유명 학술지에 임신 중 환경보다 아이에게 직접 노출되는 환경이 중요하다는 연구 결과를 발표했어요.

갓 태어난 아기가 스트레스를 받으면 기억력이 나빠집니다. 그런데 좋은 환경에 노출하면 바로 다시 좋아집니다. 좋은 환경을 영어로 enrichment라고 하죠. 스트레스를 주다가 좋은 환경으로 바꿔주면 어떻게 될까요? 우리 삶은 스트레스와 좋은 환경이 교차합니다. 환경을 바꿔주면 기억력이 다시 좋아집니다. 스트레스 받았던 아이에게 좋은 환경에서 뇌 발달에 좋은 교육을 하면 금방 회복합니다. 여러분도 마찬가지입니다. 스트레스를 많이 받으면 치매에 걸릴 확률이 높아져요. 10년 이상 지속되면 정서가 심각하게 악화합니다. 그런 사람은 일찍 치매에 걸리죠. 아이의 뇌나, 나이 많은 우리의 뇌나 반응은 거의 똑같다는 것을 아셔야 합니다.

스트레스를 받을 때는 줄기세포가 줄었다가 좋은 환경에 노출하면 늘어납니다. 그래프를 그려보면 스트레스를 주다가 좋은 환경에 노출하면 딱 중간 정도로 됩니다. 좋은 환경에 계속 노출하면 줄기세포가 늘어났다가 다시 스트레스를 주면 적어지죠. 좋은 환경과 스트레스를 교대로 주면 딱 가운데에 위치합니다. 뇌가 발달하지 않은 아이에게 강제로 영어 조기 교육을 시킨다면 과연 그게 좋은 환경을 만들어주는 거겠어요, 스트레스겠어요? 강한 스트레스라는 것을 마음에 깊이 새기세요.

아이 수십 명의 뇌를 MRI로 찍어봤습니다. 2층 감정의 뇌에는 태어날 때 이미 60~70퍼센트 정도의 정보가 입력돼 있어요. 잘 울고, 웃죠. 태어나서 2세 정도까지가 2층, 감정의 뇌 발달에 가장 중요한 시기입니다. 두 살 때까지 부모의 사랑을 제대로 받지 못하면 그 아이는 평생 정서장애, 애착장애 질환에 시달립니다. 3세부터 맨 위 3층이 발달합니다.

좌뇌와 우뇌 사이에는 다리가 있어요. 이것을 뇌량이라고 합니다. 여자는 뇌량이 남자보다 한 10퍼센트 정도 더 넓어요. 여자는 좌뇌와 우뇌를 남자보다 더 잘 쓴다고 이야기할 수 있죠. 여자는 여러 가지 면에서 남자보다 유리한데 판단을 내릴 때는 달라요. 좌뇌, 우뇌를 왔다갔다하니까요. 여자들은 주차를 잘 못해요. 좌뇌 우뇌로 왔다갔다합니다. 남자는 정확하게 분석을 해서 파킹을 잘하죠. 반면 여자는 남자보다 감정 해소를 월등하게 잘하죠. 남자보다 여자가 오래 사는 이유가 바로 우뇌도 적절히 잘 쓰기 때문입니다. 여자 동창이 모이면 레스토랑을 완전히 점령할 수 있어요. 웃고 떠들면서. 기쁘고 슬플 때 잘 웃고 우는 것이 중요합니다.

세 살쯤 되면 뇌량의 앞쪽이 활발히 움직입니다. 좌뇌, 우뇌의 앞쪽이 활발하게 움직인다는 뜻이죠. 전두엽입니다. 3세에서 6세 사이에는 주로 앞쪽, 6세에서 12세쯤까지는 가운데가 활발합니다. 가운데에 뭐가 있죠? 측두엽입니다. 맨 위에 뭐가 있습니까? 두정엽이 있죠. 측두엽과 두정엽은 초등학교 때 잘 움직인다는 거죠. 그때 많이 발달한다는 거예요. 앞에서부터 뒤로 갑니다. 2층은 2세, 3세 때까지가 가장 중요하고, 이때 아이에게 사랑을 듬뿍 줘야 합니다. 나중에 크면 그때 사랑을 듬뿍 주면 되지 하고 미루면 아이 인생은 불행해집니다.

세 살쯤까지 감정의 뇌가 최고로 발달합니다. 영유아기의 과잉 선행학습은 감정의 뇌 발달장애, 애착장애를 초래합니다. 잘 보살펴주고 귀여워해주는 유치원 선생님한테는 애정을 표시하는데, 엄마는 피합니다. 이것을 애착장애라고 합니다. 이런 아이의 경우 평생 애착장애에 시달릴 가능성이 높습니다. 그 가장 중요한 시기, 즉 결정적 시기 critical period 가 2세 전후가 아닌가 하고 대부분의 학자가 생각합니다. 넉넉히 잡더라도 3세 정도까지가 가장 중요해요. 그러니 이때 영어 교육을 시키는 건 아이를 불행하게 만드는 거죠.

지식의 뇌는 맨 위에 있다고 했죠? 이 뇌의 기본 회로는 3세 때까지 균형 있게 발달해야 합니다. 태어날 때 지식의 뇌에는 회로가 거의 없습니다. 감정의 뇌는 이미 태어날 때 회로가 60~70퍼센트 발달해 있다고 했죠. 태어날 땐 350그램에 불과하던 뇌가 2~3년 만에 1천 그램이 돼요. 이때는 모든 회로가 골고루 발달하도록 오감을 통한 교육을 해야 합니다. 푹 자고, 부지런히 손을 놀리고. 아이가 기어 다니다가 책상에 부딪혀서 얼굴 좀 까졌다고 너무 크게 호들갑을 떨면 안 됩니다. 정말 아프구나, 스스로 느껴야 합니다. 그게 매우 중요합니다. 습득의 기회를 자꾸 줘야 됩니다. 기어 다니면서 벌레도 입에 넣어보고, 먹어보니까 맛이 없더라, 알아야 해요. 그다음이 스킨십. 엄마가 임신 기간에 편식하면 아이도 반드시 편식을 합니다. 자기 좋아하는 것만 먹어선 안 됩니다.

네안데르탈인은 전두엽이 인간보다 발달하지 못해서 멸종

3~6세 때는 전두엽이 빠르게 발달하니까 전두엽 발달 교육이 유아 교육의 핵심이 돼야 합니다. 동기부여를 하고 주의집중 습관을 길러 종합적·창의적 사고가 발달하도록 도와야 합니다. 다양한 가능성을 열어줘야죠. 단순 반복, 암기 교육을 해서는 별로 도움이 안 돼요. 이때 수학, 영어는 못해도 괜찮아요. 인지적 융통성 교육을 해야 합니다. 이 시기의 인간성, 도덕성 교육은 아무리 강조해도 부족함이 없습니다.

네안데르탈인이라고 들어보셨을 겁니다. 네안데르탈인은 3만 년에서 2만 5천 년 전쯤까지 유럽과 아시아에 걸쳐서 살았죠. 호모 사피엔스사피엔스, 즉 우리 인류의 조상과 공존했습니다. 마지막에 발견된 유골이 2만 8천 년 전 것으로 추정된답니다. 지브롤터 해협 동굴에서 집단 거주를 하면서 불과 도구를 썼어요. 가족이 모여 살았고 죽으면 같이 무덤에 묻었죠. 우리 인간의 삶과 거의 똑같아요. 인간과 유전자 비교 작업을 하는 중인데 약 70퍼센트 정도를 마쳤어요. 인간과 99.5퍼센트가 같아요. 침팬지는 97.5퍼센트. 현생 인류는 앞이마가 좀 튀어나왔죠. 네안데르탈인은 들어갔습니다. 가장 크게 다른 점이에요. 이런 사람이 옆에 앉아 있어도 여러분은 네안데르탈인인지 모를 거예요. 밤에는 좀 그렇지만 낮에는 섹시하고 아주 건장하게 보일 겁니다. 우리 인간의 조상과 이웃해 살면서 대화를 했을 가능성이 높아요.

한 가지 의문은 네안데르탈인과 현생 인류가 피를 섞었겠는가 하는 점입니다. 결혼을 했을까. 그것은 아직 밝혀내지 못했는데 일단 지금까지의 유전자 분석 결과에 따르면 그럴 가능성은 적어요. 네안데르탈인은 왜 사라졌을까요? 결국 전두엽 발달이 인간보다 뒤졌어요. 창의력과 도덕성을 키우지 못한 거죠. 도덕성이 없으니 모두들 자기 이익만 챙기느라 바빴을 테고 집단은 유지될 수 없었겠죠. 유아기에 전두엽이 발달하지 못하면 네안데르탈인과 비슷하게 될 거예요. 강제로 영어 조기 교육을 시키면 여러분 아이를 네안데르탈인으로 만들 수 있습니다.

1848년 미국에서 철도 보수를 하던 중 사고가 났어요. 다이너마이트를 잘못 터뜨리는 바람에 긴 쇠막대가 하늘로 치솟았다가 떨어지면서 작업자의 뇌를 관통했어요. 그런데도 이 사람이 멀쩡하게 살아났어요. 나중에 막대기를 뺐지만 전두엽을 많이 다쳤죠. 그 후유증으로 사람이 완전히 변했어요. 이유 없이 화를 내고 욕도 잘하고 늘 안절부절못하는 성격이 돼버린 거예요. 이 사례를 통해 전두엽의 기능이 많이 알려졌습니다. 여러분 아이도 전두엽이 제대로 발달하지 못하면 그런 사람이 될 수 있습니다.

무리한 영어 조기 교육은 언어와 인지 기능이 아직 발달하지 않은 아이들의 동기부여와 주의 집중을 방해합니다. 종합적·창의적 계획을 잘 수립하지 못하고, 인간성·도덕성이 부족한 아이로 만들 수 있어요. 그런 아이로 만들고 싶은 부모라면 그렇게 해도 되겠죠. 한 달에 100만 원, 150만 원씩 투자한다더라고요. 저는 여기저기서 강의를 할 때 그 돈 있으면 '사교육걱정없는세상'에 보내도 좋지만 저한테 보내달라고 해요. 제가 뇌를 잘 연구할 수 있게 말이죠. 치매도 안 걸리고 여러분 아이의 뇌를 잘 발달하게 할 방법을 찾는 데 쓰게요. 아무리 말하고 다녀도 아직까지 저한테 뭘 보내온 사람이 없어요.

어쨌든 단순 반복, 선행교육은 전두엽을 퇴화시킵니다. 다양한 경험을 통해 생각하는 힘을 키우고 이야기를 많이 듣고 읽으면서 상상의 세계로 빠져들게 하고 예절 교육, 도덕 교육을 시키는 게 가장 중요합니다.

초등학교 때는 전두엽 옆에 있는 측두엽이 발달해요. 그러니 먼저 국어 교육을 제대로 시키는 게 중요합니다. 우리말을 잘하면 영어도 잘 배웁니다. 제가 1년에 열 번은 외국에 나가는데 보통 20분에서 한 시간 정도 발표도 하고 강의를 합니다. 30년 동안 그래왔어요. 아무 문제 없어요. 지금까지 외국 사람이 손을 들고 당신이 말하는 영어는 무슨 소린지 하나도 못 알아듣겠소, 라고 하는 걸 못 봤어요. 항상 질문을 한다는 것은 내가 말하는 걸 알아듣는다는 얘기죠. 중학교 때부터 배워도 전혀 무리가 없어요. 이병민 교수님은 스물아홉부터 영어 공부를 본격적으로 시작하셨다는데 지금 영문학 교수로 얼마나 이름을 날리고 있습니까. 불필요한 사교육이 너무 많아요. 과학 교육도 이때, 그러니까 초등학교 때 시키는 게 좋아요. 암기 위주의 교육보다 직접 실험해보고 원리를 깨달을 수 있는 교육을 시키면 우리나라의 과학이 더 발달해서 노벨상 수상자도 많이 나올 겁니다.

아무튼 국어 교육이 가장 중요하고 영어 교육은 그다음에 해도 전혀 늦지 않습니다. 열두 살 넘어서 모국어를 배우면 문제가 상당히 많더라는 연구 보고들이 있죠. 그만큼 결정적 시기, 즉 critical period에는 제1언어를 충실히 배우는 게 중요합니다. 영어를 배워야 할 결정적 시기가 12세 때는 아닙니다.

언어는 단순한 단어의 연결이 아니다

말이란 단순한 단어word의 연결이 아닙니다. 인지 기능, 감정, 생각, 철학 그 자체죠. 그런 능력이 고루 발달해야 적절하게 언어를 구사할 수 있습니다. 그래서 영어 교육은 언어와 인지 기능이 빠르게 발달하는 초등학교 시기에 본격적으로 하는 게 좋습니다. 10년 전에 유아 시절 영어 조기 교육이 과연 필요한지 조사를 해봤습니다. 유아 때 영어를 가르치는 것과 7, 8세 이후에 영어를 가르치는 걸 비교해봤어요. 7, 8세 이상이 되면 여러 가지 다양한 뇌 기능이 발달합니다. 언어를 쉽게 더 다양하게 표현할 수 있는데, 유아 시기에 가르치면 그냥 몇 가지 단어 연결밖에 구사하지 못한다는 연구 결과를 얻었습니다.

유아 시기에 영어 조기 교육을 시키기를 원하면 이중 언어 환경을 잘 만들어줘야 합니다. 미국에서 태어난 교포 자녀는 집에서 우리말을 하고 밖에 나가면 영어를 또 자연스럽게 배웁니다. 한국에서는 그것을 거꾸로 하면 되죠. 밖에 나가면 한국말만 하니까 집에서는 영어로만 얘기하는 겁니다. 그런데 그게 과연 가능할까요? 오늘부터 집에 들어가면 영어로만 얘기해야 한다고 하면 여러분은 전화해보고 아이들 다 잠잘 때 들어가겠죠. 집에 가서 어떻게 영어만 합니까. 그러니 말의 중추가 잘 발달할 시기에 영어를 가르치는 게 가장 좋습니다. 학교에서는 지금 초등학교 3학년 때부터 영어를 배우잖아요. 1주일에 한 시간 정도. 초등학교 1, 2학년 때로 시기를 당기자는 말도 많은데 그래도 크게 문제는 없지만 그런 식이라면 아까 말한 것처럼 정자와 난자 시기로까지 당길지도 모르죠. 그건 좋지 않아요.

현재 초등학교 3학년 영어 교육도 양과 질적인 면에서 좀 더 개선이 돼야 합니다. 원어민 교사를 많이 쓰는데 영어로만 말한다고 해서 제대로 가르칠 수 있는 건 아니죠. 제대로 사범대학을 나온, 아이들을 가르칠 준비가 된 교사여야 합니다. 미국 가면 누구나 영어 잘하잖아요. 거기서는 영어 아무리 잘해도 출세 못하잖아요. 영어는 우리가 살아가는 데 중요한 하나의 도구일 뿐이지 전부는 아닙니다. 제가 영어를 아주 잘해서 지금의 제 위치에 와 있는 건 아니잖아요. 제 분야에서 잘했기 때문이지 영어는 부수적이죠.

그레고리 로버트 스미스의 교훈

12세가 되면 뒤쪽 시각피질이 발달하죠. 남들보다 자기 외모가 좋으니 나쁘니 따지게 됩니다. 신체가 발달한 연예인이나 스포츠맨에게 우리 아이들이 열광하죠. 시각피질이 발달하니까 그렇게 되는 겁니다. 야단쳐선 안 돼요. 바로 그런 시기니까요.

미국의 천재 중 그레고리 로버트 스미스라는 친구가 있습니다. 생후 14개월에 수학 문제를 풀고 두 살 때 어른이 틀린 부분을 수정하고, 다섯 살 때 광합성을 설명하고, 3년 만에 초·중·고등학교 과정을 수료했어요. 그리고 초등학교 3학년 때 랜돌프메이컨 대학에 들어갔죠. 랜돌프메이컨 대학이라고, 이름도 못 들어보셨죠? 자기 집 근처에 있는 작은 대학이에요. 이 아이는 수학에 특별한 재능이 있었어요. 옆에서 적당히 자료만 제공하면 혼자서도 얼마든지 문제를 풀면서 잘 노는 아이였죠. 문제는 자기보다도 나이가 훨씬 많은 대학생들과 같이 공부를 해야 한다는 거였어요. 삶의 경험이 부족하죠. 수학 뇌뿐만 아니라 다른 뇌도 골고루 발달시켜줘야 합니다.

우리나라의 그 많던 천재와 영재는 다 어디로 갔습니까? 다 없어졌죠. 천재성이 어디론가 사라졌어요. 무리하면 수학의 뇌도 망가져요. 스미스의 부모는 자식에게 아직 다양한 삶의 경험과 문화 체험이 부족하다는 것을 고려해 결국 작은 대학에 보냈습니다. 전체 정원이 천 명도 안 되는 대학이었죠. 앞으로 더 관찰해야겠지만 이런 친구는 누구보다 더 훌륭한 천재로 성장할 가능성이 높다고 봅니다. 우리나라에서는 영재가 판을 치죠. 인위적인 영재가 너무 많아요.

그런데 진정으로 본인이 영재라서 행복하다고 여기는 친구들은 별로 없을 거예요.

유명한 시인데 다 같이 읽고 끝내도록 하죠. 스퍼전Spurgeon이라는 목사님이 썼습니다.

할 일이 생각나거든 지금 하십시오.
오늘은 하늘이 맑지만 내일은 구름이 보일는지 모릅니다.

어제는 이미 당신의 것이 아니니 지금 하십시오.
친절한 한 마디가 생각나거든 지금 말하십시오.
내일은 당신의 것이 안 될지도 모릅니다.

사랑하는 사람이 언제나 곁에 있지는 않습니다.
사랑의 말이 있다면 지금 하십시오.

미소를 짓고 싶거든 지금 웃어주십시오.
당신의 친구가 떠나기 전에 장미가 피고 가슴이 설렐 때
지금 당신의 미소를 주십시오.

불러야 할 노래가 있다면 지금 부르십시오.
당신의 해가 저물면 노래 부르기엔 너무나 늦습니다.
당신의 노래를 지금 부르십시오.

사랑의 마음, 친절한 한 마디는 지금 전해야 합니다. 특히 한국 남자는 표현을 잘 안 하죠. 사랑한다는 말을 잘 안 합니다. 말 안 하면 몰라요. 내일 사랑하는 사람이 치매에 걸릴지도 모릅니다. 병 걸려서 죽을지도 몰라요. 사랑하는 우리 아이도 어떻게 될지 몰라요. 웃고 싶을 때 웃고, 사랑의 장미가 피고 가슴이 설렐 때 지금 당신의 미소를 주는 게 중요합니다. 부를 노래가 있다면 지금 불러줘야 돼요.

〈선물〉이란 책 읽어보셨어요? 가장 중요한 인생의 선물이 뭘까요? 내가 살아 있고, 사랑하는 지금이 중요하다는 겁니다. 선물은 영어로 present. 지금이란 뜻도 가지고 있습니다. 오늘 집에 가시면 가장 가까운 남편, 아내, 아이들한테 사랑한다고 말하세요. 아침에는 항상 눈을 마주치세요. 아이가 눈을 마주치지 않으려고 하면 뭔가 문제가 있다는 신호입니다. 빨리 문제를 해결해줘야 합니다. 남편이 눈을 안 마주치면 그것도 무슨 문제가 있는 거죠. 여러분이 지혜롭게 해결해야 합니다. 자 옆 사람과 손잡고 연습해보세요. 이럴 때 한 번 해보는 것도 괜찮습니다. 끝내도록 하죠. 질문 받겠습니다.

질의 응답

청중1 유아 시기에 정서 발달과, 도덕성 함양이 중요하다고 하셨잖아요. 저 같은 경우에는 양보하라든가 지나치다 싶게 도덕성을 강조하는데요. 유아 시기에는 본능도 있잖아요? 본능과 도덕성의 균형을 어떻게 잡아야 할지 말씀해주세요.

서유헌 아이들은 자기 스스로 판단할 수 있는 힘이 약하지 않습니까. 자꾸 부모가 남을 생각하라고 강요하면 아이가 강박적이 될 수도 있으니 너무 강제해선 안 되겠죠. 인내와 끈기가 필요합니다. 조화를 맞춘다는 게 쉽지 않아요. 항상 칭찬해줘야 합니다. 잘못하면 벌을 주되 마음에 상처가 남지 않도록 자기 전에 다독이는 게 좋죠. 이론상으로는 그렇지만 실천하기란 쉽지 않아요. 끈기가 필요합니다.

청중2 옛날에는 자식이 많아서 자기들끼리 어울릴 시간이 많았잖아요. 요즘에는 기껏해야 아이가 하나나 둘이다 보니까 어른이 너무 간섭을 많이 하게 됩니다. 계속 어른이 가치관을 너무 많이 심으니까 아이들이 그런 부분에서 자유롭지 못합니다. 욕구가 좀 다른 형태로 분출하거나 부정적인 형태로 나타나는 게 보이더라고요.

서유헌 예를 들면 두 살, 세 살 때하고 다섯 살 때는 좀 다르죠. 인지 기능이 자꾸 발달하니까. 강제하는 걸 점점 싫어합니다. 본인의 말을 열심히 듣고, 이해해줘야 합니다. 아이라고 무시하면 좋지 않아요. 가능하면 설명을 해주는 게 좋습니다. 아이를 대화 상대로 받아들여야 합니다. 강박감이 생기게 해서는 안 되죠. 마지노선을 정해주고 거기에서 너무 많이 벗어나지 않도록 조절해야 합니다. 아이가 아직 덜 성숙했으니 나하고는 절대 대화 상대가 안 된다고 생각하면 안 돼요. 아이도 나름대로 생각하는 바가 있으니까. 그런 선을 그을 때도 자기 기분에 따르면 안 됩니다. 선을 넘었는데도 자기 기분에 따라서 아무 소리도 안 하면 아이의 가치관에 여러 가지 문제가 생길 수 있죠. 쉬운 문제는 아닙니다.

청중3 제 딸에게는 사교육을 시키지 않고 집에서 영어책을 읽어주거나 하거든요. 이제 초등학교 2학년이 돼요. 이 강의를 듣기 전에 왜 초등학교에서 3학년 때부터 영어를 가르칠까 고민을 했었어요. 보통 유치원에서는 부모 의사와 상관없이 커리큘럼에 영어를 필수로 넣어놨거든요. 이런 자극이 아이에게 어떤 영향을 줄지 궁금합니다.

서유헌 초등학교 3학년 때는 되고 1, 2학년 때는 안 되고 그런 얘기는 아닙니다. 인지 기능은 6세, 7세, 8세, 9세 나이 먹을수록 계속 좋아지니까요. 12세 전에 외국어를 배우는 게 좋다는 조사 결과는 나와 있어요. 아까 얘기했듯이 말은 단순히 단어의 연결이 아니란 말이죠. 감정, 생각, 철학이 담겨 있지요. 1학년 때 공부해도 괜찮아요. 그런데 1학년보다는 2학년, 3학년 때 더 인지 기능이 좋으니까 그때가 낫다는 거죠. 이중 언어 환경이 잘돼 있어서 어려서부터 영어를 자연스럽게 공부할 수 있으면 괜찮아요. 아까 그랬죠? 집에서 영어 하고 밖에서 한국말 하고. 그런데 무리하면 스트레스를 줄 수밖에 없죠. 어린이집에서는 스트레스 안 주고 즐겁게 잘 가르친다고 항상 말하죠. 아이는 그게 정말 즐거울까요. 한 달에 100만 원, 150만 원 줘봐요. 오늘 뭐 했냐, 몇 점 맞았느냐, 부모가 꼬치꼬치 물을 거 아니에요. 그게 얼마나 큰 스트레스예요. 결국 바람직하지 않죠.

청중4 두뇌를 트레이닝하는 방법으로 여러 가지 전자기구 같은 걸 권하기도 하는데 거기에 대해서는 어떻게 생각하시는지요?

서유헌 그런 유혹이 많죠. 뭘 귀에다 꽂고 들으면 두뇌 발달에 도움이 된다는 말을 합니다. 하지만 제 생각에는 별 도움이 되지 않는 것 같습니다. 책을 읽으며 느낀 바를 말하고 쓰는 게 뇌 발달에 가장 좋습니다. 전자 게임기에는 부작용이 있다는 연구 결과가 나와 있죠. 오래 사용하면 뇌가 빛 자극을 받아 간질 발작을 일으킬 수 있어요. 토하는 아이도 있어요. 정상적으로 책 읽고 대화하는 게 가장 바람직합니다. 알파파가 나와서 공부 잘하는 데 도움이 된다는 기계들이 있습니다. 알파파는 공부할 때 잘 안 나옵니다. 쉴 때 나와요. 지친 뇌를 쉬게 해줄 때 알파파가 나옵니다. 알파파가 나온다고 치면 과연 알파파가 뭐냐, 이거죠. 공부할 때 알파파가 나오면 느려져요. 공부할 때는 베타파가 나와요. 빠른 베타파가 나와야 잘할 거 아니에요. 문제를 풀어야 하는데 느릿느릿하면 안 되죠. 눈감고 명상할 때는 알파파, 눈을 뜨고 있으면 빠른 베타파가 나옵니다. 자극이 들어오잖아요. 눈을 감으면 뒤쪽은 알파파로 변해요. 자극이 없으니까.
그럼 파가 느려져서 지친 뇌를 쉬게 하는 데 좋죠.

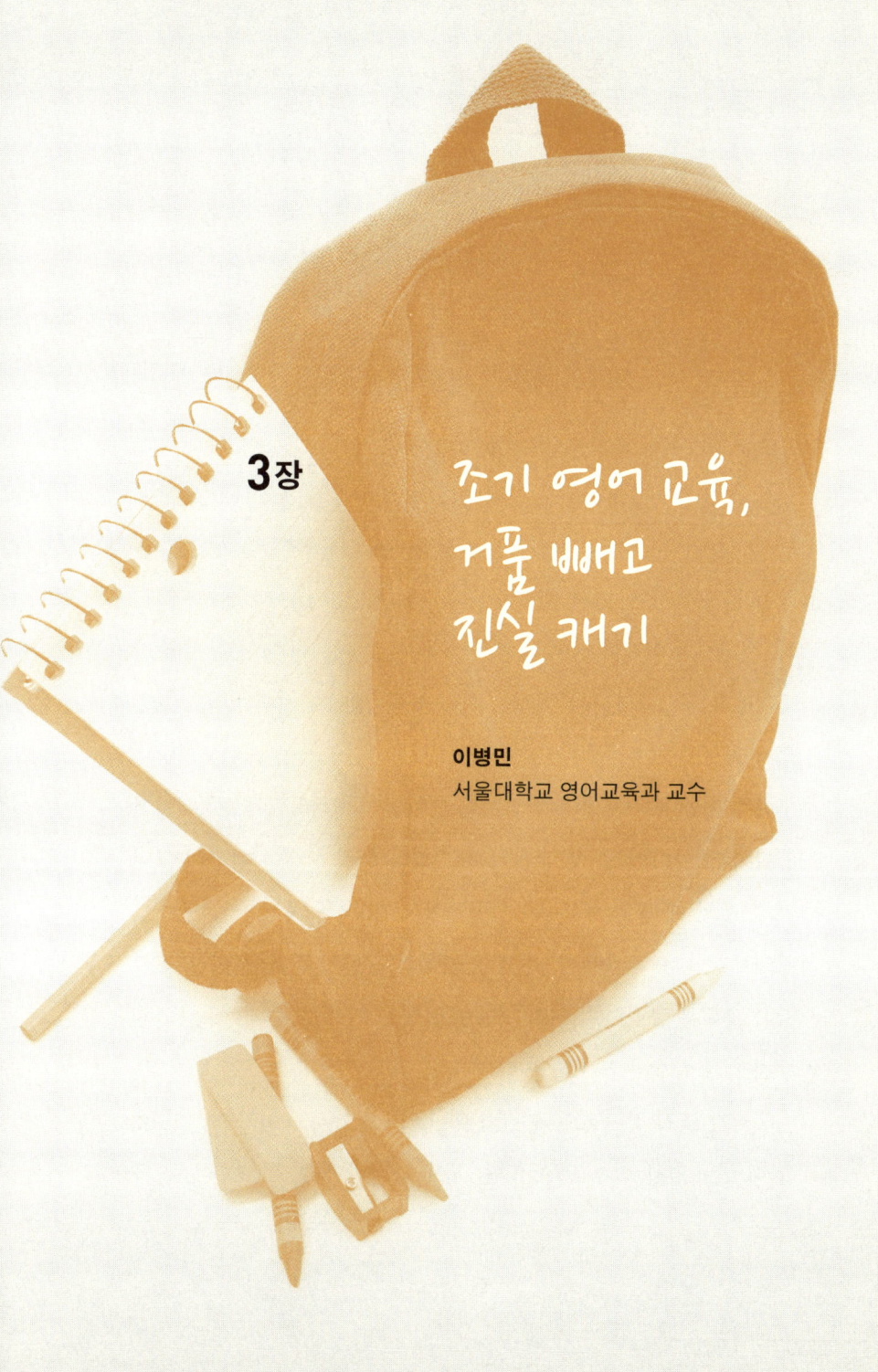

3장

조기 영어 교육, 거품 빼고 진실 캐기

이병민
서울대학교 영어교육과 교수

조기 영어 교육 광풍과 영어공화국

요즘은 젊은 부모일수록 자녀의 영어 교육에 대한 기대와 열망이 큰 것 같습니다. 우리 아이가 어떻게 영어를 배울 수 있을까에 온 신경이 곤두서서, 아이가 뱃속에 있을 때부터 영어로 태교를 하기도 하고 '전일제 어린이 영어 학원'은 물론 온갖 어린이 영어 학원을 기웃거리기도 합니다. 세상에서는 이런 곳을 '영어 유치원'이라 부르기도 하죠.

이제 우리 아이들은 우리말보다 영어를 더 많이 써야 하는 '영어 공화국'에 살아야 할 것 같습니다. 그러나 이런 현실은 정상이 아니죠. 그래서 제 강연 제목을 '조기 영어 교육, 거품 빼고 진실 캐기'로 정해보았습니다. 과연 조기 영어 교육의 진실이 뭔지, 우리는 조기 영어 교육과 관련하여 어떤 현명한 선택을 할 수 있는지, 이 강의를 통해서 그 속살을 캐보고자 합니다.

우리가 조기 영어 교육을 말할 때, '조기 영어 교육'이라는 말도 쓰고 때로는 '영어 조기 교육'이라는 말도 씁니다. 물론 두 표현에 큰 차이는 없지만, 저는 '조기 영어 교육'이라는 표현을 사용하고자 합니다. 조기에 일찍 시작하는 영어 교육이라는 뜻으로 말입니다.

문제는 조기에 시작하는 영어 교육을 이야기할 때, 이 '조기'가 언제를 가리키는지 그리고 조기 영어 교육은 정말 효과가 있는 것인지 명확하지 않다는 겁니다. 많은 경우 조기 영어 교육을 단순하게 이해해서, 일찍 시작하면 무조건 좋다고 생각하기도 합니다. 때로는 주변의 이야기나 자신의 단편적인 경험에 기초해서 조기 영어 교육을 이해하는 경향도 있습니다. 이 과정에서 물론 사실을 왜곡하거나 조그만 사실 하나를 과잉 일반화하는 경우도 많죠.

영어 교육만큼 우리 사회에 미신과 허위 그리고 잘못된 정보가 판치는 분야도 드뭅니다. 우리가 알고 있는 상식이라는 것이 때로는 허구인 경우가 많습니다. 그리고 모든 문제에 하나의 정답만 있는 것도 아니죠. 시험으로 학생을 평가하고 하나의 정답을 맞혀야만 살아갈 수 있는 환경에 처하다 보니 마치 모든 문제에 하나의 정답만 있는 것처럼 생각하는 경향이 있는데, 이런 사고는 때로는 사태의 본질을 왜곡하고 사람들을 잘못된 길로 이끌기도 하죠. 우리 사회에서 벌어지고 있는 광적인 조기 영어 교육 현상도 마찬가지라고 봅니다.

우리 사회는 초등학생이든, 중고등학생이든, 대학생이든 이들에게 정답을 떠먹여주는 교육을 수십 년 동안 해왔습니다. 떠먹여주는 교육, 정답을 제시해주는 교육은 바람직하지 않습니다. '답이 이거다'라고 말해주지 말아야 합니다. 그래야 스스로 문제를 해결하려고 하고, 이것저것 답을 구하고 판단해보려고 하겠죠. 그것이 바탕이 되어야 여러 가지 다양한 이슈에 대해 스스로 판단하고 답을 찾을 수 있는 힘을 갖게 될 것입니다. 그 과정에서 남과 다른 판단이나 결정을 하게 될 수도 있겠죠.

문제는 현실의 학교 교육이 그렇지 못하다 보니, 우리 사회가 한쪽 방향으로 맹목적으로 휩쓸려가는 경향이 있다는 겁니다. 우리가 현재 목도하고 있는 조기 영어 교육은 어떻게 보면 일종의 유행이며, 맹목적인 추종이죠. 남들이 하는 대로 그냥 맹목적으로 따라 하는 겁니다. 물론 조기 영어 교육과 관련해서 학부모들이 느끼는 경쟁의식도 한몫을 했을 겁니다.

오늘 강연에서는 조기 영어 교육과 관련하여 쉽게 정답을 내기보다는, 이 문제를 다양한 각도에서 심층적으로 다루어보고 여러분이 현명한 판단을 내릴 수 있도록 돕고자 합니다. 물론 조기 영어 교육에 대해서 어느 정도는 결론이 나와 있습니다. 그러나 이런 주제를 평생 동안 연구하는 학자들이 있다는 것을 감안하면, 결론에 이르는 과정은 간단하지 않죠. 실은 조기 영어 교육은 학문적으로 매우 논란거리가 많은 주제입니다. 이런 사실을 우리가 제대로 알고 이해해야 보다 합리적인 선택을 할 수 있고 진실에 가까이 갈 수 있겠죠.

오늘 제 강의를 들으시면, 혹시 '뭐가 이렇게 복잡해'라고 생각하실지 모르겠습니다. 때로는 지나치게 학술적인 내용이 많다고 생각하실 수도 있습니다. 하지만 오랜만에 대학 강의를 듣는다 생각하시고, 제 이야기를 들어주시면 좋을 것 같네요. 그만큼 조기 영어 교육이라는 주제 자체가 간단하지 않다는 말씀입니다.

언어를 익히는 데 필요한 세 가지 조건

인간이 세상에 태어나서 어떻게 언어를 배우는지 알아보는 것에서부터 이야기를 풀어가보도록 하겠습니다. 인간의 언어 습득에 필요한 요소로 크게 두 가지를 고려해볼 수 있습니다. 하나는, 인간이 가지고 태어나는 언어 능력이고, 다른 하나는, 인간이 접하는 언어 환경입니다. 이 두 요소를 우리는 자연Nature과 환경Nurture으로 구분하며, 이 두 요소가 조화롭게 결합되어야만 인간은 말을 할 수 있습니다.

전자인 자연은 타고난 언어 능력을 가리키며, 이것은 인간만이 가진 고유한 능력입니다. 인간은 세상에 백지 상태로 태어나는 것이 아니라, 말을 배울 수 있는 어떤 원초적 능력을 가지고 태어납니다. 인간이면 누구나 말을 할 수 있는데, 인간이 말을 하는 행위는 걷는 것과 같은 본능에 기초한 행위죠. 자연스럽게 내버려둬도 반드시 그와 같은 행동을 하게 되어 있다는 뜻입니다.

인간과 침팬지를 구분하는 여러 가지 기준 가운데 가장 중요한 것이 언어입니다. 아무도 들어가보지 못한 남미의 아마존 밀림에 살면서 현대 문명의 혜택을 전혀 받지 못한 사람들도 말을 합니다. 그래서 우리는 그들을 인간이라고 부를 수 있는 것이죠. 어쨌든 말을 배우고 말을 사용하는 능력은 하느님이 주신 것이든, 아니면 인류의 오랜 진화 과정을 통해 자연스럽게 얻은 것이든 인간만이 가진 고유한 능력입니다.

그러면 인간으로 태어나면 무조건 말을 할 수 있는 걸까요? 그건 아니죠. 인간으로 태어났음에도 불구하고 인간 세계에서 살지 못하면 말을 할 수 없죠. 영화에 나오는 타잔과 같은 인간은 인간 세계를 벗어나 밀림에서 길러진 대표적인 예입니다. 물론 영화 속에서 타잔은 다른 인간과 말을 주고받지만, 타잔처럼 인간 세계를 벗어나 밀림에서 동물에 의해 길러진 이런 부류의 인간은 인간이지만 실제로는 말을 하지 못하죠.

물론, 인간 세계에 산다고 해서 무조건 말을 배울 수 있는 것 또한 아닙니다. 보다 자세히 그 속내를 들여다보면, 아이들은 주변 사람들과 언어로 '자연스러운 상호작용'을 하면서 말을 배우게 됩니다. 엄마, 아빠, 형, 동생, 친척, 또래 들과 말을 통해 상호 교류를 하면서 말을 배우는 것이죠. 그래서 태어난 언어 환경에 따라, 누구는 영어를 하게 되고, 누구는 프랑스어를 하게 되고, 누구는 중국어를 하게 되고, 누구는 일본어를 하게 되는 것입니다.

몇 가지 사례를 들어보겠습니다. 청각 장애를 가진 부모에게서 태어난 아이는 성장 과정에서 부모로부터 정상적으로 말을 배울 수 없습니다. 그러니 아이는 또래의 친구들과 접촉하기 전까지 하루 종일 집안에서 TV만 보며 자라게 되겠죠. TV만 보며 자란 아이의 경우 언어 능력이 정상적으로 발달할 수 있을까요? 연구 결과를 보면, 정상적인 발달을 보여주지 못합니다. 그런데 그 아이를 3개월 정도 유아원에 보내면, 3개월 뒤에 이 아이의 언어 구사 능력은 정상적인 수준에 도달합니다. 이유는 간단하죠. 또래의 아이들과 서로 말을 주고받으며 지냈기 때문입니다.

그러면 이 아이의 동생은 어떨까요? 동생의 경우 당연히 정상적인 언어 능력을 키울 수 있습니다. 이유는 간단하죠. 형은 청각 장애를 가진 부모 밑에서 자라느라 일정 나이가 될 때까지 말을 할 기회가 없겠지만, 동생은 태어나면서부터 형과 어울리며 말을 배우고 사용했기 때문에, 언어 능력이 정상적으로 발달하는 겁니다. 이처럼 인간이 말을 배우는 데는 사람들 간의 소통과 상호작용이 중요할 뿐만 아니라, 그 속에 말을 배울 수 있는 비밀이 숨겨져 있습니다.

한때 아이의 영어 교육에 도움이 된다고 하니까, 유아용 영어 교육 비디오를 이용한 영어 교육이 성행한 적이 있습니다. 이런 경우 아이들이 주로 비디오를 보게 되는데, 어떤 경우는 하루 종일 비디오를 끼고 사는 경우도 있었죠. 엄마는 마치 아이가 영어를 주의 집중해서 열심히 듣고 배우는 것으로 착각하기도 해서, 아이를 하루 종일 TV 앞에 내버려두기도 했습니다. 때로는 유아용 영어 비디오가 아이 돌봄 역할을 하기도 했죠. 이러다 보니 아이가 비디오를 하루에 여덟 시간 또는 열 시간씩 보는 경우도 있었다고 합니다.

만약 이렇게 2년을 TV 앞에서 보내게 되면, 이 아이는 어떻게 될까요? 유아용 비디오는 대개 아이들의 시선을 끌기 위해서 화면의 움직임을 빠르게 구성합니다. 어린 시절에 이런 종류의 동영상이나 비디오를 과도하게 시청한 아이들은 빨리 움직이지 않는 것에 흥미를 보이지 않는 경우가 있죠. 결국 언어 발달도 또래 아이들과 달리 정상적이지 않을 가능성이 매우 높습니다. 그리고 자폐증에 걸린 아이도 있다는 임상 보고가 있습니다.

언어를 배우는 데 필요한 또 다른 조건 하나는, 아이들이 말을 배울 때 일상에서 '무의식적'으로 '엄청난 양'의 언어에 노출된다는 겁니다. 아이들이 만 4세(즉 48개월)가 되어 자신의 모국어를 자유자재로 구사하기까지, 과연 어느 정도나 자신의 모국어에 노출될까요? 물론 헤아릴 수 없을 만큼 많겠죠.

저는 아이들이 48개월에 이르기까지 최소 1만 시간 이상 언어에 노출된다고 봅니다. 이런 정도의 노출이 별것 아니라고 생각하실지 모르겠지만, 이 시간은 실로 엄청난 양입니다. 만약 하루에 한 시간 정도 자신의 모국어에 노출된다고 생각하면, 1만 시간 이상을 채우는 데 약 32년이라는 시간이 걸립니다. 두 배를 늘려서 하루에 2시간이면 약 16년이 걸리고, 하루에 4시간이면 8년이 걸리는 시간이고, 하루에 8시간이면 4년이 걸리는 시간입니다. 일 년에 한 시간 모국어를 사용하고 노출되는 상황이라면 거의 1만 년이 걸리는 시간이죠. 다음과 같은 계산을 해볼 수 있습니다.

하루 8시간 × 365일 × 4년 = 1만 1,680시간
하루 4시간 × 365일 × 8년 = 1만 1,680시간
하루 2시간 × 365일 × 16년 = 1만 1,680시간
하루 1시간 × 365일 × 32년 = 1만 1,680시간
하루 30분 × 365일 × 64년 = 1만 1,680시간
하루 15분 × 365일 × 128년 = 1만 1,680시간

언어를 배우기 위해서는 그야말로 엄청난 양의 언어에 노출되어야 합니다. 그래야 아이의 언어 습득 시스템이 '암묵적으로implicitly' 작동해서 언어를 배울 수 있는 것이죠. 아이들은 의식적으로 학습이라는 과정을 통해 말을 배우는 것이 아니라, 대부분 무의식적으로 배우는데, 그런 시스템이 작동하기 위해서는 엄청난 양의 언어에 자연스럽게 노출되어야 합니다. TV도 아니고 오디오나 동영상도 아니고 인간과 접촉하여 말을 사용하고 상호교류를 해야 하는 것이죠. 당연히 이런 상황은 의식적으로나 인위적으로 언어를 가르치고 배우는 상황이 아닙니다.

이쯤에서 아이가 세상에 태어나 소통에 필요한 말을 배우는 데 필요한 요소를 다시 정리해보면, 첫째, 침팬지나 다른 동물이 아닌 인간으로 태어나야 하고, 둘째, 동물의 세계가 아닌 인간 세계에서 주변 사람들과 말로 자연스럽게 상호작용 및 소통할 수 있어야 하며, 셋째, 일상에서 엄청난 양의 언어 환경에 노출되어야 합니다.

일반적으로 우리나라의 학부모들이 자녀에게 조기 영어 교육을 시키기로 결정할 때 나이가 어리다는 생물학적인 조건에만 주목하는 경향이 있습니다. 즉 언어 습득에 필요한 세 가지 조건 중에서 첫 번째 조건인 인간으로 태어나야 하는 조건만을 주로 염두에 둔다는 것이죠. 그래서 이 조건을 확대 해석해서, '성인이 아니라 어린아이이기 때문에 말을 쉽게 배울 수 있고 잘 배울 수 있다. 이 시기를 놓치면 잘 배우지 못할 뿐만 아니라, 원어민처럼 잘할 수도 없다'라는 식으로 조기 영어 교육의 의미를 단순화해버리죠.

우리의 영어 교육 환경을 자세히 들여다보면, 앞에서 언급한 언어 습득에 필요한 세 가지 조건, 즉 첫째, 인간으로 태어나는 것, 둘째, 충분하고도 엄청난 양의 언어에 노출되는 것, 셋째, 주변 사람들과 구체적 현실에서 무의식적으로 수많은 의미 있는 상황에 접해야 하는 것 중에서 둘째와 셋째 조건을 제대로 충족시켜줄 수 없습니다. 따라서 현실은 어린아이들이 아무리 일찍 영어를 배우고 영어에 노출된다고 해도, 영어를 자신의 언어로 만들기 어려운 조건이죠.

'결정적 시기'가 외국어를 익히는 데도 적용될까?

조기 영어 교육과 관련하여 논란의 단초가 되는 이른바 '결정적 시기'에 대해서 잠깐 살펴보겠습니다. '결정적 시기'라는 말을 여러분도 한 번쯤은 들어보셨겠죠? 분명하지는 않지만, 대개 뭔가 말을 배울 수 있는 결정적 시기가 있어서, 그 시기 이전에 영어를 배우면 빨리 잘 배울 수 있고, 그 시기에 배우지 못하면 영어를 영영 제대로 배울 수 없을 뿐만 아니라, 배울 수 있는 능력이 완전히 사라져버리는 것쯤으로 이해하는 경향이 있습니다.

이와 관련해서 우리는 에릭 레네버그 Eric Lenneberg라는 이름과 부딪히게 됩니다. 그가 '결정적 시기 가설'이라는 것을 제시했는데, 그 가설을 자세히 들여다보면, 2차 성징 puberty이 나타나는 시기인 12, 13세가 넘으면 단순히 외국어에 노출되는 것만으로는 해당 외국어를 쉽게 배우기 어렵다고 했습니다. 하지만 40세가 돼도 해당 외국어로 의사소통하는 것은 얼마든지 가능하다고 했죠.

많은 학자들이 영어를 배우는 데 결정적 시기가 있다고 말할 때, 레네버그의 결정적 시기 가설을 꼭 인용하곤 합니다. 때로는 레네버그를 비롯해서 미국에서 이루어진 연구를 바탕으로, 우리나라에서도 영어를 배우는 데 결정적 시기가 있고, 조기에 영어교육을 실시해야 한다고 주장하는 학자들도 있죠. 그러나 이런 주장은 레네버그의 이야기를 비롯해서 수많은 연구들을 잘못 해석한 결과입니다.

많은 연구들은 연구를 진행할 당시 의도된 특정 목적을 가지고 있는 경우가 많습니다. 연구자 자신이 연구를 진행할 때 밝혀보고자 하는 궁금한 점이 있는 것이죠. 물론 그런 배경에는 연구자에게 그러한 궁금증을 갖게 한 구체적인 상황이 있게 마련입니다. 실제 나이와 관련한 많은 연구들은 대부분 미국이라는 이민자 국가에서 이루어졌는데, 이들 연구들이 밝혀보고자 했던 것은 다음과 같은 것이죠.

첫째, 조기에 영어에 노출되지 않으면 원어민처럼 되지 못하는가? 둘째, 미국이라는 나라에 이민을 가서 영어라는 새로운 언어를 배우는 데 나이가 중요한가? 셋째, 나이라는 것이 영어라는 새로운 언어를 배우는 데 결정적 역할을 하는가? 넷째, 실제로 영어라는 새로운 언어를 배우는 데 한계를 보여주는 치명적이고 결정적인 시기가 있는가? 다섯째, 동기, 사회적 환경, 개인의 특성, 재능, 나이 등 여러 변수 중에서 나이가 새로운 언어를 배우는 데 가장 중요한 변수인가? 많은 학자들이 이런 의문을 갖게 되었고, 궁금증을 해소하기 위해 연구를 했던 것이죠. 따라서 이들 연구들은 이민자들의 나라인 미국이라는 맥락에서 이해해야 합니다. 만약 맥락을 달리하거나 상황이 달라지면, 질문도 달라지고 결과 또한 달라지는 것이죠.

많은 사람들이 미국으로 이민을 갑니다. 한 가족이 이민을 가는 경우, 미국 사회에 정착하는 데 영어가 가장 중요하지 않겠어요? 가족 중에서 누구는 빨리 영어를 배워서 미국 사회에 잘 적응하고, 누구는 어려움을 겪기도 합니다. 대개 어린 나이에 이민을 간 자식들은 영어를 빨리 배워서 미국 사회에 쉽게 적응하죠. 그런데 이민 1세대인 부모들은 대부분 그렇지 못합니다. 물론 같은 형제라도 이민 갈 때의 나이에 따라 영어를 배우는 데 차이를 보이기도 합니다.

그래서 영어교육학자들이나 심리학자들이 이민자들의 언어 습득 현상에 대해 관심을 갖게 된 것입니다. 과연 모국어 이외에 영어라는 새로운 언어를 배우는 데 나이라는 것이 중요하고, 궁극적으로 원어민처럼 유창하게 말할 수 있는 결정적 시기가 있는가? 이런 의문을 갖게 된 것이죠. 이것이 미국에서 결정적 시기와 관련한 수많은 연구가 이루어지게 된 직접적인 배경입니다.

말을 배우는 데 개인이 가진 동기와 흥미도 중요할 것 같고, 자신이 이미 습득한 모국어도 중요할 것 같고, 학교 교육도 중요할 것 같고, 나이도 중요할 것 같고, 이밖에 여러 다양한 변수들이 있을 것 같은데, 과연 어떤 것이 가장 중요한 변수일까요? 여러분도 궁금하시죠? 그렇게 해서 미국에서 이민자들을 대상으로 영어를 배우는 데 나이가 어떤 영향을 미치는지 연구하기 시작한 겁니다.

'결정적 시기 가설'을 두고 빚어진 논란

그러면 조기 영어 교육의 정당성을 이론적으로 뒷받침하는 '결정적 시기 가설'은 검증이 된 것일까요? 달리 표현하면, 결정적 시기라는 것이 과연 존재할까요? 만약 있다면 그 시기를 12~13세 전후로 한정할 수 있을까요? 결론부터 말씀드리면, 레네버그가 제시한 12~13세라는 결정적 시기는 검증되지 않았습니다. 더불어 하나의 결정적 시기를 정하는 것도 어려움이 있을 뿐만 아니라, 그 시기가 과연 결정적이냐 하는 것도 문제가 많습니다.

우선 결정적 시기를 해석하는 입장에 따라 대개 두 가지 견해로 나뉩니다. 하나는 결정적 시기를 극단적으로 해석하는 입장으로, '어느 시기가 지나면 원어민처럼 되지 못하는 결정적 시기가 있다'는 입장입니다. 이 시기를 지나면 배울 수 있는 능력이 급격하게 떨어져서 원어민처럼 될 수 없다는 주장이죠. 저는 이 결정적 시기라는 것을 보다 강조하기 위해 '치명적 시기'라는 말로 바꿔 표현해보겠습니다. 치명적이라는 말을 사용하니 이 가설이 의도하는 뜻이 더 잘 살아나죠.

다른 하나는 주장의 강도가 좀 약한 것으로, '언어에 노출되었을 때 잘 배울 수 있는 보다 민감한 sensitive 시기가 있다'는 것입니다. '어느 시기에 언어를 배울 수 있는 능력이 급격하게 감소하는 것이 아니라, 언제든 배울 수 있는데, 배우는 과정이 조금 다르다. 또한 언어를 배우는 데 민감한 시기는 어느 한 시기로 한정할 수 없으며, 뭘 배우느냐에 따라 여러 민감한 시기가 있다'는 견해입니다. 치명적이고 결정적인 시기가 있는 것이 아니라, 민감한 시기가 있을 뿐이며, 그 시기도 어느 특정 시기가 아니라, 여러 시기가 있다는 얘기죠. 요즘 연구된 결과를 종합해보면, 첫 번째 입장보다는 두 번째 입장에 무게가 실립니다. 여전히 여러 가지 이슈로 양 진영 사이에 치열한 논쟁이 벌어지고 있지만, 후자의 입장을 대변하는 연구들이 속속 발표되고 있죠.

한편, 일부 연구들은 이민자들의 영어 능력을 판가름하는 데 가장 중요한 변수로 몇 살에 처음 영어를 접하게 되었는가 하는 나이를 꼽았습니다. 원어민처럼 영어를 잘하게 될 것인지 여부를 결정하는데, 미국에 이민 갈 때의 나이(흔히, 미국에 도착한 나이 age of arrival)가 가장 중요한 변수라는 거죠. 그 나이는 대개 만 16세쯤으로 봅니다.

어떤 연구는 16세라고 못 박기 어렵다고 말하기도 합니다. 나이가 들어감에 따라 전반적으로 영어 능력이 감소하는 경향을 보이지만, 16세를 전후로 급격하게 달라지지 않는다는 것이죠. 즉 16세가 지났다고 해서, 영어를 배울 수 있는 능력이 꽝 하고 닫혀버리거나 사라져버리는 것은 아니라는 겁니다.

다른 연구들은 다양한 나이를 제시하기도 합니다. 발음은 생후 10개월이라고 보는 견해도 있고, 일반적인 언어 능력은 16세 정도를 민감한 시기로 보는 견해가 있는가 하면, 문법이나 다른 언어 능력은 다른 나이에 민감하다는 연구들도 있습니다. 물론 민감한 시기를 16세 정도로 받아들여도, 여기서 말하는 16세는 우리 나이로 보면 17세나 18세죠. 그러면 고등학교 2학년이나 3학년 나이인데, 우리들이 일반적으로 생각하는 시기보다 훨씬 늦지 않습니까.

　전체적으로 종합해보면, 결정적 시기라고 할 수 있는 어떤 특정 시기를 꼭 집어 말할 수 없으며, 대체적으로 나이가 들면서 언어를 배우는 능력이 완만하게 하향 곡선을 그리기는 하지만, 특정 시기를 정해서 그 시기를 전후로 언어 습득이 불가능해지거나 결정적인 변화를 보여주지는 않는다는 겁니다. 경우에 따라서 20세 이후에 다른 나라에 이민을 가서, 원어민과 비슷한 수준의 영어 능력을 보여주는 사례도 있으니까요.

　이런 일반적 견해에도 불구하고 주로 미국을 중심으로 벌어지고 있는 이런 논쟁을 바라보는 우리의 입장은 조금은 달라야 한다고 생각합니다. 먼저, 결정적 시기 가설을 뒷받침하기 위해서 이루어진 많은 연구들은 거의 대부분 미국에 이민 간 이민자들을 대상으로 이루어진 것입니다. 다시 말하면, 일상생활에서 영어가 거의 사용되지 않는 우리나라와 같은 환경에서 이루어진 연구는 없습니다. 이유는 몇 살에 영어를 처음 배웠는지가 그 사람의 영어 능력을 결정하는 중요한 변수가 되지 못한다는 것이죠. 예를 들어, 일본에 살면서 언제부터 영어를 배우기 시작했는지, 스페인에 거주하면서 영어를 언제부터 배웠는지, 러시아에 살면서 영어를 언제부터 배웠는지, 중국에 살면서 영어를 언제 배우기 시작했는지 따위의 질문은, 성인이 되어 그 사람의 영어 능력을 결정하는데 전혀 영향을 미치지 못한다는 것이죠.

　왜 그럴까요? 추측컨대 그런 질문 자체가 의미가 없다는 겁니다.

왜냐하면, 영어 학습과 관련한 결정적 시기 가설을 다룬 연구들은 어떤 시기에 배웠을 때 원어민이 될 수 있는가, 없는가 하는 질문과 관련이 깊습니다. 따라서 이런 종류의 연구는 대부분 미국과 같은 영어권에서나 가능한 실험이며, 우리나라와 같은 조건에서 조기에 영어를 배운다고 해서 원어민과 같은 능력을 보여줄 사람은 찾을 수 없을 뿐만 아니라 그 자체가 불가능하기 때문에, 이런 종류의 실험이나 연구를 하지 않는 것이죠. 물을 가치가 없는 질문이라는 생각입니다. 당연하죠. 여러분도 주변에서 어린 시절에 우리나라에서 영어를 배워서 성인이 될 때까지 우리나라에 살면서 원어민처럼 되었다는 사례가 있으면 한번 찾아보시기 바랍니다.

조기에 배우면 발음은 원어민처럼 될까?

조기 영어 교육의 혜택을 이야기할 때 빠지지 않는 것이 하나 있습니다. 그것은 발음이죠. 예전에 미국 〈LA 타임스〉가 한국 엄마들이 아이의 영어 발음을 좋게 하기 위해서 아이의 혀를 수술한다고 보도한 적이 있는데, 이 정도로 우리 어머니들이 유독 아이의 영어 발음에 민감한 편입니다. 제가 어떤 대학에서 가르칠 때, 하루는 학부모 한 분이 총장실로 항의 전화를 했습니다. 학부모가 항의한 내용은, 왜 원어민 영어강사가 미국에서 온 사람이 아니고, 캐나다에서 온 사람이냐는 것이었습니다. 항의 내용이 황당하기는 했지만, 우리 학부모들이 미국 영어 발음만 인정하고, 다른 나라의 영어 발음은 인정하지 않으려는 태도를 보여주는 단적인 사례입니다. 그리고 발음 때문에 조기에 영어를 가르치는 경우도 많죠. 조기에 배우면 아이의 영어 발음이 원어민처럼 된다고 믿기 때문입니다.

그러면 조기에 영어를 배우면 과연 원어민과 같은 발음을 가질 수 있을까요? 그것도 조기에 한국에서 배우건 아니면 미국에서 배우건 관계없이 같은 결과를 낼까요? 최근에 나온 연구 결과를 하나 소개할까 합니다. 캐나다에 살고 있는 이탈리아계 이민자들을 대상으로 이들의 영어 발음을 조사했는데, 연구에 참여한 사람들은 5세 전후에 캐나다로 이민 간 이탈리아계 이민자들이었습니다. 이런 배경만 가지고 본다면, 5세 전후에 캐나다로 이민을 가서 성인이 될 때까지 10년 이상을 캐나다에서 살았으니, 당연히 '아, 이들은 발음이 모두 원어민 같을 거야'라고 생각할 수 있겠죠. 그런데 결과는 그렇지 않았습니다.

이유가 궁금하시죠? 일상에서 영어를 얼마나 사용했는지가 이런 차이를 가져온 것입니다. 연구 결과를 보면, 일상에서 상대적으로 이탈리아어를 자주 사용하는 사람들은(이탈리아어를 36% 정도 사용) 이탈리아어를 거의 사용하지 않는 사람들(이탈리아어를 3% 정도 사용)보다 확연히 외국인이라고 구별할 수 있을 정도의 영어 발음을 갖고 있었습니다. 상황이 이런데 과연 다섯 살짜리 아이가 일상생활에서 영어를 쓰지도 않으면서, 일주일에 영어 학원 한두 번 가서 원어민하고 어울린다고, 그 아이의 발음이 원어민처럼 될까요? 설령 원어민 발음과 비슷하게 되었다고 해도, 다시 초등학교에 입학해서 하루 종일 우리말을 쓰는 학교와 가정에서 생활하게 될 텐데, 과연 이 아이가 원어민 같은 발음을 유지할 수 있을까요? 이 연구 결과가 의미하는 바는, 우리나라와 같은 조건에서 아무리 조기에 영어 교육을 받는다고 해도 이 아이들의 영어 발음이 원어민처럼 될 가능성은 높지 않다는 겁니다.

영어를 배우는 데 결정적 시기는 상당 부분 확실하지 않을 뿐 아니라, 원어민이 될 수 있는가 되지 못하는가를 판단하기 위한 기준입니다. 여기서 우리는 '원어민 수준'의 영어와 '의사소통에 필요한 수준의 영어'를 구별할 필요가 있습니다. 우리가 지향하는 영어 교육의 목표가 원어민처럼 되는 것이 아니라면, 우리는 나이와 상관없이 언제든지 영어를 배울 수 있고, 영어로 자유로운 의사소통을 할 수 있는 것이죠.

우리가 달성하고자 하는 영어 교육의 목표는 원어민처럼 유창하게 말하는 것이 아닙니다. 물론 그렇게 될 수도 없죠. 될 필요도 없고요. 학교라는 공간에서 영어를 외국어로 배워서 남들과 소통하자는 것이 우리 영어 교육의 목표 아닙니까? 영어권 국가에 이민을 가서 사는 것이 아니라, 영어를 통해 다양한 국가의 국민들과 조금은 힘들지만 나름 의미 있게 의사소통하는 것이 영어 교육의 목표라면, 이른 나이에 영어를 배우는 것이 무슨 의미가 있을까요? 실제로 어린이들이 말을 빨리 배우고 조기에 배우면 원어민처럼 유창해질 수 있기 때문에 일찍 영어 교육을 시작할 필요가 있다는 전제가 깔려 있지만, 만약 그렇게 되지 않거나, 성인이 되어 영어를 배워도 웬만큼 영어를 할 수 있다면, 왜 반드시 조기에 시작해야 하는 걸까요?

'even if'와 'even though'의 차이

말을 배우는 과정은 누구에게나 간단하지 않습니다. 어른은 물론, 아이라고 해서 크게 다르지 않죠. 이유는 언어 체계라는 것이 매우 복잡하고 미묘한 부분이 있기 때문입니다. 실제로 언어 체계를 말로써 설명하고 가르친다는 것은 거의 불가능합니다.

한 가지 흥미로운 사례를 들어보죠. 영어를 전공하는 교수들은 대개 해외 유학 경험도 있고, 오랜 동안 영어를 배우고 공부했기에 영어가 완벽할 것이라 생각합니다. 그러나 실은 그렇지 않습니다. 제가 대학원에서 공부하는 원어민 학생과 함께 영어 교과서를 만드는데, 그 대학원생에게서 영어에 대해 재미있는 얘기를 들을 기회가 많습니다. 때로는 한국의 영어 교사들이나 교수들도 잘 모르는 것을 알게 되는 경우도 있죠. 제가 영어를 약 40년 정도 했는데 이런 일이 있으면, 그 원어민 대학원생 앞에서 작아지는 느낌을 버릴 수가 없죠.

오늘 제 강의를 들으러 오셨으니, 제가 영어 표현 하나를 가르쳐 드리겠습니다. 아마 중고등학교 시절 학교에서 다 배우셨을 텐데, 여기 영어 선생님들도 계시죠? 예전에도 그랬겠지만, 지금도 even if, even though, although를 학교에서 같은 의미라고 가르칩니까, 아니면 다르다고 가르칩니까? (청중: 같다고 가르칩니다.) 그렇죠. 우리나라에서는 이 세 표현이 모두 같은 의미라고 가르칩니다. 저도 몇 년 전까지만 해도 그런 줄 알았어요. 그런데 그 대학원생이 하루는 "선생님, even though와 although는 비슷한데, even if는 뜻이 좀 달라요" 하는 겁니다. 순간, 그래 우리가 또 영어에 대해서 뭔가 잘못 알고 있었구나 하는 생각이 머리를 스치고 지나갔죠. 그래서 그 학생에게 물어봤습니다. 뭐가 같고, 뭐가 다르냐고.

그의 설명에 따르면, even if에는 if라는 표현 때문에, 조건의 의미가 살아 있지만 although나 even though에는 그런 조건의 의미가 없다는 거예요. 이상하죠. 그러면 왜 우리는 지금까지 이 세 표현이 같은 의미를 가진 것처럼 가르치고 배웠죠? 다음과 같은 두 개의 문장을 비교해보면, 그 의미 차이를 보다 쉽게 알 수 있습니다.

Although she is very rich, I don't want to marry her.

이렇게 얘기하면, '비록 그녀는 매우 부유하지만, 나는 그녀와 결혼하고 싶지 않아요.' 이런 뜻입니다. 그런데

Even if she is very rich, I don't want to marry her.

이렇게 말하면, '나는 비록 그녀가 매우 부유하다 할지라도' 이렇게 되는 거예요. 그러니까 even if 상황에서는 그 여자가 현재 부유한 게 아니죠. 그 여자가 만약 부유한 조건을 갖추고 있더라도, 나는 그 여자와 결혼하지 않겠다는 뜻이에요. 두 문장의 뜻이 완전히 달라지지 않습니까? 앞에 'Although she is rich'는, 그 여자는 실제로 부유하다는 의미예요. 그런데 'Even if she is rich'는, 그 여자는 현재 부유한 게 아니죠. 하나는 부유하다면 하는 조건이고, 다른 하

나는 현재 부자라는 것이죠. 이렇게 의미가 서로 다른 것을 우리는 같다고 가르칩니다.

had better를 쓸 때와 should를 쓸 때

또 다른 예가 있어요. had better, should, ought to, must, have to도 흥미 있는 경우입니다. 이것도 영어 선생님들이 즐겨 차이를 비교하며 가르치는 내용이죠. 우리나라의 영어 선생님들이나 학원 강사들은 자신들이 영어 문법을 완벽하게 알고 있다고 생각하는 경향이 있습니다. 그리고 모든 것을 문법적으로 완벽하게 설명할 수 있다고 생각하죠. 그러나 우리가 알고 있는 영어 문법 중에서 잘못 알고 있거나, 제대로 알고 있지 못한 경우가 너무나 많습니다. 물론 미묘한 문법 표현의 차이를 완벽하게 설명하는 것은 쉽지 않습니다. 앞에서 보여준 예도 그중의 하나이지만, had better와 should의 사례도 그렇죠.

자, 'had better', 'should', 'ought to', 'must', 'have to' 중에서 '너 ~해라, 또는 ~하지 마라'라고 말하거나 충고할 때, 가장 강한 지시나 명령의 의미를 가진 것은 어떤 것일까요? (청중: must 같은데요.) must? 그다음에 have to는 must하고 어떤 관계일까요? (청중: 비슷한 의미라고 학교에서 가르치는데요.) 그래요, 비슷해요. 그다음에 그보다 약간 약한 게 ought to. 그다음에 약한 것은 뭐죠? (청중: should.) 그다음에 약한 것은? (청중: had better 아닌가요? 제안할 때 '이거 하는 것이 낫겠다'고 그렇게 가르치는데요.) 오, 그래요?

여러분의 답들을 정리해보면, have to = must > ought to = should > had better의 순서로 명령의 강도를 정리할 수 있을 것 같습니다. 그러나 앞으로는 그렇게 가르치지 마세요. 우리가 알고 있는 영어 문법을 확신하지 마세요. 그리고 문법은 수학 공식처럼 그렇게 확실한 것이 아닙니다. 말은 규칙으로 이루어진 실체이지만, 규칙을 통해 드러나는 의미는 우리가 말로 쉽게 설명할 수 있는 그런 성질의 것이 아니죠. 또한 우리가 알고 있는 영어 문법은 틀린 경우가 많거나 부정확한 경우가 많아요. 때로는 그 차이가 아주 미묘해서 쉽게 말로 설명하기 어려운 것도 있죠.

앞의 표현들을 살펴보면, must와 have to는 뜻이 거의 비슷해요. ought to와 should는 충고나 권고하는 의미로 서로 바꿔 쓸 수 있죠. 우리가 결정적으로 잘못 알고 있는 것은 had better의 경우입니다. 학교나 학원에서는 had better가 should보다 약한 충고나 권고의 의미를 갖는다고 가르치죠. had better는 '~하는 것이 좋아. ~하는 것이 괜찮아' 하는 정도로 설명하기 때문에, 이런 설명을 들으면 마치 "그래 아가야 너 이거 하는 것이 좋지 않겠니." 이렇게 아주 친절하게 권고하는 느낌이 듭니다. 그러나 had better는 should보다 강한 권고나 충고의 뜻을 갖고 있죠. 다음 문장을 한번 같이 살펴보겠습니다.

1. He should call his mother.

2. He ought to call his mother.
3. He had better call his mother.

    이들 문장의 의미를 서로 비교해보면, 1번과 2번은 충고나 권고를 하고 있는 겁니다. '그는 그의 어머니에게 전화를 거는 것이 좋겠어.' 물론 이런 권고나 충고에 대해서 상대방이 받아들이지 않아도 크게 상관없습니다. 다만 그렇게 하는 것이 좋겠다는 뜻이죠. 그러나 3번의 경우는 조금 다릅니다. 3번처럼 말하게 되면, 지금 당장 전화를 하는 것이 좋겠다는 의미가 강하게 담기게 됩니다. 그의 어머니가 지금 병원 응급실에 들어가 계시거나 다른 긴급한 상황이어서 그가 당장 전화를 하는 것이 좋겠다고 권고하는 상황이죠. 이렇게 설명하면, 이들 세 표현 중에서 어느 것이 가장 강한 권고의 뜻을 갖게 되나요? 물론 3번입니다.

    개인적으로 미국에 유학 간 지 5년 만에 우연한 기회에 이런 내용을 알게 되었습니다. 어느 날 친구와 대화를 하던 중에 그 친구 왈, had better가 '너 뭐뭐 하는 게 좋아. 안 하면 너 안 좋아.' 이런 뜻이 은연중에 담겨 있다는 겁니다. 예를 들어, 친구와 만나서 대화를 하던 중에 불가피하게 지금 가봐야 할 상황이 생겼을 때, "I'd better go now." 이렇게 말하는 경우가 있죠. 그 뜻을 정확하게 풀어보면, "나 지금 꼭 가봐야 돼. 가지 않으면 안 될 일이 있어. 그러니 양해 좀 해줘." 이렇게 해석할 수 있다는 겁니다. 가봐야 하는 절박함이나 압박감이 조금 강하다고 할까요. 친구에게 하는 변명이지만, 그런 느낌을 상대방에게 강하게 주는 겁니다.

때로는 엄마가 아이에게 약간은 경고나 권고의 의미로 사용하거나, 직장에서 상사가 부하 직원에게 이런 표현을 쓰기도 하는데, 이렇게 되면 약간 경고하는 의미가 담기게 됩니다. Should와는 달리 강한 톤으로 약간 명령을 하는 것 같은 느낌이 들기 때문이죠. 대개 엄마가 학교에 가는 딸이나 아들에게 "You'd better bring an umbrella today." 이렇게 말하는 경우가 있죠. 윗사람인 엄마가 아이에게 충고나 권고를 하는 겁니다. "애야, 오늘 우산을 가져가는 것이 좋지 않겠니. 그렇게 해라. 오늘 아무래도 비가 올 것 같구나." 그러니 아이의 입장에서는 우산을 가지고 가는 것이 좋겠죠.

직장 상사가 "You'd better be more careful with your work" 하고 말하면 should보다 충고나 권고의 뜻이 강해집니다. "당신 일에 조금 더 주의할 필요가 있겠어(그렇지 않으면 내가 당신을 해고할 수도 있어)." 말을 한 상황에 따라 이런 정도의 의미를 담고 있을 수도 있는 것이죠. 'should'는 '~하는 것이 정당하다. 바람직하다. 옳다'는 뜻인 반면, 'had better'는 '~하는 것이 좋다. 그렇게 하는 것이 좋아. 그렇게 하도록 해.' 이런 뜻이 있죠. 문제는 영어를 20년, 30년 썼는데도 이것이 다르다는 사실을 몰랐다는 겁니다. 남의 나라 말을 배운다는 게 참 쉽지 않습니다.

"당신은 화성에서 왔습니까?"

서울의 모 중학교 1학년 영어 중간고사에 이런 문제가 나온 적이 있습니다. 'Where are you from?'이라고 물었을 때, 'I am from Korea'와 같은 뜻을 아래에서 고르라는 거였어요. 이 문제에 사지선다형으로 ① I came from Korea. ② I come from Korea. ③ I had come from Korea. ④ I am come from Korea가 제시되었는데, 이 중에서 여러분은 어느 것이 답이라고 생각하시나요? 미국에서 태어나 중학교 1학년까지 미국에서 살다 온 학생이 이 문제를 틀렸어요. 틀릴 수밖에 없죠. 정답이 애매했으니까요.

학교에서 요구한 정답은 어떤 것이었을까요? 선생님이 정답이라고 제시한 것은 ②번 'I come from Korea'였어요. 왜냐하면 'I am from Korea'가 현재 시제이기 때문에 같은 시제를 가진 ②가 정답이라는 거죠. 정말 그럴까요? 그리고 두 문장의 의미가 같다면, 뭐가 같다는 걸까요? 이 문제를 가지고 다른 영어 교사나 대학의 영어 관련학과 교수들에게 물어보았습니다. 어느 것이 답이냐고 말이죠. 그런데 여러 가지 답이 나왔습니다. 답이 애매해서 정답이 없다는 반응도 나왔습니다. 굳이 비슷한 의미를 찾는다면, 'I came from Korea'가 아닐까 하는 의견도 있었어요. 실제로 ②번보다 ①번을 선택한 사람이 더 많았습니다. 원어민의 경우에는 답이 없다고 하는 경우도 많았죠.

그런데 이 둘은 정말 같은 또는 비슷한 의미를 가진 표현일까요? 표현이 다르면 뜻이 다르거나 전달하고자 하는 의미가 달라지는 것이 언어의 세계입니다. 그래서 앞의 두 표현은 뜻이 다릅니다. 영어를 사용하는 원어민들한테 한번 물어보세요. "Where are you from?" 하고 물었을 때, "I'm from Korea" 하고 답하는 것과 "I come from Korea" 하고 답하는 게 같은 뜻인지.

이 둘을 같다고 하기는 애매하죠. 한 원어민은 이렇게 설명하더군요. "I come from Korea"라고 말하면, 마치 화성에서 온 외계인이 지구에 불시착해서 자신이 타고 온 비행선에서 내리면서 "I come from the Mars" 하고 말하는 것 같답니다. 왜냐하면, "I come from the Mars"라고 답하려면, 물어본 사람이 뭐라고 질문을 했겠어요? 아마도 상식적으로 생각해보면, "Where do you come from?"이라고 물었겠죠? 그러니까, 답을 "I come from the Mars"라고 하지 않았겠어요? 만약 그 화성인이 영어를 알아들을 수 있었다면 말이죠.

그러면 "Where do you come from?"이라고 물어보면 무슨 뜻일까요? 그리고 실제로 어떤 맥락에서 이런 표현을 사용할까요? 말은 소통의 도구이며, 말의 진정한 의미는 맥락에 의해 결정되는 경우가 많습니다. 위 표현에 대해 우리말로 상황을 재구성해보면, "어디서 왔어", "야! 너 어디서 왔어?", "너 도대체 어디서 굴러온 거야?" 이런 식의 해석이 가능합니다. 우리가 낯선 외계인을 처음 만나서 "당신은 도대체 어디서 온 거요?" 이렇게 물어보는 상황이라는 것이죠. 그러니 일상에서 누군가 "Where are you from?" 하고 물었을 때, "I come from Korea"라고 말하는 경우는 거의 없겠죠. 그것이 당연히 "I'm from Korea" 하고 같은 뜻일 리도 없고요.

열심히 시도해본 것과 그냥 해본 것의 차이라고?

한 가지 예를 더 들어보겠습니다. 학교에서 흔히 잘 가르치는 내용 중에 이런 것이 있죠. try to 동사원형의 형태와 try ~ing(동명사)의 형태입니다. 이 두 형태를 명시적으로 구분해서 가르치면서, try의 뜻이 서로 다르다고 가르칩니다. 먼저 try to 동사원형은 '~하려고 애쓰다, 노력하다'라는 뜻이고, try ~ing 형태는 '그냥 시도해보다'라고 구분하죠. 참 오래된 얘기입니다. 제가 중학교에 다닐 때도 이런 식으로 구분해서 가르쳤던 것 같은데, 지금도 이런 식으로 가르치고 있으니 말이죠.

문제는 과연 이런 구분이 맞느냐 하는 점입니다. 우리나라 학교에서는 이런 식으로 세세하게 구분해서 설명하고 그것이 무슨 수학 공식이나 되는 것처럼, 언제나 어떤 경우에나 적용되는 것처럼 가르치고 평가하죠. 그렇게 가르치고 배워서 영어로 얼마나 소통이 가능할지 알 수 없지만, 문제는 그런 식의 관행이 여전히 계속되고 있다는 겁니다.

우리나라 인터넷 영어 학습 사이트에 돌아다니는 내용을 대략 정리해보니, try to 동사원형은 전반적으로 '뭔가 애써서 노력하다'는 식으로 일관되게 설명하고 있었습니다. 보시면,

try ~ing: 시도해보다. 시험 삼아 한번 해보다.
try to 동사원형: ~하려고 노력하다. ~하려고 애쓰다.

I tried to open the door. But it didn't open.
(나는 그 문을 열려고 노력했다. 그러나 열리지 않았다.)

I was very tired. I tried to keep my eyes open but I couldn't.
(매우 피곤했어. 눈을 "감지 않으려" 노력했는데 할 수 없었어.)

When I first saw a bottle of wine, the cork looked so strange to me. So I tried opening the bottle.
(내가 처음으로 와인 병을 보았을 때, 그 코르크 마개가 이상해 보였다. 그래서 한번 열어보았다.)

Please try to be quiet when you come home. Everyone will be asleep.
(집에 오시면 좀 소리 내지 않으려 노력하세요. 모두들 잠들어 있을 테니.)

뭐, 이런 식이었습니다. 설명해놓은 것을 보니, 참 충실하게 구분해놓고 있죠? 그러면 다음 문장을 한번 보죠.

I tried to open a bottle of wine, but I realized I don't have a corkscrew.

자, 이 문장의 경우, '와인 병을 따려고 했지, 그런데 와인 병 따개가 없다는 것을 알게 되었어. 그래서 결국 와인 병을 따지 못했고 마시지 못했지.' 이런 정도로 이 말의 뜻을 이해할 수 있지 않나요.

학교나 학원 또는 인터넷에서 설명하는 식으로 '와인 병을 따려고 열심히 노력했는데, 와인 병 따개가 없다는 것을 알게 되었지'라고 번역하면 뜻이 이상해지거나 어색하지 않나요? 일의 진행을 보면, (1) 먼저 와인 병을 따려고 했고, (2) 자연히 와인 병 따개를 찾았을 것이고, (3) 와인 코르크를 따는 병따개가 없다는 것을 알게 된 상황입니다. 이렇게 보면, 그냥 와인 병을 따려고 시도했을 뿐이죠. 그러니 와인 병을 따려고 도대체 무슨 노력을 얼마나 했을까요?

그러면 '집에 와인이 한 병 있기에 와인을 조금 마시려고 한 병을 따려고 했지. 그런데 아무리 찾아도 와인 병 따개가 없지 뭐야. 그래서 결국 와인은 마시지 못하고, 냉장고에 있는 시원한 맥주 한 병을 마셨지.' 이런 내용을 영어로 표현하고 싶으면, 어떻게 해야 할까요? 앞에서 제시한 설명에 따르면, try to 동사원형의 형태는 반드시 무엇을 하려고 애쓰고 노력하는 상황에 써야 할 것 같은데, 그러면 try to 동사원형을 이 상황에서 쓰면 안 되겠죠? 정말 그럴까요?

그러면 표현이 다르니 이 두 표현의 의미가 뭔가 다르긴 다를 것 같은데, 이 두 표현의 진정한 차이는 과연 뭘까요? 두 표현이 가진 의미의 차이를 보면, try to 동사원형은 실은 의미상으로 행위가 완결된 상태가 아니죠. 그러나 try ~ing 형태는 행위가 완결된 상태로 볼 수 있습니다. 예를 들어, 앞에서 나는 와인 한 병을 따려고 했던 것이죠. 그러나 그럴 수가 없었죠. 이유는 와인 병을 딸 수 있는 도구가 없었기 때문이죠. 와인이 마시고 싶으니 그냥 와인 병을 따려고 시도했던 것이죠. 그 과정에서 와인 병을 따기 위해서 어떤 노력을 얼마나 했는지는 알 수 없죠. 그래서 try to 동사원형을 사용하는 경우, 대개 행동이 완결되지 못하고, 따라서 행동이 완결되지 못한 이유를 설명하는 문장이 따라오는 경우가 많습니다. 앞의 문장에서처럼, 와인을 손으로 따려고 하지는 않았을 것이고, 뭔가 도구를 가지고 따려고 했을 텐데, 그 와인 병을 딸 수 있는 것이 없어서 와인을 마시지 못했다는 식의 이유, 설명 또는 변명이 이어지겠죠. 그러면 아래 문장을 비교해보죠.

1. I called him in the morning.
2. I tried to call him in the morning.
3. I tried calling him in the morning.

이 세 표현은 의미에서 어떤 차이가 있을까요? 첫 번째 문장은 분명히 아침에 그에게 전화를 걸었다는 뜻이겠죠. 그러면 두 번째는 무슨 뜻이죠? 나는 아침에 그에게 전화를 걸려고 했었다. 그런데 왠지 이렇게만 말하면 조금 미흡한 느낌이 들죠. 결국 하고자 하는 말은 전화를 걸려고 했었는데, 얼마나 노력을 했는지 그것은 잘 알 수 없지만, 결국 전화를 걸지 못했죠. 공중전화를 찾을 수 없었거나, 휴대전화를 가지고 오지 않았거나 뭐 그런 이유가 있었겠죠. 아니면 다른 일로 바빠서 못 걸었을 수도 있겠죠.

그러면, 세 번째 문장의 뜻은 뭔가요? 나는 아침에 너에게 전화 거는 것을 시도했지. 그러니 전화를 걸기는 한 것입니다. 전화를 걸었는데, 실은 통화 중이어서 직접 통화를 못한 것이죠. 실질적인 의미의 차이는 try calling은 이쪽에서 통화를 시도했는데, 통화 중이었거나 상대방이 받지 못할 상황이어서 직접 통화를 못한 상황이고, try to call은 통화를 하려고 했는데, 내가 사정이 있어서 전화를 걸지 못한 상황이죠. 두 표현이 가진 실질적인 의미의 차이는 이런 것입니다. 흔히 학교나 학원에서 설명하는 것처럼 하나는 열심히 시도하거나 노력하는 것이고, 다른 하나는 그냥 시도하는 것이라는 식의 설명은 잘못된 것입니다.

try라는 단어의 뜻이, 뒤에 따라오는 동사의 형태에 따라 달라진다고 일반화할 수 있나요? 실은 뒤에 오는 동사의 형태가 다른 의미를 만들어내는 것이죠. 우리말에도 비슷한 구분이 가능해요. 예를 들어, '나는 어제 모형 자동차를 만들어보려고 했었지'라는 문장과, '나는 어제 모형 자동차를 만드는 것을 시도했었어'라는 두 개의 문장이 있을 때, 이 두 문장을 영어로 옮겨보면, 전자는 'I tried to make a model airplane yesterday'가 될 것 같고, 후자는 'I tried making a model airplane yesterday'가 될 듯합니다. 그러면 try의 뜻으로 '했었다'는 점에서 두 문장의 의미는 다르지 않죠. 영어의 경우와 마찬가지로 우리말도 왠지 '나는 어제 모형 자동차를 만들어보려고 했었지'라고 말하면, 만들려고 했었지만 다른 일 때문에 하지 못했다는 변명이 뒤따라 나올 것 같지 않습니까?

그러니 대개의 경우 문맥을 완전히 삭제해버린 상태에서 두 개의 문장을 주고

> I tried to lift the box.
> I tried lifting the box.

이 두 문장의 차이가 뭐냐고 물어보면, 우리나라에서 흔히 설명하는 식으로 하나는 뭔가 열심히 노력한 것이고, 다른 하나는 그냥 시도해봤다는 식의 차이는 찾기 어렵다는 겁니다. 그것은 I tried to call you와 I tried calling you에서도 마찬가지죠. 그러면 누가 I tried hard to call you라고 말하면 이 사람은 '아주 열심히' 노력한 것이고, I tried to call you라고 말한 사람은 '그냥' 열심히 노력해본 것인가요? 실제 이들 문장들이 어떻게 다른지 주변에 잘 아는 원어민이 있으면, 한번 확인해보시기 바랍니다.

3, 4세 아이들이 언어의 미묘한 차이를 어떻게 알겠는가

이렇게 언어의 문법을 세세하게 분석해서 그 정확한 차이를 설명하고자 하면 간단하지 않죠. 때로 쉽게 설명할 수도 있지만, 그런 설명이 수학의 공식처럼 언제나 일관되게 적용되는 것도 아닙니다. 언어는 문맥과 상황 그리고 억양이나 다른 변수에 따라 그 의미가 달라질 가능성이 매우 높습니다. 그러니 이런 문법 내용을 과잉 일반

화해서 가르치고, 그것이 마치 유일무이한 정답인 것처럼 강요하는 것은 바람직한 영어 교육 방법이 아니죠.

잠깐 주제에서 벗어난 얘기를 길게 했지만, 저는 개인적으로 정확성을 기르기 위해서 문법을 가르치는 것은 장려하지만, 문법 문제로 학생을 평가하거나 불필요하게 세세한 문법 내용을 가르치는 것은 정말 반대합니다. 더군다나 앞에서 살펴본 것처럼 학교에서 가르치는 영어 문법 내용이 정확하기만 한 것도 아니니까요. 선생님들이 영어의 그 모든 세세한 문법 내용이나 표현이 가진 미묘한 차이를 알고 있다고 상상하기도 어렵습니다. 학생들이 쓸데없는 내용을 배우려고 고생하고, 시간을 낭비하고, 차라리 그 시간에 책이나 읽고 듣는 훈련이나 하면, 훨씬 영어 실력이 나아질 텐데, 그다지 도움도 되지 않는 영문법 내용을 배우려고 너무 많은 시간을 소비하는 것이 문제죠.

학교 시험에서도 그런 내용을 평가하는데, 앞에서 본 것처럼 실제로 틀린 경우가 많습니다. 물론 아이들이 이런 내용을 안다고 정확하게 말을 할 수 있는 것도 아니죠. 그래서 개인적으로 저는 시험에서 이런 식의 영어 문법을 평가하지 말자는 캠페인을 벌이고 싶어요. 의식적으로 문법을 안다고 영어라는 말을 유창하게 할 수 있는 것은 아니니까요.

이런 미묘하고 복잡한 내용을 서너 살 먹은 아이들에게 설명해줄 수 있겠어요? 설명을 해주려면 이런 내용을 알아들을 수 있을 정도의 인지적 수준을 갖춘 어른이나 십대들이 훨씬 효율적이겠죠. 만약 설명을 해주지 않는다면 어떻게 되겠어요? 아이들에게 이런 표현을 한두 번 들려준다고 쉽게 알겠어요? 아마도 아이들은 그런 표현이 사용되는 구체적인 상황에 수십 번 또는 수천 번 반복적으로 접하게 되면서 이들 표현이 가진 뜻이나 차이를 감으로 알게 되겠죠.

어린아이들에게 이런 표현을 명시적으로 설명해주고 가르쳐주는 것은 불가능합니다. 그러니 다양한 상황에서 이런 표현들을 접할 수 있도록 해줘야 할 텐데, 그런 조건이 제공되지 않는 우리나라와 같은 영어 사용 환경에서 성인과 아이들 중에서 누가 영어를 배우는 데 더 유리할까요? 답을 굳이 말씀드리지 않아도 분명해 보이지 않나요.

조기 영어 교육을 어떻게 이해할 것인가

"말을 배우는 데 '결정적 시기'가 있다고 하니 우리도 영어를 어릴 때 빨리 가르치자." 아마도 이런 말은 학자들의 입을 통해서 흘러나왔을 가능성이 매우 농후합니다. 일반인들이 이 개념을 알았을 것이라고는 상상하기 어렵죠. 2008년 국민적인 논란을 불러일으켰던 영어 몰입 교육도 이 분야를 조금 아는 학자들의 입을 통해서 정치인의 귀에 들어갔고, 그것이 우리나라 영어 교육의 대안으로 모색되었을 가능성이 매우 높습니다. 그러나 같은 내용도 조건과 상황이 달라지면, 전혀 다른 얘기가 된다는 것을 고려하지 않으면 많은 부작용을 낳게 되죠. 어느 한 조건에서 옳다고 해서, 다른 조건에서도 반드시 옳거나 같은 결과가 나오는 것은 아니니까요.

조기 영어 교육도 그렇습니다. 그가 처한 조건(예를 들면 영어를 외국어로 배우는 상황)에 따라서, 어린아이라고 해서 외국어를 익히는 과정이 성인과 크게 다를 건 없습니다.

상황이나 조건에 따라 어떻게 달라지는지 한번 같이 볼까요. 자, 여기 수영을 배우고자 하는 세 집단이 있습니다. 첫 번째 집단은 서너 살 정도 된 유아들이며, 두 번째 집단은 초등학교 1~2학년 정도의 학생들입니다. 세 번째 집단은 10대 후반에서 20대 초반의 성인 남녀입니다. 이 세 집단에 대해서 이런 질문을 던져볼 테니 한번 답을 잘 생각해보시기 바랍니다. 이 세 집단을 대상으로 오늘부터 6개월 동안 수영을 가르친다면, 어느 집단이 수영을 가장 잘 배울까요? 일부는 초등학생이라고 생각할 것이며, 일부는 10~20대라고 생각할지 모릅니다. 반면, 서너 살 된 유아들이 더 잘 배울 것이라고 생각하는 사람은 거의 없을 것 같지 않습니까?

그러면 상황을 바꿔서 만약 자동차 운전을 가르친다면 누가 가장 잘 배울까요? 피아노의 경우는 어떨 것이라고 생각하세요? 바이올린은 어떨까요? 축구의 경우는? 글을 배우는 경우는 어떨까요? 노래를 배우는 경우라면? 컴퓨터를 배우는 것은 어떨까요? 이런 질문을 연속적으로 던져보면, 서너 살 된 유아들이 다른 두 집단보다 더 잘 배울 것이라고 말하는 사람은 없을 것 같습니다. 심지어 초등학교 1~2학년 학생들이 10대 후반이나 20대 초반의 성인 남녀보다 잘 배울 것이라고 답변하는 사람도 많지 않을 것 같지 않습니까? 이것이 일반적으로 뭔가를 배운다고 할 때, 사람들이 하는 생각입니다.

그런데, 문제는 영어를 배우는 것과 관련해서 부모들의 판단이 갑

자기 흐려지거나 전혀 다른 생각을 하게 되는 경우가 많다는 겁니다. 왠지 초등학교 1~2학년 학생들이 성인들보다 잘 배울 것 같고, 만약 영어를 배우는 것과 관련해서 '결정적 시기'가 있다면, 서너 살 된 유아들이 더 잘 배울 것 같은 착각을 일으킵니다.

다시 질문을 살짝 바꿔 던져보면, 답은 아마도 조금 달라질 것 같습니다. 앞에서 말했던 세 집단이 각각 그 나이에 수영을 배우기 시작해서 10여 년 동안 계속 수영을 배운다면, 나중에 국가대표 수준으로 수영을 잘할 가능성이 가장 높은 집단은 어느 집단일까요? 이렇게 질문하면, 사람들은 조금 헷갈리기 시작합니다. 여러분도 헷갈리시죠. 이전 질문에서는 성인이나 초등학교 1~2학년 집단일 것이라고 답한 경우가 가장 많았는데, 새로운 두 번째 질문에는 아마도 초등학생이나 서너 살 된 유아일 것이라고 답한 사람이 많을 것 같습니다.

앞의 두 질문이 어떤 점에서 차이가 있는지 곰곰이 생각해보시기 바랍니다. 첫 번째 질문은 지금 당장 시작해서 앞으로 6개월 동안 수영이나 영어를 배우는 경우이고, 다른 하나는 지금 시작해서 앞으로 10여 년 동안 지속적으로 수영이나 영어를 배우는 상황입니다. 판단하기가 조금씩 어려워지죠. 이유는 고려해야 할 변수들이 늘어났기 때문입니다. 변수들이 늘어나면서, 1차방정식에서 2차 또는 3차방정식으로 변화 발전했기 때문이죠.

자, 조건을 다시 좀 더 세분해서 살펴보죠. 분명 전자의 질문에서는 10대나 20대가 가장 잘 배울 것 같다고 답변했습니다. 그러나 장기적으로 배운다면, 유아나 초등학교 저학년 아이들이 더 잘할 것 같은 생각이 듭니다. 그렇다면 장기적으로 배운다는 것은 무슨 의미일까요? 성인들도 장기적으로 배우고 유아들도 장기적으로 배운다면, 왜 유아들이 더 나을 수 있다는 생각을 하게 될까요? 장기적으로 보면 유아들이 정말 잘할까요? 어떤 조건이어야 잘할까요? 잘할 수 있다고 한다면, 그 아이들이 10여 년간 계속 수영을 하는 조건이고, 수영에 재능이 있거나 정말 수영에 미친 아이들은 아닐까요?

또한, 수영 선수가 될 정도로 수영에 미쳤다는 의미는 뭘까요? 그것은 거의 매일 하루에 여덟 시간 이상 수영을 하는 상태를 가리키는 것은 아닐까요? 수영에 미쳐서 또는 수영 선수가 되기 위해서 수영을 하는 상태라면, 적어도 그 정도로 매일 수영을 해야 하지 않을까요? 박태환 선수나 국가대표 선수촌에서 매일 연습을 하는 수영 선수들을 생각해보면 그런 대답이 나오겠죠.

그렇다면 우리는 왜 영어의 경우에만 다르게 생각하는 걸까요? 이 등식을 그대로 우리나라에서 영어를 배우는 조건과 대비시켜 생각해보겠습니다. 이 세 집단이 우리나라에서 영어를 배운다고 할 때, 하루에 여덟 시간씩 영어를 사용하는 환경에 놓인다면, 10여 년이 지난 뒤에 영어를 모국어처럼 사용할 집단은 과연 누구일까요? 아마도 서너 살 된 유아들이 우리말과 동시에 하루 여덟 시간 또는 열 시간 이상 영어에 노출되면서 영어로 말한다면, 10년 뒤에 영어를 자신의 모국어로 사용할 가능성이 가장 높지 않을까요? 그러면 초등학교 1~2학년 집단이나 10대 후반 또는 20대 초반의 집단은 어떨까요? 이들에게도 같은 조건을 제공해주면, 이들 또한 비록 원어민처럼 매일 영어만 사용하면서 살지는 않겠지만, 영어를 상당히 능숙하고 유창하게 사용하지 않을까요?

다시 이런 상상을 해보죠. 앞의 세 집단이 약 6개월 동안 수영을 배운다고 생각해보겠습니다. 각 집단을 같은 방식으로 가르치는 것이 효율적일까요, 아니면 대상에 따라 각기 다른 방식으로 접근하는 것이 바람직할까요? 예를 들어, 서너 살 된 유아들에게 수영을 가르치는 가장 효율적인 방법은 뭘까요? 아마도, 이 아이들에게는 그저 물속에서 같이 놀아주는 것이 가장 좋은 방법일 것 같습니다. 물속에서 뜨게 하거나 물장구를 치고 놀게 내버려두는 것이 이들이 물과 친숙해지고 물을 가까이하면서 조금씩 수영을 익히는 데 가장 효과적인 방법일 것 같지 않습니까? 더불어 항상 엄마가 아이와 같이 물속에 있어주면 더 빨리 물과 친숙해지겠죠.

그러면 초등학교 1~2학년 학생들에게는 어떤 방법이 좋을까요? 아직도 어린 티를 벗지 못한 이들에게 성인에게 수영을 가르치듯이 엄격하게 일정을 정해서 강의도 하고 장황하게 설명을 하면서 가르치는 방법은 썩 좋아 보이지 않습니다. 조금은 놀이처럼 아이들이 물과 친해질 수 있도록 도와주면서, 기본적인 수영의 자세나 방법을 직접 시범을 보여주기도 하고, 옆에서 도와주고 잡아주면서 지적해주고, 때로는 격려도 해주고, 필요하면 주의를 주면서 가르치면 효과적일 것 같지 않으세요? 이들이 수영을 배우는 데 싫증을 내지 않고 꾸준하게 배울 수 있도록 유인할 수 있는 방법은 진지하게 뭔가를 가르치는 방식보다 놀이를 겸하면서 조금씩 천천히 접근하는 것이 좋을 것 같습니다.

그러면 이런 방법을 성인에게 적용하면 어떨까요? 6개월 동안 수영을 집중적으로 배워서 6개월 후에 아주 잘하지는 못하지만 나름 50미터 구간을 쉬지 않고 왕복하겠다는 꿈을 가지고 수강신청을 한 이들에게, 적당히 물놀이나 시켜주고, 같이 웃고 떠들면서 대충 시간을 보내고, 한두 번 정도 시범을 보여주고, 가끔 물에 들어가게 하거나 그냥 물에서 놀게 하면서 제대로 설명도 해주지 않고, 물어보면 그냥 알아서 하라고 하거나 간단히 시범이나 보여주고 끝내버린다면 과연 이들은 어떤 반응을 보일까요?

이 대목에서 또 다른 질문을 해보겠습니다. 이렇게 6개월 정도 서로 다른 방식으로 수영을 배웠을 때, 가장 빨리 수영을 할 수 있는 집단은 어느 집단일까요? 쉽게 예상할 수 있는 것은 세 번째 성인으로 이루어진 집단일 가능성이 가장 높지 않겠습니까?

외국어 조기 교육, 과연 효과는 있는가?

그렇다면, 단기간에 어떤 언어를 가르쳤을 때 앞의 세 집단 중 어떤 집단이 가장 빨리 잘 배울까요? 실제로 우리나라에서도 EBS에서 비슷한 실험을 한 적이 있고, 다른 나라에서도 비슷한 연구가 많이 이루어졌습니다. 결과는 성인 집단이 가장 빨리 잘 배운다는 것이죠. 이런 결과는 스페인에서 이루어진 초등 영어 교육의 효과를 검증한 연구에서도 그대로 재현됩니다. 2000년대에 스페인의 뮤노

즈Munoz 교수팀은 스페인 학생들을 대상으로 조기 영어 교육의 효과를 조사했습니다. 8세에 영어를 처음 배우기 시작한 A집단, 11세에 영어를 처음 배우기 시작한 B집단, 14세에 영어를 처음 배우기 시작한 C집단을 대상으로 영어 능력을 측정해보았더니, 세 번에(약 200시간, 400시간, 700시간 영어 교육을 받은 뒤) 걸친 평가에서 C집단이 모든 영역에서 가장 높았으며, B집단, A집단의 순서였습니다. 각 집단의 아이들이 같은 시간 동안 영어 교육을 받은 뒤에 측정한 결과로 14세, 11세, 8세 집단의 순서로 잘했다는 것이죠.

스페인에서 14세는 우리 나이로 15세나 16세에 해당하는 나이입니다. 이처럼 학교와 같은 인위적인 환경에서 영어를 외국어로 배우는 상황이 되면, 어린아이들보다 정서적으로나 인지적으로 성숙한 학생들이 더 빨리 잘 배웁니다. 영어를 배우는 것도 수영, 피아노, 태권도, 운전, 테니스, 컴퓨터 등을 배우는 것과 마찬가지 아닐까요? 물론 조건에 따라서는 말이죠.

이런 연구도 있습니다. 미국 학생들이 유치원에서부터 일본어를 배운 겁니다. 미국에서 일상적으로 일본어를 사용하는 사람들이 많지 않을 테니, 학교에서 일본어를 배웠겠죠. 일본어를 가르친 사람은 일본어를 가르쳐본 경험이 풍부한 일본인 교사였습니다. 그렇게 아이들은 유치원에서부터 초등학교 5학년이 될 때까지 약 6년 정도 일본어를 배웠습니다. 비교적 이른 시기에 학교에서 일본어 원어민 선생님에게서 체계적으로 일본어를 배운 경우죠.

6년 후에 과연 이 아이들은 일본어를 얼마나 유창하게 구사하게 되었을까요? 놀라지 마십시오. 20명을 추적해서 조사했더니, 9명이 소위 초보-중Novice-Mid, 6명이 초보-하Novice-Low, 4명이 초보-상 Novice-High, 1명이 중급-하Intermediate-Low 정도의 수준이었습니다. 유치원에서 시작해서 6년 동안 일본인 원어민 교사에게서 일본어를 배웠는데, 20명 중 한 명을 제외한 19명의 아이들이 초보 수준이었습니다. 상식적으로 생각해보면, 조기에 일본어를 배웠으니 엄청나게 잘해야 할 것 같지 않나요? 최소한 초보 수준은 벗어났을 것 같은데 실상은 그렇지 않았습니다.

이것이 바로 학교라는 인위적인 공간에서 외국어를 배웠을 때 나타나는 조기 교육의 효과입니다. 그런데 우리는 왜 영어 교육을 조기에 시작하는 것이 가장 효과적이라고 생각하게 되었을까요? 그것은 미국 이민자들의 경험을 전혀 조건이 다른 우리나라에 확대 적용한 결과라고 봅니다. 즉 다른 환경에서 이루어진 연구나 일상의 경험을 우리 조건에 확대 적용해버린 것이죠. 어린아이들이 미국에 이민을 갔을 때 접하는 상황과 국내에서 어린이들이 학교나 학원에서 접하는 영어 환경은 전혀 다릅니다.

첫째, 아이들이 영어에 노출되는 언어의 질적인 환경이 전혀 다르며, 둘째, 노출되는 영어의 절대적인 양이 다릅니다. 한마디로 인간으로서 말을 배울 수 있는 능력을 갖고 세상에 태어났지만, 우리나라의 조건은 모국어를 습득할 때처럼 아이들이 영어에 충분히 노출되어 자연스럽게 영어를 배울 수 있는 조건이 아니라는 거죠. 결과적으로 아이들은 생활 속에서 영어를 자연스럽게 습득할 수 없는 겁니다.

엄마들은 아이들을 소위 영어 유치원이나 영어 학원 또는 일반 유치원에서 영어를 배우게 합니다. 서너 살짜리가 뭘 알겠어요. 앞에서도 얘기했지만 이들에게는 모국어를 배우는 것과 비슷한 조건을 만들어줘야 자연스럽게 말을 배울 수 있습니다. 그러나 우리 아이들이 영어에 노출되는 환경은 모국어를 배우는 환경이나 조건과는 다르죠. 이렇게 되면 정상적인 언어 구사 능력의 발달은 기대하기 어렵습니다.

어린아이들에게 '영어 교육'이라는 개념을 가지고 의식적으로 접근하면, 그것은 마치 이 또래의 아이들에게 운전을 가르치려고 운전 학원에 집어넣는 것이나 마찬가지입니다.

영어 유치원과 "me go bus"

제가 얼떨결에 2000년대 후반 초등학교 영어 교육 시간 확대와 관련해 확대를 반대하는 쪽에 서버렸는데, 사실 저는 반대도 아니고 그렇다고 찬성도 아니에요. 문제는 당시 영어 교육을 둘러싸고 벌어진 논쟁에서 초등 영어 교육 시간을 한두 시간 더 늘리는 것이 궁극적인 해결 방안이 되지 못한다는 생각이었어요. 저는 오히려 초등 영어 교육 확대로 인해서 부모들이 받을 스트레스와 그로 인해 더 팽창할 사교육을 염려했던 거죠. 그래서 반대 목소리를 냈던 것입니다.

한 시간 가르치던 것을 두 시간 가르치면 조금 효과가 있겠죠. 그리고 초등학교 3학년에서 가르치던 것을 초등학교 1학년부터 가르치면 교육 시간이 조금 늘겠죠. 문제는 그 효과가 생각보다 크지 않다는 겁니다. 이제 그 이유가 뭔지는 스스로 답하실 수 있겠죠. 영어 교육 시간을 늘림으로써 생길 사교육 팽창과 학부모들의 심적·경제적 부담을 생각하면, 영어 수업 시간을 늘리지 않는 게 낫다는 생각이에요. 효과에 비해서 지출이나 부작용이 너무 크다는 거죠.

초등학교 때 영어 수업 두 시간 더 들었다고 영어가 크게 늘었는지 10년 뒤에 검증해보면 알 수 있겠죠. 우리나라와 같은 조건에서 초등학교 영어 수업을 초등학교 1학년부터 시작하거나 한두 시간 더 늘리는 것은 코끼리에게 비스킷을 한두 개 더 던져주는 격입니다. 그 정도를 가지고 조기에 영어 교육을 시작하니까 영어가 잘된다고 하면 아무나 하지 않겠어요?

일상의 경험을 통해서 조기에 영어를 배우면 영어를 잘한다는 신화가 팽배해 있는데, 일상생활 속에 경험적 증거들이 있긴 있어요. 유아 전문 전일제 영어 학원에 다니는 아이들 보신 적 있죠? 최근에 소위 이러한 형태의 영어 유치원이 대세인 것처럼, 많은 부모들이 아이들을 영어 학원에 보낸다고 하는데, 이런 아이들이 하루에 몇 시간 영어에 노출되는지 아세요? 전일제 형태이니 하루에 적어도 다섯 시간 정도는 영어에 노출되겠죠. 일주일 내내 가면 4, 5세 아이들이 뭔가를 배우긴 하겠지만 과연 얼마나 배울 수 있을까요?

아직 학술적으로 깊이 연구된 사례가 거의 없어서 뭐라고 정확하게 말씀드리긴 어렵지만, 전일제 어린이 영어 학원을 일 년 다닌 아이가 "me go bus"라는 식으로 표현하더라는 말을 들은 적이 있습니다. "나 버스 타고 갈래"를 그렇게 표현했다는 겁니다. 자연스러운 결과죠. 물론 그것도 배운 것은 배운 것이니까요.

그러면 잃은 것은 없을까요? 얻는 것이 있다면, 분명히 그만큼 잃는 것도 있다고 봅니다. 미국 워싱턴 대학에서 아동의 언어 발달을 연구하는 패트리시아 컬Patricia Kuhl 교수의 연구를 보면 그 점을 알 수 있습니다. 컬 교수는 2~3세 유아들의 언어 발달에서 자신의 모국어를 포함해서 다른 외국어의 발음을 구별할 줄 아는 아이들의 경우(즉 이중 언어에 노출된 경우), 초기에 아이들이 구사할 수 있는 어휘 숫자의 차이가 결국 5세 이후에도 지속적으로 유지되었다고 보고하고 있습니다. 즉 생후 18개월 때 다른 외국어 발음을 잘 구분했던 아이는 그렇지 않은 아이보다 30개월이 되었을 때에도 여전히 자신이 구사할 수 있는 어휘의 수가 적었다고 합니다. 물론 그런 차이는 초등학교에 가서도 그대로 유지되죠.

이런 상상도 가능합니다. 아이가 영어 유치원에서 영어를 좀 배운 뒤에 초등학교에 갔어요. 갑자기 환경이 달라집니다. 초등학교에 올라가면 학교나 일상에서 몇 시간이나 영어를 할 수 있을까요? 피아노 학원, 태권도 학원, 주산 학원, 수학 학원, 암기 학원, 속셈 학원 등에 다녀야 할 테니 영어를 배울 수 있는 시간은 확연히 줄어들 수밖에 없겠죠. 영어에 노출되는 시간이 현저히 줄어드는 겁니다. 그러면 학교 입학하기 전에 배웠던 영어는 초등학교 입학 이후에 과연 얼마나 살아남을까요?

저는 얼마 살아남지 않는다고 봅니다. 이렇게 생각하시면 돼요. 한국에서 우리말을 잘하던 7세 정도 되는 아이가 어느 날 미국으로 이민을 갔어요. 그리고 2년이 지났습니다. 과연 이 아이는 한국말을 모두 기억하고 있을까요, 아니면 거의 잊어버렸을까요? 거의 잊어버렸겠죠. 똑같은 거예요. 유치원 때 영어를 배웠는데, 초등학교에 들어가서 영어에 노출되는 시간이 갑자기 줄어드니까 영어를 자주 사용하지 않게 되고, 결과적으로 대부분 잊어버리게 되죠. 그러니까 초등학교에 들어가서 이전에 배운 영어를 계속 유지하려면, 또 엄청나게 사교육을 받거나 영어에 노출되어야 하겠죠. 영어를 유지하려면 어쩔 수 없는 상황이죠.

외국어는 몰입 교육의 대상이 아니다

영어를 잘하고 싶으면 조기 영어 교육을 받을 것이 아니라 평생을 영어에 투자해야 합니다. 흔히 한국의 영어 교육을 고비용 저효율이라고 하면서 한국의 영어 교육 실태를 비판하는 사람들이 많은데, 그것은 외국어를 배운다는 것이 어떤 것인지 잘 모르는 사람들이 하는 말이에요. 한국에서 영어 공부가 평생을 투자해야 하는 '고비용 저효율'의 대표적인 사례가 될 수밖에 없는 것은 영어가 일상에서 쓰는 말이 아니기 때문입니다.

생각해보세요. 일상에서 영어를 쓸 수 있는 자연스러운 공간이 없으니까, 사람들은 영어를 사용하고 배울 수 있는 공간을 찾아가야 하죠. 그런데 대부분 그런 곳에 가려면 돈을 지불해야만 합니다. 원어민을 만나서 대화를 해보려고 해도 돈을 내야 하고, 어디 가서 영어 공부를 좀 해보고 싶어도 돈을 내야 하죠. 돈을 내지 않고 영어를 배울 만한 곳이 별로 없어요. 원어민하고 일주일에 한 서너 시간 공부하려면 몇 십만 원 정도는 내야 합니다. 한 달에 1백만 원 들인다고 할 때, 원어민 강사에게 일주일에 몇 시간이나 배울 수 있을까요? 기껏해야 열 시간 할 수 있을까요? 일주일에 열 시간이라도 아예 없는 것보다 낫겠지만, 어린이들이 자신의 모국어를 배우는 환경과 비교하면, 이만큼의 시간은 그야말로 조족지혈이죠. 일주일에 열 시간 공부해서 영어가 원어민처럼 되면 누구나 다 하지 않겠어요?

우리나라의 이런 '고비용 저효율' 조건을 싱가포르와 비교해보죠. 싱가포르에서 영어를 쓴다고 해서 돈을 지불해야 하는 상황이 발생할까요? 학교에서도 영어를 쓰고, 신문 방송에서도 영어만 쓰고, 일상에서 만나는 대부분의 사람들이 영어를 쓰는데, 구태여 비용을 지불하면서 영어를 배워야 할까요? 이런 조건에서 일주일에 열 시간이 아니라, 하루에 열 시간 영어에 노출되는 것이 어려운 조건일까요? 아니죠. 그래서 우리는 영어를 잘하지 못하고, 싱가포르 사람들은 영어를 잘하는 겁니다. 간단한 논리죠. 우리는 비용을 지불해서 영어를 배울 수밖에 없는 데다가 그렇게 해도 영어를 사용하고 영어에 노출될 수 있는 시간은 한계가 있죠. 그러나 싱가포르에서는 영어를 사용하는 데 당연히 비용을 지불할 필요가 없고, 영어에 노출되는 시간 또한 비교할 수 없을 만큼 길죠.

그래서 일부에서는 '그래 우리도 싱가포르처럼 영어를 공용어로 사용합시다.' 이렇게 주장하는 사람들이 있어요. 그러면 우리를 싱가포르와 같은 조건으로 만들어볼까요? 그것이 영어 몰입 교육 논란이었죠. 그러나 그것이 가능하겠어요? 가능한 실험이 아니죠. 영어 하나를 잘하기 위해서 그야말로 초가삼간을 다 태우는 격이죠. 말은 그렇게 단순한 것이 아닙니다. 그래서 우리는 우리말을 모국어로 사용하면서 사는 것이고, 미국은 영어를 쓰는 것이고, 싱가포르는 영어를 포함해서 중국어·타밀어·말레이어를 쓰는 것이고, 일본은 일본어를 쓰는 것이고, 중국은 중국어를 쓰는 것이고, 프랑스는 프랑스어를, 독일은 독일어를, 스페인은 스페인어와 바스크어를, 핀란드는 핀란드어와 스웨덴어를 쓰는 것이죠. 그렇게 쉽게 영어로 전환할 수 있으면 왜 이 모든 국가들이 영어를 공용어로 쓰지 않겠어요. 그저 자신들에게 필요한 만큼만 영어를 쓰고 영어를 배우고 영어에 투자하는 것이죠. 우리처럼 뱃속에서부터 영어로 태교를 하고, 조기유학을 보내고, 기러기 아빠를 양산하고, 영어에 수백, 수천만 원을 투자하여 몰입하는 것이 오히려 비정상이죠.

언어는 매우 복잡한 체계

언어는 대단히 복잡한 것입니다. 혹시 여러분들 중에 대학에서 영어 관련 학과를 전공한 분이 계신가요? 그러면, 과거를 한번 돌이켜 보세요. 영어 관련 학과를 다녔으면, 아마 통사론이라는 과목을 배웠을 겁니다. 그것뿐인가요? 음운론이나 음성학은 물론 형태론이나 화용론도 배웠거나 들어보았을 겁니다. 그다음에 어휘와 관련해서도 여러 가지를 배웠겠죠. 그런 과목들 하나하나를 배우는 게 쉬웠나요, 쉽지 않았나요? (청중: 어려웠죠.) 그런 과목들은 실은 원어민이 자신의 모국어에 대해서 알고 있는 모든 지식을 학자들이 추려서 분석하고 설명해놓은 것에 불과합니다. 학자들이 어렵게 분석해서 밝혀놓은 것이지만, 사실 이런 지식은 원어민의 머릿속에 이미 무의식적으로 들어 있는 것이죠. 한 언어의 원어민이 된다는 것은 해당 언어와 관련한 그 모든 복잡한 지식을 완벽하게 체득하고 있는 것을 의미합니다.

제가 아는 어느 선생님의 딸은 한국에 있는 외국인학교 10학년인데 어느 날 "엄마, 내가 버스에서 올 때까지 섰어야 했어"라고 말했대요. 이 아이는 '서 있어야 했어'라는 말을 '섰어야 했어'라고 표현한 거예요. 이 아이가 한국어를 정확하게 구사한 건가요? 아무래도 미숙해 보이죠. '서다'라는 동사는 우리말에서 동작 동사지 상태 동사가 아니거든요. 그래서 '서 있다'라고 해야만 상태가 되는데, 이 아이는 '섰어야 했어' 이렇게 얘기한 거예요. 그러니까 엄마는 순간 노인분이 앞에 서 있어서 아이가 자리를 양보하려고 일어났어야 했다고 이해한 거죠. 하지만 아이 얘기를 가만히 들어보니, 차에 사람이 많아서 서서 온 거예요. 그 부모는 한국말을 쓰고, 아이는 비록 국제학교에 다니지만 한국에서 사는 만큼 우리말에 많이 노출되고, 한국어 과외도 받는다고 해요. 그런데도 한국어가 완벽하지 않죠. 말을 배운다는 것이 이런 겁니다.

그러면 이 상황을 거꾸로 재구성해보죠. 아이들이 영어를 배우는 상황은 어떤가요? 과연 우리나라에서 영어로 가르치는 외국인학교에 다니는 아이가 한국어에 노출되는 것만큼이라도, 우리 아이들이 일상생활에서 영어에 노출될 수 있을까요? 조기에 영어를 배운다고 원어민 같은 완벽한 영어가 가능할까요? 그건 환상이고 허구죠. 그 환상에서 빨리 빠져나오세요. 일찍 영어를 배운 아이들은 성인이 돼서 영어를 배운 사람들보다 조금 발음이 나을 수 있어요. 그러나 어휘 지식이라든지 문장을 만들어내는 지식은 또 다른 문제죠. 말을 배울 때, 어린아이가 잘할 수 있는 영역, 초등학생이 잘할 수 있는 영역, 성년이 잘할 수 있는 영역이 따로 있어요. 그래서 총체적인 언어 능력을 기르는 데, 누가 더 나은지 누가 더 불리한지 명확하게 딱 잘라 얘기하긴 어려워요.

이런 모든 논의들에도 불구하고 대한민국에서 조기 영어 교육을 할 것이냐, 말 것이냐를 결정할 때 고려해야 할 더 중요한 변수가 있습니다. 조기 영어 교육과 관련된 모든 쟁점, 모든 연구, 모든 실험은 영어 사용 국가에 '언제' 이민을 갔느냐를 놓고 탐구한 것이라는 사실이죠. 그리고 대한민국에서 영어 교육의 결정적인 시기가 있느냐 없느냐를 연구한 논문은 단 한 편도 없다는 점입니다. 저는 이렇게 주장합니다. 영어를 배울 때 환경이나 개인이 가진 조건이 나이보다 더 중요할 수 있다. 특히, 우리나라와 같은 환경에서는 나이보다 우리가 가진 언어 환경이 절대적으로 중요하다고 말이죠.

완벽한 이중 언어 사용자는 없다

조기에 영어 교육을 시작하는 경우 이중 언어 사용자가 목표겠지만, 극단적으로 말해서 균형 잡힌 이중 언어 사용자는 세상에 없습니다. 더구나 우리의 조건에서 완벽하게 균형 잡힌 이중 언어 사용자는 가능하지 않죠. 한쪽을 취하면 한쪽을 희생할 수밖에 없습니다. 한 언어를 완벽하게 구사하고 싶으면, 나머지 언어는 어느 정도는 포기해야 합니다. 그래서 완벽하게 균형 잡힌 이중 언어 사용자는 우리 현실에서 찾아보기 어렵습니다. 한국에 살면서 영어가 우리의 주된 일상어가 되는 상황을 상상할 수 있겠어요? 한국에 살면서 영어에 능통해지는 것은 가능하지 않죠. 그것은 미국에 살면서 한국어에 능통해지기 어려운 것과 마찬가지입니다.

여기서 말하는 완벽하게 균형 잡힌 이중 언어 사용자란 두 언어를 거의 같은 수준으로, 해당 언어의 원어민만큼 잘하는 것을 의미합니다. 여기서 말하는 원어민은 어떤 원어민일까요? 가령 대학 교육을 받은 사람의 언어 능력이라고 한다면 어느 정도를 말할까요? 듣기와 말하기뿐 아니라 읽기와 쓰기 능력을 모두 포함하는 것이겠죠? 그러면 영어와 우리말 모두 원어민이라고 치부할 정도로 잘한다고 할 때, 적어도 그 나라에서 대학 교육을 받은 사람들이 보여주는 언어 능력이라고 할 때, 한국어에서도 그 정도의 수준을 보여주고, 영어로도 그 정도의 수준을 보여줘야 두 언어 모두 완벽하게 구사할 수 있는 균형 잡힌 이중 언어 사용자라고 할 수 있겠죠. 가능하겠습니까?

독일에서 귀화해 지금은 한국관광공사 사장으로 일하고 있는 이참 씨 아시죠? 그분은 우리말을 거의 한국 사람처럼 잘합니다. 그러면 그분이 우리나라에서 대학 교육을 받은 사람만큼 우리말로 된 글을 읽고 글을 쓸 수 있을까요? 저는 아닐 것이라고 봅니다. 그분이 우리말로 글을 쓴 것을 본 적이 없어서 확신할 수는 없지만, 우리말을 구사하는 만큼 잘하지는 못할 것이라고 생각합니다.

완벽하게 두 언어를 원어민처럼 잘하기를 바라는 것은 너무 무리한 기대라고 할 수 있겠죠. 그러나 일부 학부모를 비롯해서 영어를 잘하고 싶어 하는 사람들이 일상적으로 하는 말이 '원어민처럼 잘했으면'이니, 그 정도 수준을 목표로 잡는 것도 무리는 아니죠. 그런 사람들은 한국어와 영어 모두 아주 능숙한 이중 언어 사용자를 원할 텐데, 앞에서 기술한 정도의 수준은 되어야 하지 않겠습니까? 우리 주변을 돌아보면 그것이 쉽지 않다는 것을 금방 알 수 있습니다. 영어를 매우 잘하는가 싶으면 우리말이 서툴고, 우리말을 아주 유창하게 잘하고 글도 잘 쓰는가 싶으면 영어가 안 되는 경우가 대부분이죠.

적어도 두 언어를 고루 잘하고 싶으면, 그나마 교육이라도 미국에서 반, 한국에서 반 정도는 받아야 할 것 같은데, 그렇게 16년의 교육 기간 동안 미국에서 8년, 한국에서 8년을 보낸 사람이 있을지 모르겠습니다. 그렇게 반반씩 보낸 사람이 있다면, 그는 완벽한 이중 언어 사용자가 되어 있을까요? 그냥 직관적으로 생각해보면, 16년의 교육 기간 동안 어느 한 곳에서는 대학 교육을 받지 못했을 가능성이 높기 때문에, 그의 언어 능력은 어느 하나는 대학 교육을 받지 못한 사람의 수준일 겁니다. 그에게 그 언어로 대학 수준의 글을 쓰라고 하면, 과연 어떤 모습을 보여줄까요? 간단한 편지나 글은 쓸 수 있을지 모르겠지만, 몇 십 장이 넘는 보고서를 과연 쓸 수 있을까요? 미국에서 대부분의 교육을 받고, 한국에서 몇 년 교육을 받았다면,

그가 과연 우리 국어책이나 제대로 이해할 수 있을까요? 신문이나 책에서 접하는 한자어나 일상에서 사용하는 사자성어를 이해할 수 있을까요? 쉽지 않은 일입니다.

어떤 사람은 이렇게 반론을 제기할지도 모릅니다. "읽고 쓰는 것이야 안 해도 되죠, 말만 잘하면 되지 않나요?" 그러면 오늘날과 같은 문명사회에서 제대로 읽고 쓰지 못하는 사람이, 과연 그 사회에서 지도적인 위치나 의사결정을 해야 하는 주요한 자리에 오를 수 있을까요? 신문이나 책을 통해 주요 정보를 접할 수 없는 사람이, 과연 그 사회에서 어떤 역할과 기능을 수행할 수 있을까요?

어린아이들에게도 외국어를 배우는 건 버겁고 힘든 일

'어린아이들은 쉽게 이중 언어 사용자가 될 수 있다'는 말이 있습니다. 실제 아이들은 상황에 따라서 두 개의 언어를 동시에 배우기도 하고, 세 개의 언어를 동시에 배우기도 하죠. 그런데 아이들이 언제 그런 행동을 보일까요? 우리가 어떤 판단을 내릴 때, 항상 조건이 중요합니다. 언제 어떤 조건에서 아이들은 그런 행동을 보일까요? 답은 '두 개의 언어로 소통해야 할 필요성이 있을 때'입니다.

그것이 정답입니다. 두 개의 언어로 주변 사람들과 의사소통해야 할 필요성이 있을 때, 아이들은 두 개 언어든 세 개 언어든 배우려고 할 것이고 실제로 잘 배웁니다. 가장 일반적인 경우는 서로 다른 언어를 사용하는 엄마와 아빠가 집 안에서 서로 다른 언어를 사용하는 경우죠. 그렇다면 대한민국에 살면서 어린아이가 두 개의 언어로 의사소통해야 할 상황이 얼마나 있을까요? 일부러 강요한 상황이거나 인위적으로 그런 환경을 조성해주지 않는 이상, 어떻게 어린아이가 두 개의 언어로 소통해야 할 필요성을 느끼게 될까요?

아이들은 두 개의 언어로 소통해야 할 필요성을 느끼지 못하면, 필요하지 않은 그 언어를 버리고 본인이 주로 사용하는 언어로 바로 돌아가버립니다. 그래서 한국에서는 한국어를 배우는 것이고, 미국에서는 영어를 배우는 것이죠. 미국에 이민을 가게 되면 부모들은 아이가 모국어인 한국어를 잊지 않도록 하기 위해 엄청나게 노력하죠. 그러지 않으면 아이는 금세 한국어를 잊어버리고, 영어만 쓰게 되니까요.

대한민국에서 영어를 배우려면 미국에 이민 간 부모들이 자식들이 한국어를 잊지 않도록 하기 위해 애쓰는 것 이상의 노력과 비용을 지불해야 합니다. 미국이라면, 주변에 한인 교회가 있거나, 집에서 부모나 형제들이 한국어를 사용할 테니 그나마 아이들이 한국어를 듣고 말할 기회가 있겠죠. 그러나 한국어를 사용하는 한인 교회에 매주 다니고, 집에서 부모가 우리말을 쓴다고 해도, 아이의 한국어를 정상적인 상태로 유지시키는 것은 힘들지 않겠습니까?

그러면 우리나라 상황에서 영어를 배우려면 적어도 그런 조건은 만들어줘야 하겠죠. 문제는 아이들이 어떻게 영어를 쓰는 교회를 다니거나 집에서 영어를 사용하는 부모와 함께 생활할 수 있냐는 것입니다. 특수한 환경을 가진 일부 가정을 제외하면, 대부분의 아이들에게 그런 환경을 조성하는 것 자체가 쉽지 않을 겁니다.

한편, 어린아이들이라고 해서 무조건 심리적으로 편안한 마음을 가지고 다른 나라 말을 배우고 접하는 것도 아닙니다. 그들에게도 자신의 모국어가 아닌 다른 나라 말을 배우고 사용해야 하는 상황은 인지적으로 버겁고 정서적으로 극복하기 어려운 과제입니다. 미국에 이민 간 아이들이 유치원 환경에서 어떻게 영어를 배워가는지를 연구한 패턴 타보스Patton O. Tabors는 그 과정을 이렇게 설명합니다. "어린아이들도 자신의 언어가 아닌 다른 말을 배우는 과정을 굉장히 버거워하고, 그 과정 또한 매우 많은 시간이 걸리는 활동이다."

실제 말을 배우는 과정을 들여다보면, 어린아이라고 해서 그렇게 마음 편하게 다른 나라 말을 배우는 것은 아닙니다. 자신의 감정을 제대로 표현하지 못해서 그렇지, 일반적으로 아이들은 언어적으로 낯선 환경에 놓이게 되면, 짧게는 3개월에서 길게는 6개월 동안 입을 열지 않는 경우가 많습니다. 어린아이들도 그런 낯선 상황이 심리적으로 부담스럽고 나름의 스트레스를 받는 것이죠.

조기 교육의 효과는 단지 더 오래 배운다는 것뿐

데이비드 싱글턴David Singleton과 리사 라이언Lisa Ryan은 2004년에 발간한 책에서 외국어를 배우는 데 나이라는 요인이 갖는 의미에 대해 다룬 바 있습니다. 이른바 조기 언어 교육이라는 주제를 다룬 셈인데, 그 책에 이런 구절이 나옵니다. "외국어를 일찍 시작하는 것은 좋은 아이디어다. 무엇 때문에 좋은 아이디어라고 생각하나? 나이가 어리기 때문에 잘 배워서가 아니라, 단지 아이가 한 외국어를 배울 수 있는 시간을 조금 늘려주기 때문"이다. 무슨 말인지 아시겠죠? 나이가 어려서 배우기 때문에 아이가 원어민처럼 영어를 유창하게 할 수 있다거나, 어려서 배우기 때문에 아이가 심리적 부담감을 느끼지 않고 잘 배울 수 있다거나, 아이들에게 주어진 특별한 능력을 잘 발휘할 수 있기 때문에 성인들보다 훨씬 빨리 배울 수 있는 것이 아니라는 겁니다.

우리 환경에서 조기 영어 교육의 효과는 그저 일찍 시작한 만큼 영어를 배울 수 있는 시간을 조금 늘려주는 것뿐이죠. 그래서 나타나는 조기 영어 교육의 효과는 과연 뭘까요? 바로 그만큼의 효과를 내거나 다른 것을 희생하고 그만큼을 얻는 것이겠죠. 때로는 다른 것을 희생하고 그만큼의 돈과 시간을 들였음에도 불구하고, 그만큼의 효과를 내지 못하는 경우도 많습니다. 그것이 실제 학문적으로 드러난 조기 영어 교육의 효과입니다.

캐나다는 프랑스어 몰입 교육으로 유명한데, 캐나다 몰입 교육의 전문가인 라이트바운과 스파다 교수는 이렇게 말합니다. "학교에서 모든 학생들의 목표가 기본적인 의사소통을 하는 것일 때, 그리고 학생들의 모국어가 주된 언어로 남아 있을 경우, 외국어 교육을 늦게 시작하는 것이 보다 효율적일 수 있다." 이들은 자신들의 주장을 'may'를 사용해서 표현했습니다. 그럴 가능성이 훨씬 높다는 것이죠. 사태를 깊이 파악하고 여러 가지 다양한 변수를 고려하여 진실을 보려는 학자들은 그 어떤 것에 대해서도 함부로 확정 짓거나 확언하지 않습니다. 학술적으로 확실한 검증이 이루어지고 증거를 제시할 수 있을 때까지는 약화시켜 표현하는 것이 일반적이죠. 그렇다고 해서, 그 내용이 진실의 일면을 담고 있지 않다고 말할 수는 없습니다.

이들은 자신의 책에서 이렇게 말합니다.

School programs should be based on realistic estimates of how long it takes to learn a second language.
(학교 교육 프로그램은 제2언어를 배울 때 도대체 얼마나 오랜 시간이 걸리는지 판단해서 현실적인 예상치를 기반으로 정해져야 한다.)

초·중·고등학교에서 영어를 일정 시간 가르쳐서 대한민국 사람을 아시아권에서 가장 영어 잘하는 사람으로 만들겠다고 한 사람이 있었는데 과연 그럴 수가 있을까요? 이건 가당치 않은 허위 주장입니다. 다른 외국어를 배우는 경우, 일주일에 두세 시간 공부하는 상황이라면 몇 살에 시작했든 큰 차이가 나지 않습니다. 우리와 같은 조건에서 영어를 배운다면, 아이들이 아무리 어리다고 해도 소위 유창하게 말을 할 수 있는 상태는 만들어지지 않습니다. 아이가 아무리 조기에 영어를 배우기 시작했어도 크게 달라질 것이 없는 것이죠.

다음은 비슷한 주장인데, 제가 즐겨 인용하는 것이어서 자세하게 소개하려고 합니다. 어느 날 한국의 영어 교육 체제와 상황을 고민하면서 이를 쉽게 설명해줄 수 있는 문헌이 없을까 찾다가 우연히 어느 책에서 발견한 내용입니다. 이 문구가 우리나라의 영어 교육 상황을 정확하게 설명해주고 있어 기회가 있을 때마다 즐겨 인용하곤 합니다. 그 내용은 이렇습니다.

> If the lessons—whether they are once a week, once a day, or more frequent than that—are the only occasions on which the students are engaged with the language, progress will either not occur or be exceedingly slow... (i.e., the school or classroom cannot determine how, when, where, and what pace learning is going to happen)

'If the lesson—whether they are once a week,' 영어 교육 시간이 일주일에 한 번, 혹은 'once a day,' 하루에 한 번, 또는 'more frequent than that' 그것보다 더 빈번하다는 뜻이겠죠. 그러면 일주일에 한 열 시간 하는 모양이죠? 'are the only occasions.' 그것이 영어를 배우고 영어를 사용하는 유일한 경우라는 뜻이죠. 즉 '그 정도의 수업에 참여하는 것이 학생들이 그 언어를 사용하는 유일한 경우라면,' 그 다음 말이 중요해요. 'progress will either not occur or be exceedingly slow.' 한국에서 영어 교육에 관여하는 분들이 이 말을 귀담아들을 필요가 있습니다. 이 말을 풀어쓰면, '그런 정도로는 나아지지 않거나, 설령 언어 능력이 조금 나아지더라도 그 속도는 엄청나게 느리다'는 겁니다. 이 말은 밴 리어 Van Lier라는 미국의 영어교육학자가 한 말인데, 그가 왜 이런 말을 했을까요?

언어 능력은 천천히 느리게 발전한다

우리나라 학생들은 고등학교를 졸업해도 영어를 썩 잘하지 못하는 것이 현실입니다. 우리나라 고등학교 학생들 아무나 붙들고 사진을 하나 보여주면서 영어로 표현하라고 하면 어떻게 할까요? "어, 어, 어, paper. 어, there, there, there, a lot of people." 이 정도입니다. 그나마 there라는 표현을 사용해서 there are라고 be 동사 are를 붙이면 영어를 어느 정도 잘하는 학생입니다. 선생님들에게 제가 문법을 가르치되 그것으로 영어가 된다는 생각은 하지 말라고 하는 이유가 있어요. "There is ~" 하고 'is'를 붙이기 위해서는 영어가 어느 정도 되어야 합니다. 그런데 선생님들은 이런 표현상의 규칙을 모두 일일이 설명해주죠. "there is라는 건 '뭐뭐가 있다'"라는 식으로 말입니다. 그러니까 예를 들어 앞이나 뒤에 복수가 나오면 'there are'가 된다고 가르칩니다.

그러면 그렇게 한 번 들은 학생들은 그런 표현을 자유자재로 사용할 수 있을까요? 아마도 할 수 있으니까 가르치는 것 아닐까요? 그리고 가르친다고 다 할 수 있으면 우리 모두 영어를 유창하게 했어야 정상이겠죠. 그런데 우리가 지금 그런가요? 배웠다고 모두 행동으로 옮길 수 있는 건 아니죠. 스포츠의 경우도 한 시간 배웠으면 그 열 배 또는 스무 배의 연습 시간이 필요한데, 그럴 만한 시간도, 그럴 만한 기회도, 그럴 만한 공간도 없는 것이 한국의 영어 현실 아니겠습니까?

부가의문문을 예로 들어보죠. 영어로는 '태그 의문문'이라고 하죠. 마치 물건에 붙어 있는 꼬리표처럼 영어 문장의 꼬리에 붙는다고 해서 이런 용어를 사용합니다. 이 부가의문문은 대개 중학교 1학년이면 배웁니다. 시험도 보죠. 부가의문문도 한 가지만 가르치는 것이 아니라, 종류도 다양해서 여러 가지 다양한 부가의문문을 소개하고 가르칩니다. 왜 가르칠까요? 가르치면 아이들은 그 표현을 사용할 수 있을까요? 실제 일상생활에서 영어의 부가의문문을 제대로 사용할 수 있는 한국인은 많지 않습니다. 부가의문문은 모든 형태의 의문문을 자유롭게 쓸 수 있을 때, 가장 늦게 익히게 되는 의문문입니다. 저도 일상 회화를 할 때 부가의문문을 붙여본 적이 거의 없는 것 같네요.

왜 그렇게 부가의문문을 사용하는 것이 어려울까요? 이런 표현을 한번 생각해보죠. 'You went to school yesterday while I was at home.' 이 문장에 부가의문문을 붙이려면, 머릿속에 뭘 기억하고 있어야 할까요? 먼저 주어와 동사에 해당하는 you went를 기억해야 하고, 동사가 과거 시제니까 그것을 did로 바꿔야 하죠. 과거의 기억을 돌이켜 보면, 선생님이 분명히 did 할 때, 긍정은 부정으로 부정은 긍정으로 바꾸라고 했던 것 같습니다. 그러면 didn't가 되어야 하겠죠. 그렇게 해서 'didn't you?'라고 붙이는 것이 부가의문문입니다.

그러면 이런 부가의문문 문장을 구사하려면 앞에서 말했던 정보들이 여전히 머릿속에 남아 있어야 하고, 짧은 시간에 순간적으로 필요한 정보를 넣어서 부가의문문을 만들어내야겠죠. 그런데 앞에서 설명한 대로 한 단계 한 단계 밟아가면서 부가의문문을 만든다면, 과연 얼마나 많은 시간이 걸릴까요? 그러니까 대부분의 사람들은 일상 대화에서 부가의문문을 잘 쓰지 못하는 겁니다. 그러니 한국 사람들이 영어를 할 때, 즐겨 사용하는 표현이 있지 않습니까. 'You went to school yesterday, while I was at home, right?' 이렇게 말하는 경우가 많죠. 여기서 'right'라는 표현이 나타내는 기능이 바로 부가의문문 기능입니다. 뭔가 내가 앞에서 한 말을 상대방에게 확인하기 위해서 사용하는 것이죠. 문법적으로 복잡하게 바꿔서 표현하는 것보다, 한 단어를 사용해서 'right?' 하고 물어보는 것이 훨씬 간편하고 효과적이니까요. 우리가 영어를 배우거나 사용할 때 이렇게 쓰도록 내버려두면 안 될까요? 또는 학교 영어 교육에서 이런 표현을 써서 소통하는 것을 배우고 사용하면 안 될까요?

영어를 일상어로 쓰는 가나, 시에라리온, 나이지리아, 카메론과 같은 서부 아프리카 지역에서는 'is it?'을 모든 부가의문문 대신 사용한다고 합니다. 그리고 영어를 공용어로 사용하는 인도에서는 모든 경우에 'isn't it?'을 사용하죠. 예를 들어서, 'You are going home soon, isn't it?' 이런 식이죠. 아마 우리나라 학교에서 말하기 시험에 이런 식으로 답하면, 바로 틀렸다고 하겠죠.

중고등학교 시절 부가의문문을 배울 때 정말이지 어렵고 복잡하게 배웠죠. 명령문인 경우에는 'will you?'를 붙여라, Let's로 시작하는 문장의 경우에는 'shall we?'를 붙이고, 부정이면 긍정으로 바꾸고, 긍정이면 부정으로 바꿔라 등이죠. 가르치는 영어 선생님도 말을 할 때는 그렇게 하지 못하면서 말예요. 이런 내용은 종이로 된 시험을 볼 때나 써먹을 수 있는 지식이지, 영어로 말할 때는 거의 소용이 없는 지식이죠. 그냥 'right?' 하면 되죠. right은 우리말의 '그렇지?'와 거의 비슷한 의미와 기능을 가지고 있어요.

그래서 문법을 알고 있다는 것과 문법을 활용해서 말을 할 수 있다는 것은 전혀 다른 차원의 얘기입니다. 우리는 이렇게 실제 언어 사용과는 무관한, 때로는 크게 도움이 되지 않는 내용을 어렵게 수학 문제를 풀듯이 공부하죠. 이런 식의 영어 교육 때문에 실은 영어를 몇 년 배우고도 말 한마디 제대로 못하는 것이지, 그것이 조기에 영어를 배우지 못해서 그런 것은 아니라는 겁니다. 그래서 조기 영어 교육이 한국 영어 교육의 대안은 아니라는 거죠. 학교 영어 교육이 내신이니 시험이니 입시니 하는 평가 때문에 효율적으로 소통할 수 있는 능력을 기르는 데 기여하지 못하는 것이 문제니까요.

우리나라의 초등학교, 중학교, 고등학교 과정을 다 계산하면 모두 730시간 정도 영어를 가르칩니다. 이런 조건에서 조기 영어 교육이 어떤 효과를 낼 것인지 알 수 없죠. 학교 공부를 정말 열심히 따라가고 사교육을 전혀 받지 않은 고등학교 학생이 영어가 유창하지 않고, 말을 할 때 발음이 어색하고, 자주 머뭇머뭇거리고, 문법적으로 오류가 많은 어색한 표현을 쓰는 것은 결코 이상한 일이 아닙니다. 말을 배우는 데는 정말 오랜 시간이 걸립니다. 그리고 매우 느리게 천천히 나아지죠. 외국어로 배우는 영어는 그렇게 빨리 늘지 않습니다.

저는 이런 말을 좋아합니다.

Language learning is the cumulative result of sustained effort.
말을 배우는 것은 끊임없는 노력이 축적된 결과다.

지속적으로 계속하는 것이 가장 중요한 핵심이죠. 학교에서 일주일에 세 시간 정도 영어를 배우는데, 그 시간 외에는 영어를 쓰지 않는 것이 우리 학생들의 일반적인 조건이며, 일 년이 지나도 영어 한 번 제대로 할 기회가 없는 것이 일상을 살아가는 보통 한국인들의 삶입니다. 영어 학원에 큰돈을 내고 가지 않는 이상, 일상의 그 어느 공간에서도 쉽게 영어를 쓰거나 사용할 기회가 없는 것이 대한민국입니다. 엄연한 현실이죠. 그런 현실을 무시하고, 모든 국민이 마치 유창하게 영어를 잘해야 한다고 부추기는 정부 정책이나 언론이 문제며, 그 대안으로 조기 영어 교육을 생각한다면 진실과는 거리가 먼 환상을 그리는 것이죠.

키신저, 슈워제네거, 이참… 모두 20세 전후에 외국어 배워

대한민국의 영어 교육이 실패했다고 하니까 어떻게든 아이를 영어 원어민을 만들고 싶어서 조기유학을 보내고, 일주일에 열 시간씩 공부하는 학원에 보내면서 수십만 원 수백만 원씩 지불하고, 거기다가 원어민 강사를 일주일에 대여섯 시간 붙이기도 합니다. 고비용 저효율이죠. 우리 사회에서 영어가 갖는 기능과 역할을 분명히 해야 하고, 불필요한 곳에 부여된 가중치를 줄여야지, 전 국민을 대상으로 영어를 잘하라고 하면, 그야말로 엄청난 비용이 지출될 수밖에 없습니다. 그것이 쓸데없는 고비용 저효율이지, 영어를 조금 배웠는데 그것이 잘 안 되는 것이 고비용 저효율이 아니죠. 조기 영어 교육, 조기 유학, 기러기 아빠, 영어 공화국, 영어 사교육 광풍, 토플 대란 등과 같은 현상들은 한국의 언어 현실을 무시하고 영어 교육의 방향키를 잘못 틀었기 때문에 벌어지고 있는 극단적인 병리 현상입니다.

어떤 책을 보니 저하고 비슷한 생각을 하는 일본인 교수가 있더군요. 일본 도쿄 대학의 사이토 요시후미 교수인데, 그가 2008년에 쓴 책에서 흥미 있는 부분이 있어서 소개해드리고자 합니다.

> 일본의 영어 교육 사상, 중·고교 수준에서의 대중 영어 교육이 눈에 띌 만한 성과를 올렸던 적은 단 한 번도 없다. (……) 일본어와 영어의 언어 간의 거리를 감안했을 때, 현재의 중등교육의 수업 정도로는 어떤 교습법을 창안해내든, 어떤 교육 개혁을 단행하든, 학생에게 실용적인 영어 실력을 몸에 배게 하는 것은 원래 어렵고 까다로운 문제다. (……) 일본에서는 1920년대 중학교에서의 영어 필수 폐지론이 터져 나왔다. 그 배경에는 미국에서의 일본인 배척 운동 외에도 일주일에 열 시간을 가르쳐도 학생의 영어 실력이 크게 향상되지 않는다는 엄연한 사실이 있었다고 한다. 현재는 일주일에 서너 시간밖에 가르치지 않는다고 하니, 영어와의 거리를 극복하기가 매우 어려운 것은 틀림없다. 그러면 초등학교 때부터 가르치면 어떨까. 초등학교에서의 영어 교육은 메이지 시대 이래 여러 가지 형태로 이루어져 왔음에도 불구하고, 그에 따른 아동의 영어 실력이 눈에 띄게 향상됐던 경우는

단 한 번도 없다.

    일본의 영어 교육계도 진실을 보기 시작한 것 같습니다. 물론 일본어와 영어의 차이가 일본인들이 영어를 배우는 데 얼마나 부정적인 영향을 미치는지 알 수 없지만, 전반적으로 여러 가지 노력에도 불구하고 일본인의 영어 교육은 실패할 수밖에 없었다는 점은 옳은 지적입니다. 현재 일본인들의 영어 교육에 대한 관심이나 열정은 우리보다 훨씬 약하죠. 지난 1백여 년 동안 여러 가지 방법을 다 모색해보고 난 이후에 그들이 그런 결론을 내린 것은 아닐까요?

    예전에 어느 방송사 프로그램 중에 〈미녀들의 수다〉라는 것이 있었죠. 이 프로에 출연했던 사람들 중에 몇몇은 나중에 방송 광고에도 출연하고 유명 인사가 되기도 했었죠. 이들은 모두 한국에 살고 있는 외국인입니다. 이들 대부분은 스무 살이 넘어서 한국에 와서 한국말을 배운 사람들이죠. 그렇게 늦은 나이에 한국어를 배워서 한국어로 진행하는 프로그램에 출연해서 한국어로 대화를 주고받을 수 있었습니다. 상황을 반대로 생각해보면, 스무 살이 넘어 미국에 건너가 살면서 미국 방송 프로그램에 나와서 영어로 대화하며 프로그램에 참여한 경우죠.

    〈미수다〉에 나오는 사람들은 자신이 하고 싶은 말은 대충 다 우리말로 할 수 있었습니다. 우리말을 대부분 잘 알아들었죠. 말을 할 때 발음은 조금 어색하고 단어나 표현이 유창하지는 못했지만, 그래도 TV 카메라 앞에서 한국인들을 대상으로 자신이 하고 싶은 이야기를 했습니다. 그것이 중요하죠. 우리 한국인들이 영어를 그렇게 할 수 있다면, 뭐가 문제가 될까요? 이게 대한민국에서 영어를 가르쳐서 달성하고자 하는 목표가 아닐까요? 한국인들이 영어를 배워서 〈미수다〉에 나오는 사람만큼만 할 수 있으면 되지 않을까요?

외국인들이 우리말을 한국인처럼 구사하면 어떤 느낌이 들까요? 아니, 다른 나라에서 한국어를 배워서 우리처럼 우리말을 잘하는 사람이 있을까요? 한번 상상해보세요. 그럴 수 있는지? 〈미수다〉에 출연하는 외국인들은 모두 한국에 살고 있는 경우입니다. 한국인들과 어울려서 일상을 살아가는 사람들이죠. 물론 그들 중에서도 한국어를 잘하는 사람이 있는가 하면, 못하는 사람도 있었죠. 핀란드에서 온 따루라는 여성을 기억하시나요? 우리나라 막걸리를 너무 좋아해서 막걸리 가게를 열었다는 분 말이죠. 그렇게 한국 문화를 이해하고 한국인들과 깊숙이 어울리니 비교적 짧은 한국살이에도 불구하고 우리말을 아주 유창하게 잘할 수 있었던 겁니다.

〈미수다〉에 나오는 사람들은 모두 스무 살이 넘어서 한국에 왔습니다. 조기에 한국어를 배워서 이 정도까지 된 사람들은 단 한 사람도 없습니다. 달리 생각하면 한국 사람들도 스무 살이 넘어서도 얼마든지 영어를 잘 배울 수 있으며, 그들처럼 미국에서 미국인들과 어울려 살면 〈미수다〉에 나오는 외국인들만큼 영어를 할 수 있다는 얘기입니다. 그러면 한국에 살고 있는 우리는 얼마나 영어를 할 수 있으며, 어느 정도 영어를 구사해야 정상일까요? 또 한국에 살면서 얼마나 유창하게 영어를 할 수 있을까요? 한국에서 조기에 영어를 배우면 영어를 둘러싼 모든 문제들이 해결될까요?

독일계 유대인인 헨리 키신저는 1923년생입니다. 1938년에 미국으로 이민을 갔으니 그의 나이 16세 정도 되었겠죠. 그 나이에 미국으로 이민 가서 영어를 배웠지만, 독일 억양이 여전히 남아 있었다고 해요. 키신저의 동생은 열 살에 미국에 도착했기 때문에, 그의 영어 발음은 원어민 발음이었다고 하죠. 그러나 키신저는 미국의 국무장관이 됐지만, 그 동생은 뭘 했는지 알려진 바가 없어요. 원어민 발음과 달라도 상관없는 거예요. 외국인 중에서 가장 높은 수준의 한국어를 구사하는 사람이 이참 씨예요. 이 사람은 스무 살이 넘어서 한국에 왔어요. 캘리포니아 주지사를 역임했던 오스트리아 출신 아널드 슈워제네거는 1947년생인데, 1968년 21세의 나이에 미국으로 이민을 갔죠. 이들 모두 조기에 영어를 배운 사람들이 아니에요.

영어를 조기에 배우지 않았다고 영어가 안 되는 것은 아닙니다. 영어를 배우는 방법, 전략과 전술이 잘못됐기 때문에 못하는 거예요. 저는 스물여덟부터 영어다운 영어를 배웠어요. 그 나이에 본격적으로 영어라는 말을 배우기 시작했습니다. 미국에서 공부할 때는 잘 때도 이어폰을 귀에 꽂고 잤죠. 영어를 잘하고 싶었습니다. 대부분의 한국인들은 그럴 기회가 없었거나, 그렇게 하지 않았기 때문에 영어를 못하는 것이죠. 로버트 할리 씨를 보면 경상도 사투리를 정말 구수하게 구사하잖아요. 제가 텍사스에서 7년 정도 살았는데, 텍사스 남부 사투리를 전혀 배우지 못했어요. 어려서 미국으로 이민을 가지 않아서 못 배운 것이 아니라, 그만큼 그 사람들과 가까이 어울리지 않았다는 반증이에요. 로버트 할리 씨는 한국 사람과 잘 어울렸기 때문에 그 나이에 한국에 와서도 경상도 사투리를 거의 완벽하게 익힌 거죠. 얼마나 한국 사람들과 깊숙이 친밀하게 교류했으면 경상도 사투리를 그렇게 구수하게 구사하겠어요. 나이의 문제가 아니라는 거죠. 그 사람이 조기에 한국어 교육을 받은 것이 아닌 것은 분명하니까요.

문제는 나이가 아니라 영어를 대하는 태도

우리나라에서 영어를 배우는 데 결정적 시기가 있다고 믿는 것이나, 조기 영어 교육으로 영어 문제를 해결하려는 시도는 모두 실패할 것이라는 것이 제 결론이에요. 그것은 개인이나 사회나 마찬가지일 겁니다. 경험적·실증적 증거들을 종합해보면, 우리나라에서 조기 영어 교육이나 초등학교 영어 교육은 단지 아이들이 받을 수 있는 전체 영어 교육 시간을 조금 늘려주는 효과가 있을 뿐, 그것이 궁극적인 해결책은 아닙니다.

한국 교육 시스템의 가장 큰 맹점은 학교 교육을 믿을 수 없게 만든다는 것입니다. 예를 들어 이런 겁니다. 만약 학교에서 영어를 100시간 교육시켰으면, 학교 교육 100시간을 통해서 이룰 수 있는 성취를 기대해야 정상이죠. 그런데 현실은 그렇지가 않죠. 평가와 선발이 관여되면 학교 영어 교육 100시간을 통해서 실제 1천 시간 정도의 성취도를 보여주도록 기대하고 선발하는 겁니다. 특목고에서 학생들을 뽑을 때, 중학교에서 무엇을 배웠는가를 전혀 고려하지 않아요. 무조건 영어 점수 높은 학생만 뽑아가죠. 예전에 어느 외국어고 등학교의 경우 입학생들의 토플 점수가 105점 내지 110점씩 되었다고 하는데, 이런 구조니 조기 영어 교육을 비롯해서 온갖 영어 사교육을 시킬 수밖에 없죠. 그러니 너나없이 학교 영어 교육을 무시하고 영어 사교육을 받거나 조기유학 또는 어학연수를 떠나는 것 아니겠어요.

조기 영어 교육이니 전일제 어린이 영어 학원이니 하는 것이 사실은 모두 한국에서 영어를 대하는 태도 때문에 비롯된 것입니다. 이것을 바로잡아야 해요. 영어 교육 과정을 통해서 아이들이 성취할 수 있는 목표의 기준이 무엇인지 교과부, 한국교육과정평가원, 학부모, 영어 교사들은 잘 몰라요. "학교에서 10년 동안 영어를 배웠는데 왜 영어를 못하지?" 이런 말을 쉽게 하잖아요. 하지만 사실 10년 동안 영어를 배운 적이 없죠. 10년간 한 730시간 정도 영어 수업을 할 겁니다. 하루에 7시간씩 100일이면 끝나는 시간이죠. 하루에 8시간씩 하면 90일이면 끝나는 시간입니다. 그 정도 영어 교육을 시켜놓고, 토플 성적 100점, 105점, 110점이나 되는 학생들을 선발하니 제대로 된 선발 방식이 아니죠.

자, 이제 강의를 정리해야 할 것 같습니다. 우리 아이가 영어 원어민이 되는 것이 목표라면 하루라도 빨리 미국행 비행기를 타야겠죠. 어쩔 수 없습니다. 미국에서 이루어진 많은 연구가 그 아이가 원어민 정도의 영어 능력을 갖는 데 가장 결정적인 변수로 나이를 지목했으니 말이죠. 우리 아이가 평생 미국에 거주하면서 영어로 먹고살고,

미국의 대통령은 아니지만, 주지사라도 한 번 하고, 영어를 사용하면서 영어권 세계에서 살아야 한다면, 빨리 미국행 비행기를 태워 보내세요. 한국어와 한국 문화를 잊어버리고 철저하게 미국인이 되는 것이죠. 그것이 지름길이겠죠.

그럴 생각이 아니라면 왜 반드시 조기 영어 교육이냐는 겁니다. 우리나라에 살면서 조기 영어 교육을 받아야 할 만큼 영어라는 언어가 우리의 일상어는 아니잖아요. 문제는 영어를 부추기는 유형무형의 현실이죠. 영어로 켜켜이 쌓여 있는 높은 장벽이 문제입니다. 그 앞에서 영어로 사람을 걸러내는 조직, 기관, 학교, 시험, 사회의 인식이 문제입니다. 학교에서 영어를 배웠기 때문에 영어가 잘 안 되던가요? 조기에 배우지 않았기 때문에 영어가 잘 안 되던가요? 영어를 사용할 기회가 없었고, 일상에서 영어를 사용하지도 않았고, 절실하게 배우려고 하지도 않았던 것이 문제 아니었나요?

영어를 일주일에 한 시간이라도 써본 적 있으세요? 대부분의 사람들은 그럴 일이 없죠. 지금이라도 당장 영어를 배우려면 왜 안 되겠어요. 영어교육과 교수이다 보니 저는 지금도 매일 아이팟iPod을 가지고 다니면서 영어를 듣습니다. 팟캐스팅 서비스를 이용하면 미국의 뉴스란 뉴스는 다 들을 수 있어요. 그것을 인터넷에서 내려 받아서 출퇴근 시간에 한 시간씩 들어요. 이런 식으로라도 영어를 듣지 않으면, 학생들과 함께하는 강의 외에는 대학에 있으면서도 영어를 할 기회가 많지 않기 때문입니다. 영어 구사 능력을 유지할 수가 없어요. 그것이 한국이죠. 한국은 미국도 아니고, 그렇다고 싱가포르나 말레이시아나 필리핀도 아닙니다.

제가 미국에서 교수를 하면 매일 영어를 쓸 것 아니겠어요? 그럼 제 영어가 안 늘겠어요? 그런데 제가 여기서 영어를 쓰면 '아이, 선생님 무슨 말이에요. 안 들려요. 우리말 놔두고 왜 영어를 쓰세요?' 이러는데 영어가 늘겠어요? 결국 우리나라에서 영어를 습득하는 데는 나이보다 더 중요한 변수가 있다는 겁니다. 유명 영어 강사 이보영 씨가 조기 영어 교육을 받아서 영어를 잘하는 건가요? 아니에요. 이보영 씨를 한국에서만 영어를 배운 토종 영어 강사로 치켜세우는 것은 어폐가 있습니다. 왜냐하면 그녀가 영어 방송 프로그램을 만들기 위해서 원어민하고 지내는 시간이 얼마나 많을지 생각해보세요. 비록 한국에 살지만 이보영 씨가 어울리는 사람들 중에는 한국어 사용자보다 영어 사용자가 더 많을지도 모릅니다. 그러니 한국에서 공부했는데 영어를 저렇게 잘한다고 얘기하면 안 된다는 겁니다.

자신의 모국어를 포함해서 다른 언어를 배우는 행위는 간단하지 않습니다. 특히 자신의 모국어 이외의 다른 말을 자신의 것으로 만든다는 것은, 교육 방법, 시간, 나이, 동기, 사회 언어적 조건, 교육 환경 등이 다 얽혀 있죠. 그런 것들이 조화를 이루어야만 한 언어를 자신의 것으로 만들 수 있는 겁니다.

우리 조건에서는 영어 공부는 결국 평생 하는 것입니다. 조기 영어 교육에 그렇게 집착할 필요가 없다는 말입니다. 아무리 조기에 영어 공부를 시작해도 끝까지 하지 않으면 별반 차이를 만들지 못합니다. 아무리 조기에 영어 공부를 시작했다고 해도 초등학교 고학년, 중학교, 고등학교, 심지어 대학에 들어가서도 영어를 지속적으로 하지 않으면 유치원이나 초등학교 시절에 배운 영어는 남지 않습니다. 그러니 영어라는 언어를 조기에 끝내겠다는 생각은 버려야 합니다. 그리고 영어라는 언어를 배우려고 마음을 먹었다면, 기나긴 여정을 시작하는 마음자세로 출발해야 합니다. 제가 앞에서 지속적인 노력sustained effort이라고 했었죠? 외국어를 배우는 데는 결국 이런 지속적인 노력이 필요합니다.

언제 시작하든 지속적인 노력이 관건

그리고 한 시기의 영어 교육을 놓쳤다고 해서, 영어가 안 되는 것은 결코 아닙니다. 일찍 했다고 원어민이 되는 것도 아니고, 늦게 시작했기 때문에 그 격차나 간극을 메울 수 없는 것도 아닙니다. 몇 십만 원 또는 몇 백만 원을 들여서 일찍 영어를 배운다고 해서, 그것으로 영어 교육에 대한 투자가 끝나는 것도 아닙니다. 평생 투자를 해야 그나마 조금 빛을 볼 수 있습니다. 그 길을 갈 수 있는 사람이 대한민국에 과연 얼마나 될까요? 대다수 국민들은 그 길을 갈 수 없을 겁니다. 물론 모두가 그 길을 갈 필요도 없겠죠. 대개는 시간적 여유도 돈도 없을 겁니다. 그러니 조기 영어 교육이니 결정적 시기니 해서 근거도 없는 극단적인 방식으로 영어 문제를 해결하려는 건 잘못돼도 한참 잘못된 방법이죠.

조기 영어 교육과 관련한 제 이야기의 결론은 이것입니다. 우리나라 조건에서 조기 영어 교육을 한다고 해서, 아이가 원어민처럼 되는 것은 결코 아닙니다. 조기에 영어를 배운다고 해서, 아이가 쉽게 빨리 영어를 배우는 것도 아닙니다. 다만, 조기에 영어 교육을 시키는 것은 영어를 배울 수 있는 시간을 조금 늘려주는 효과가 있을 뿐입니다. 그러나 그것도 들인 시간과 비용을 고려하면, 교육의 효과는 그렇게 크지 않죠. 청소년이나 성인이 얻을 수 있는 것과 비슷한 효과를 내려면, 그 두 배나 세 배 이상의 시간이 투자되어야 합니다. 그래서 오히려 인지적으로 성숙한 시기에 집중적으로 영어를 배우는 것이 더 효과적일 수 있습니다.

이제 조기 영어 교육과 관련한 빛이 조금 보이시나요? 아니 빛이 보인다기보다는 더 모호해지고 캄캄해지신다고요. 그럴지도 모릅니다. 진실은 그렇게 쉽게 우리에게 다가오는 것이 아닙니다. 제가 이 강연의 모두冒頭에서 말씀드린 것처럼, 저는 이 강의를 통해서 여러분에게 여러 가지 객관적인 사실들을 들려주고자 했습니다. 이제 판단은 여러분의 몫입니다. 여러분이 제 이야기를 곰곰이 생각해보시고 판단하시기 바랍니다. 인생은 어차피 자신이 꾸미고 만들어가는 긴 여행이니까요. 오랜 시간 귀 기울여 들어주셔서 감사합니다. 현명한 영어의 여정을 선택하셔서 영어는 물론 우리말로 이루어지는 삶이 풍부하고 보람되기를 바랍니다.

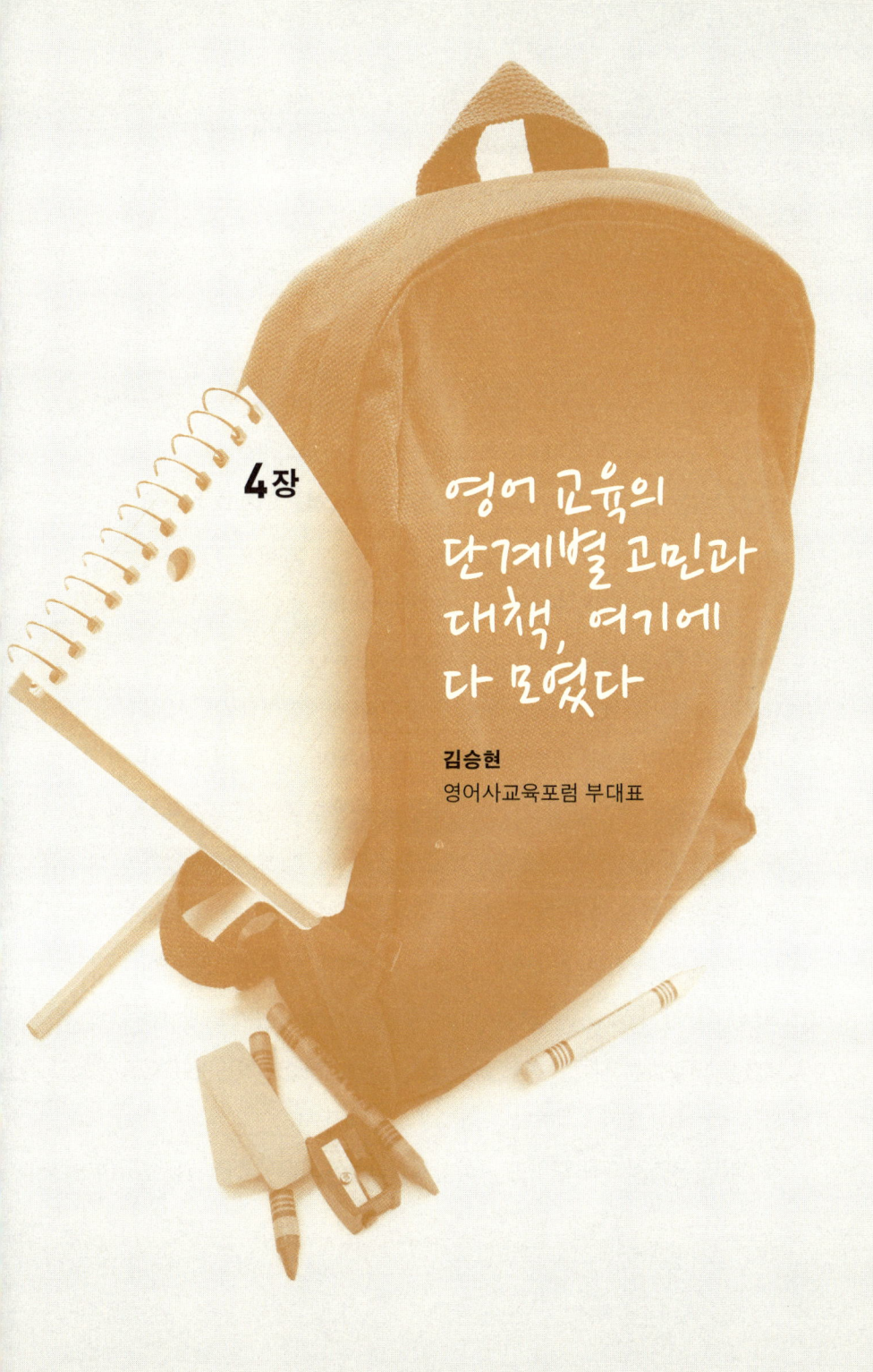

4장 영어 교육의 단계별 고민과 대책, 여기에 다 모였다

김승현
영어사교육포럼 부대표

아이의 영어 실력은 영어 사교육에 투자한 비용과 정비례할까?

제 강의는 앞선 강의에서 나왔던 자녀의 영어 사교육에 대한 고민과 쟁점을 다시 한 번 정리하고, 그 내용을 토대로 대안으로 넘어가기 전, 그러니까 중간 과정의 강의가 될 것입니다. 대안과 관련된 내용은 뒤에 이어지는 강의에서 다루어질 것입니다.

그리고 참고로 제가 드리는 말씀은 단순히 제 개인적인 생각이 아니라, '사교육걱정없는세상'이 영어 사교육 문제의 실상을 정확히 파악하고 대안을 찾기 위해 2008년 7월부터 진행한 총 31회의 토론회와 강좌를 통해 정리한 내용임을 밝힙니다. 그동안의 토론회와 강좌에는 교수와 학자, 학원 강사, 영어 교육 관련 책과 참고서의 저자, 교사, 엄마표 영어 전문가, 교육청 및 교과부 관계자 등 그야말로 영어 교육 각 분야의 최고 전문가들이 함께했습니다. 제 강의의 핵심적인 내용은 이들과의 치열한 토론 과정에서 정리된 내용들이니만큼 신뢰하셔도 좋다고 자부합니다.

그러면 본격적으로 강의를 시작하겠습니다. 다음은 최근 언론에 보도된 영어 사교육 관련 기사의 헤드라인입니다.

'초등생 빅3 영어 학원 들어가려 재수, 삼수, 혹한이 무색한 영어 학원 열풍'
'올 겨울도 방학은 없다, 영어와 전쟁하는 아이들'
'이번엔 영어축구? 강남 맘들 뜨거운 교육열'

빅3 영어 학원이 어디인지는 알 만한 분은 다 아실 겁니다. 이들 학원이 잘 가르친다기보다는 사실은 잘하는 아이들만 골라서 뽑고 있는 것이죠. 영어 전문학원에 대해서는 조금 있다 좀 더 자세히 말씀드리겠습니다.

어쨌든 언론 기사의 헤드라인에서 단적으로 볼 수 있는 것처럼 우리 사회의 영어 사교육 열풍은 갈수록 열기를 더해가고 있는 듯합니다. 통계청 자료에 따르면 초중고생의 영어 사교육비가 연간 6조 원인데, 삼성경제연구소가 2005년에 추정한 통계를 봤더니 15조 원이더군요. 통계청의 자료에는 영어 사교육의 가장 큰 영역 중 하나인 취학 전 조기 영어 교육과 어학연수 비용 등이 제외되었기 때문에 15조 원 또는 그 이상이 맞지 않을까 싶습니다.

강남이나 분당을 비롯하여 사교육에 대한 열기가 조금이라도 높은 지역에 가면 어머니들 사이에는 자녀의 영어 교육을 위해 유치원 때, 초등학교 저학년 때, 그리고 고학년 때 각각 어느 학원을 보내야 한다는 일종의 영어 사교육 '로드맵' 같은 것이 있는데, 그 학원비만 저희가 따져봤더니 중학교까지 5천만 원 정도 되더라고요. 여기에 교재비와 특강비 등이 들고 방학을 이용해 해외로 어학연수를 다녀오거나 초등학교 고학년 시기에 조기유학을 1~2년 정도 다녀온다면, 그 비용은 5천만 원을 훌쩍 넘게 되는 거죠. 오늘날 우리 사회에서 영어 사교육비로 인한 가계의 부담은 일부 부유한 계층을 제외하면 중상류층을 포함해 거의 모든 계층에서 보편적으로 느끼는 문제라고 할 수 있습니다.

영어 사교육 문제가 우리 사회에서 이렇게 심각하게 된 데에는 여러 가지 근본적인 문제가 있겠지만, 영어 사교육의 방법과 효과에 대한 잘못된 믿음도 주요한 원인 중 하나입니다. 주로 학원을 비롯한 사교육 시장과 소위 '옆집 엄마'에 의해 부풀려진 잘못된 믿음에 대다수의 부모들이 포섭된 결과라고 할 수 있습니다.

며칠 전에는 '자녀 영어 실력 = 돈으로 인식한다'라는 기사가 나왔었는데, 한 학습지 업체에서 회원인 아이들의 부모를 대상으로 조사한 것입니다. 설문조사 결과를 보면, 설문에 응답한 부모의 77.5퍼센트가 '자녀 영어 교육에 들어가는 돈의 액수가 아이의 영어 실력에 영향을 미친다'고 생각하고 있었습니다. 영어 사교육에 투자한 비용과 자녀의 영어 실력이 정비례한다는 것이죠. 그리고 많은 부모들이 현재 경제적 여력이 없어서 그렇지, 여력만 생긴다면 자녀를 어학연수나 조기유학을 보내거나 영어 전문학원이나 영어 유치원에 보내는 등 영어 사교육에 대한 투자를 지금보다 더욱 늘리겠다고 응답했습니다.

여러분은 어떻게 생각하시나요, 사실 아니라고 선뜻 대답하기가 쉽지 않죠? 하지만 오늘 저는 누구도 쉽게 떨쳐내지 못하는 이런 보편적인 생각과는 조금 다른 이야기를 드리려고 합니다. 이런 생각에는 영어 사교육 투자에 대한 믿음, 좀 더 구체적으로는 조기 영어 교육, 영어 전문학원, 어학연수나 조기유학 등에 대한 맹신이 깔려 있는데, 오늘 강의를 통해 우리나라 영어 환경에서 이런 종류의 믿음이 얼마나 근거가 허약한 것인지 지적하고, 여기서 한 걸음 더 나아가 함께 건강한 대안을 모색하고자 합니다.

미국, 필리핀과는 다른 우리나라 영어 교육 환경에 대한 몰이해

영어에 'get down to earth'라는 표현이 있습니다. '현실 문제에 파고들다'라는 뜻이죠. 'down-to-earth'는 우리말로 '실제적인, 현실적인'이라는 뜻입니다. 자녀 영어 교육이든, 국가의 영어 교육 정책이든, 우리나라에서의 영어 교육을 이야기하기 위해서 꼭 가져야 할 태도라고 생각합니다. 왜냐하면 영어 교육, 특히 영어 사교육과 관련해서 우리나라의 부모들이 (심지어는 많은 학자들과 정책 담당자들도) 갖는 잘못된 믿음의 대부분이 현실에 대한 잘못된 이해에서 비롯되기 때문입니다.

그 대표적인 것이 우리나라 영어 환경의 특수성을 간과하는 것입니다. 우리나라의 영어 환경은 미국이나 영국과 같이 영어를 모국어로 사용하는 나라들은 물론이고, 인도나 필리핀처럼 모국어까지는 아니더라도 영어를 최소한 제2언어로 사용하는 나라들과도 근본적으로 다릅니다.* 다시 말해, 우리나라는 이들 나라들과는 달리 일상적으로 영어를 접할 수 있는 기회가 거의 없는 환경인 것이죠. 그렇기 때문에 자녀의 영어 교육이든 국가의 영어 교육 정책이든 계획을 세울 때 환경에서의 이러한 중요한 차이를 간과한다면, 첫 단추부터 단단히 잘못 꿰는 것입니다.

그런데 불행히도 우리나라에서는 이런 일이 개인이든 국가적 차원이든 가릴 것 없이 너무나 일상화되어 있습니다. 환경이 다르면 영어를 학습하기 위한 전략과 방법이 달라지는 것은 당연한 일인데, 안타깝게도 우리나라에서는 이런 상식적인 접근이 그동안 너무 쉽게 무시되어왔던 것이죠.

이처럼 미국, 필리핀과는 근본적으로 다른 우리나라 영어 환경에 대한 몰이해는 조기 영어 교육, 영어 전문학원, 어학연수와 조기유학, 학교 영어 교육의 역할, 의사소통 중심 실용영어 교육의 의미에 대한 이해 등 영어 (사)교육과 관련한 다양한 주제에서 잘못된 생각과 믿음을 만들어내는 출발점이 되고 있습니다.

영어 교육은 일찍 시작할수록 좋다?

그럼 한 가지씩 구체적으로 이야기를 나누어보겠습니다. 우선 조기 영어 교육의 효과에 대한 오해와 환상입니다. 최근에 우리나라

---

* 인도나 필리핀과 같이 모국어는 아니지만 영어를 제2언어로 사용하는 나라는 ESL(English as a Second Language) 환경이라 하고, 우리나라나 일본처럼 일상생활에서 영어를 사용할 기회가 전혀 없는 나라는 EFL(English as a Foreign Language) 환경이라고 따로 분류합니다.

대다수의 부모들은 자녀의 영어 교육은 '일찍 시작하면 일찍 시작할수록 좋다'는 생각을 가지고 있습니다. 그래야만 우리말을 배우듯이 자연스럽게 영어도 '습득'할 수 있다고 믿기 때문이죠. 자녀 영어 교육에 조금이라도 관심이 있는 부모라면 자녀의 영유아 시절, 심지어는 뱃속에서부터 하루에 30분 정도 영어를 들려주는 것은 부모(주로 엄마)의 당연한 도리(?)라고 인식할 정도입니다. 경제적으로 부담이 되어서 그렇지 여건만 된다면 자녀가 6~7세가 되었을 때 1~2년 정도 유아 영어 전문학원(이른바 '영어 유치원')*을 보내는 것은 필수라고 생각합니다.

그러나 이런 노력은 과연 얼마나 효과가 있을까요? 전문가들의 한결같은 지적은 한마디로 별 효과 없이 부모와 자녀 모두 지치기만 할 뿐이라는 것입니다. 이는 앞에서 지적한 우리나라의 영어 환경에 대해 조금만 생각해보면 쉽게 이해할 수 있습니다. 미국의 아이들은 '영어 울타리' 안에서 시간을 보내지만 우리 아이들은 '한국어 울타리' 안에서 시간을 보내기 때문에, 비유하자면 애써서 영어라는 씨를 뿌리지만 이 씨가 뿌리를 내리고 꽃을 맺기엔 환경이 너무 척박해 결실이 없는 것입니다. 그렇다고 해서 이런 환경을 극복하자고 하루에 몇 시간씩 영어 비디오를 보여줄 수도 없는 노릇입니다. 이렇게 무리하게 영어에 노출을 시키면 '과잉 학습장애'와 같은 부작용

---

* '영어 유치원'은 사실상 유치원으로 허가된 기관이 아니라 외국어 학원으로 등록되어 있는 기관이기 때문에 유치원이라는 명칭은 적절하지 않습니다. 그럼에도 불구하고 영유아 대상 영어 전문학원은 최근까지 영어 유치원이라는 이름을 통칭해서 사용했으나, 2011년 교과부가 유아교육법 개정을 통해 영어 유치원이라는 명칭을 더 이상 사용할 수 없도록 단속규정을 명문화했습니다.

이 우려되기 때문이죠. 전일제로 운영되는 유아 영어 전문학원('영어유치원')도 마찬가지죠. 오죽하면 소아정신과 의사들 사이에서 '영어유치원이 한 곳 생기면, 소아정신과가 한 곳 늘어난다'는 농담이 돌 정도라고 하잖아요. 한마디로 과하면 부작용이 우려되고 적당히 하는 것은 별 효과가 없습니다. 이와 관련하여 김혜영 중앙대 영어교육과 교수는 '사교육걱정없는세상'이 주최한 토론회에서 조기 영어 교육의 효과에 대해 이렇게 지적했습니다.

> "우리나라와 같은 경우에서는 이 시기에 배운 영어는 대부분 다 잊어버립니다. 오히려 너무 일찍 시작한 영어 때문에 아이와 부모 모두 지치기만 할 뿐이죠. 부모가 불안해서 영어 노래나 동화를 들려줄 수 있을지는 몰라도 영어에 친밀감을 갖게 하는 효과 정도지, 영어 실력으로 쌓일 것이라는 기대는 하지 말아야 합니다."

반복해서 강조하지만 언어를 사용하는 환경이 다르면 당연히 목표 언어를 학습하기 위한 전략과 방법도 달라져야 합니다. 미국이나 필리핀, 인도처럼 영어를 일상적으로 접할 기회가 많은 나라에서는 영어를 배우는 '시작 시기'가 중요할 수 있지만, 우리나라와 같은 환경에서는 일찍 시작하는 것보다 오히려 충분히 모국어가 발달되고, 이해력과 인지 수준, 영어 학습에 대한 동기가 어느 정도 갖춰졌을 때 시작하는 것이 훨씬 효과적입니다. '시작 시기'는 중요한 변수가 아닌 것이죠. 겨우 짝짜꿍이나 할 때부터 영어를 몇 년씩 접했다고 해도 그 기간 동안 얻을 수 있는 영어 실력을 초등 1~2학년 정도에는 6개월 정도면 충분히 습득할 수 있습니다. 초등 1~2학년에 6개월 정도 걸린다면, 3~4학년 때에는 2~3개월이면 될 테고요. 이는 상식이 있는 어른이라면 조금만 생각해봐도 쉽게 알 수 있는 사실입니다.

조기 영어 교육은 교육적으로 올바르다고 할 수 없지만, 그것을 따지기 이전에 영어 학습의 효율성 측면에서만 봐도 전형적인 '고비용, 저효율'의 학습 방법인 것이죠. 결론적으로 말씀드리면, 우리나라에서 영어 교육은 '조기早期 교육'보다 '적기適期 교육'이 효과적이고 중요합니다. 이제 부모와 아이를 괴롭히기만 하는 조기 영어 교육에 대한 근거 없는 오해와 맹신에서 제발 벗어났으면 좋겠습니다.

영어 전문학원을 다니면 될까?

그렇다면 영어 전문학원을 다니는 효과는 어떨까요? 이와 관련해 짧지만 재미있는 얘기가 있습니다. 주로 취학 전 아동과 초등학생을 대상으로 하는 유명 영어 전문학원에서 10년 넘게 영어를 가르치셨던 김채현 선생님이 자신의 책에서 소개한 내용인데, 한번 들어보세요. 김채현 선생님은 저희가 영어 전문학원의 실태를 파악하는 데 결정적인 도움을 주신 분이기도 합니다.

학생 : "선생님, 저는 1년이나 영어를 배웠는데 왜 이렇게 영어를 못하죠?"

선생님 : "준희야, 너 일주일에 영어를 몇 시간이나 공부하지?"

학생: "음, 학원에서 일주일에 80분씩 세 번이요."

선생님: "그거 총 몇 분인지 계산해봐."

학생: "일주일에 240분이요."

선생님: "그럼 한 달에 960분이지. 시간으로 따지면 한 달에 16시간이야. 일 년이면 192시간이 되는데, 이걸 날짜로 따지면 며칠이나 될까?"

학생: "192시간을 24시간으로 나누면…… 애걔, 8일밖에 안 돼요."

선생님: "그렇지 1년을 배운 것 같지만 실제로는 영어를 8일밖에 사용하지 않은 거야. 그것도 80분 동안 딴 짓 안 하고 오로지 영어로만 떠들었을 때야. 실제 1년 동안 영어로 말한 시간은 많아야 4~5일 정도밖에 안 될걸."

영어를 잘하기 위해서는 결국 지속적으로 영어에 노출되고 사용할 기회를 갖는 것이 중요한데, 그렇다면 위의 대화에서 드러나듯이 영어 전문학원을 '다니고 안 다니고'의 문제는 결정적인 변수가 아니라는 것이죠. 그런 이유 때문에 눈앞의 욕심을 채우기 위해 아직 영어 학습에 대한 의지와 동기가 높지 않은 초등학생(또는 중학생) 자녀를 '빡세게' 영어를 공부시키는 영어 전문학원에 보내는 것은 당장 조금 앞서나가는 단기적인 효과를 거둘 수 있을지는 모르지만, 좀 더 길게 본다면 결코 현명한 선택이라고 할 수 없습니다.

예를 들어, 주로 초등학생을 대상으로 하는 한 유명 영어 전문학원의 방학 중 프로그램 선전 문구를 보면, '1만 시간을 향한 학습 로

드맵 프로그램'이라고 강조하고 있었습니다. 자기네 학원을 다니면 방학 중에 1만 시간의 학습량을 채워주겠다는 것이죠. 저는 이건 거의 아동 인권 차원에서 접근해야 할 문제라고 생각합니다. 최근에 본 가장 황당한 내용은 초등학생 대상 영어 전문학원에서 CNN 청취 프로그램을 운영하는 것이었습니다. 프로그램 이름이 'CNN for Kids'였는데, 도대체 뉴스 채널 방송인 'CNN'이라는 말과 어린아이를 뜻하는 'Kids'라는 말이 서로 연관성이 있나요? 여러분들도 지금은 웃으실지 모르지만, 아마 일상으로 돌아갔을 때 막상 옆집 아이가 CNN 청취 학원에 다닌다는 이야기를 듣게 된다면 불안해하실지 모릅니다. 하지만 이건 대단한 착각입니다. 'CNN for Kids'같이 학생의 기본적인 인지 발달 수준조차 무시하고 만들어진 프로그램에 자녀의 방학을 빼앗기는 것은 정말 비싼 돈 들여가면서 아이를 망치는 겁니다. 그런데 부모님들에게 인기가 높은 유명 영어 전문학원일수록 대체로 이런 종류의 프로그램을 운영하고 있습니다. 그러니까 아까 보신 것처럼 '빅3' 영어 전문학원에 들어가기 위해 초등학생이 재수, 삼수를 한다는 이야기가 나오는 것이죠.

  물론 영어 실력을 키우기 위한 하나의 방안으로 영어 전문학원의 도움을 받을 수는 있습니다. 하지만 아이들의 흥미와 체험보다는 숙제를 많이 내주고 지나치게 높은 수준의 선행학습을 강요하는 이런 종류의 영어 전문학원은 피하는 것이 좋습니다. 초등학생 시기의 자녀 영어 교육 목표는 영어 실력을 상당한 정도의 수준까지 '완성'하는 것이 아니라, 영어에 대한 흥미와 동기를 유지하고 혼자 공부할 수 있는 기초 습관을 마련해주는 것이 되어야 합니다.

해외 영어캠프, 단기 조기유학을 다녀오면 될까?

해외 영어캠프나 단기 조기유학에 대해서도 좀 살펴보죠. 요즘 해외 영어캠프는 방학을 이용해 3~4주 정도의 프로그램을 진행하면서 수백만 원을 받습니다. 영어 실력 향상을 목적으로 주로 초등학교 고학년 시기에 1~2년 정도 다녀오는 조기유학에 드는 비용은 말할 것도 없고요.

해외 영어캠프나 조기유학의 효과에 대해서도 역시 상식적으로 생각해보면 쉽게 판단할 수 있습니다. 대학생을 비롯해 성인들은 연수나 유학을 가면 수업 외 시간에도 '영어의 바다'에 빠져보겠다면서 곳곳을 돌아다니잖아요. 하지만 아직 나이가 어린 아이들은 그렇게 풀어놔둘 수가 없습니다. 안전 문제가 있으니까 당연히 그렇겠죠. 그래서 아이들이 접할 수 있는 원어민은 수업 시간에 만나게 되는 선생님이 거의 전부입니다. 게다가 동기부여가 충분히 되지 않은 어린아이들은 수업 시간에도 같은 나라 아이들끼리 앉아서 떠들기 일쑤죠. 이는 비단 우리나라 학생들만 그런 것이 아니에요. 이런 모습은 제가 몇 년 전에 호주에 영어 교사 연수를 갔을 때 생생하게 목격했습니다.

점심시간에 매점 같은 곳에 나가보면 방학을 이용해 호주에 어학연수를 온 우리나라 초등학교 5~6학년 아이들이 자기들끼리만 모여서 우리말로 신나게 떠들고 있는 것을 흔히 볼 수 있었거든요. 아이들이 잘못했다는 이야기가 아닙니다. 성인이야 영어 공부에 대한 절실함이 있으니까 이런저런 불편함을 감수하더라도 같은 한국 사람을 오히려 멀리하면서 영어 사용 기회를 조금이라도 늘리기 위해 애쓰겠지만, 어린아이들이 굳이 그럴 필요를 느끼겠어요? 당연히 못 느끼죠.

그 기관에서 영어를 가르치는 원어민 교사의 이야기도 들어봤는데, 각국에서 온 초등학생으로 구성된 반을 가르치는 것이 가장 힘들대요. 대신 한국에서 온 저희 같은 영어 선생님들을 가르치는 건 정말 편하고 좋다고 하더군요. 영어 선생님들은 말을 잘 듣기 때문에 가르치기가 좋다는 것이죠. 수업 시간에 영어만 쓰라고 하면 영어만 쓰고 원어민 교사에 대한 예의도 깍듯하니까요. 하지만 초등학교 아이들은 한국, 중국, 일본 등에서 온 다양한 국적의 아이들이 나라별로 모여 수업 시간에도 자기 나라 말로 막 떠든다는 거예요. 아이들이 다 그렇지 않겠어요?

그러다 보니 무리해서라도 비싼 돈을 들여서 자녀를 보낸 부모의 기대와는 달리, 실상은 우리나라에서 원어민이 있는 학교의 방과 후 교실이나 영어 학원에 다니는 것과 별반 차이가 없게 되는 것이죠. 혹시 자녀를 해외 영어캠프나 조기유학을 꼭 보내주고 싶은데 경제적 여력이 없어서 부모로서 괜한 자책감 같은 것을 그동안 느끼고 계셨다면 지금 이 순간부터는 전혀 그러실 필요 없습니다. 반대로 경제적 여력이 돼서 해외 영어캠프나 조기유학을 보낼 계획이었다면, 다시 한 번 생각해보세요. 그 돈으로 가족 여행을 가거나 다른 좋은 계획을 세워보는 것이 자녀는 물론이고 가족 모두를 위해 훨씬 도움이 될 것입니다.

학교 영어 수업 시수를 늘리면 될까?

개인의 선택 영역은 아니지만 국가가 학교의 영어 수업 시간을 늘리는 것에 대해서는 어떻게 생각하세요? 최근에 초등학교의 영어 시수를 한 시간씩 늘렸죠. 그래서 이제 초등학교 3~4학년은 주당 2시간, 5~6학년은 주당 3시간의 영어 수업을 하고 있습니다.

여기서 살펴볼 만한 재미있는 사실은 핀란드, 덴마크, 독일, 네덜란드, 스웨덴 같은 유럽 국가들의 연간 영어 수업 시간을 보면 우리나라와 큰 차이가 나지 않는다는 점입니다. 그런데 예를 들어 핀란드나 스웨덴 같은 나라들은 우리와 수업 시간이 비슷한데도 불구하고 국민들의 일반적인 영어 능력은 우리보다 월등하죠. 심지어 스웨덴은 우리보다 오히려 영어 수업 시간이 더 적기까지 합니다.

그렇다면 왜 이런 차이가 나타날까요? 여러 가지 이유가 있겠지만, 이와 관련해 이병민 교수님께서도 앞선 강의에서 강조해주셨듯이 언어학자 밴 리어 Van Lier의 말은 특히 주목할 필요가 있습니다. 그는 이렇게 말했어요.

"학교 수업의 형태로 이루어지는 언어 학습의 경우, 그것이 하루에 한 번이나 또는 그 이상 빈번하게 이루어지더라도, 그게 유일한 경우라면 언어 발달은 거의 일어나지 않는다."

다시 말해서, 일주일에 한 번 또는 두세 번 수업 시간을 통해 배우는 영어가 전부라면 언어 발달은 일어나기 힘들다는 얘기입니다. 이게 어느 나라 상황이죠? 바로 우리나라 상황입니다. 그에 비하여 핀란드나 스웨덴 같은 국가들은 우리와 똑같이 영어를 외국어로 배우는 환경임에도 불구하고 우리에 비해 사회적으로, 그리고 문화적으로, 수업 시간 이외에 영어를 일상적으로 접할 수 있는 기회가 훨씬 많습니다. 바로 이러한 차이가 국민들의 일반적인 영어 능력의 격차를 만들어낸 핵심적인 원인이라고 볼 수 있습니다. 이러한 해석은 밴 리어가 '언어의 습득은 수업 중during lesson에 일어나는 게 아니라 수업 간between lessons에 일어나는 것 같다. 교실 수업이 잘돼도 그렇다'고 강조한 내용과도 일맥상통합니다.

따라서 학교의 영어 시수를 한두 시간 늘리는 것은 물론 늘리지 않는 것보다야 낫겠지만 역시 우리나라 환경에서 영어 교육의 성패를 결정짓는 핵심적인 요소는 아니라고 볼 수 있습니다. 사실 시수를 늘린다고 해도 연간 시수로 따졌을 때 1년에 34시간 늘어나는 것에 불과하거든요. 밴 리어의 지적을 따르자면, 핵심은 학습자가 '수업 간between lessons'에, 즉 일상에서 영어에 노출되는 시간과 사용 기회를 스스로 확대할 수 있도록 학교를 비롯한 공교육 기관이나 부모가 어떻게 도울 것인가와 관련이 있습니다. 물론 앞에서 강조한 것처럼 그런 노력은 '조기早期' 아닌 '적기適期'에 이루어져야 하고요. 지금은 일단 여기까지만 말씀드리고 '수업 간'에 어떤 방식을 통해 영어에 노출되고 영어를 사용할 기회를 늘릴 수 있을지에 대해서는 뒷부분에서 다루도록 하겠습니다.

의사소통 중심의 실용영어 교육 = 일상적인 영어 회화 구사 능력?

우리 사회 환경이 급격하게 변화함에 따라 회화 중심 실용영어 교육의 중요성이 점점 커지고 있는 것은 분명한 사실입니다. 하지만 그렇다고 하더라도 우리나라 같은 상황에서는 여전히 영어를 실제로 사용할 기회가 많지 않기 때문에 실용영어 능력을 단순히 '일상적인 회화 구사 능력' 정도로만 인식하는 것은 곤란합니다.

우리나라 영어 교육의 문제점을 이야기할 때 가장 대표적으로 언급되는 말이 '학교 영어 교육 10년을 받았는데, 말 한 마디 제대로 못한다'입니다. 그렇다면 반대로 영어 회화 책에 나오는 이런저런 상황 표현을 잘 구사하면 학교 영어 교육의 목표가 달성된다는 이야기가 되는데, 정말 그런 걸까요? 예를 들어, 전 국민이 길을 물어오는 외국인에게 영어로 길을 잘 가르쳐줄 수 있으면, 혹은 해외여행을 갔다가 식당에 들어가서 영어로 음식을 주문할 수 있으면, 개인의 삶의 질이나 국가의 경쟁력이 높아지게 될까요? 그렇지는 않을 것 같습니다.

같은 이유로 능률영어사의 전 대표님인 이찬승 선생님은 저희 강의에 오셔서 "개인적으로 회화를 지나치게 강조하는 영어 교육에 반대한다. 그 이유는 지식 기반 사회를 성공적으로 살아가기 위해서는 독해 능력이 매우 중요하기 때문"이라고 말씀하시기도 했습니다. 지식 기반 사회에서 구글을 통해 자신의 관심 분야나 전공 분야의 수많은 지식을 영어로 검색하고 쉽게 파악할 수 있는 능력은 현재와 미래 사회가 요구하는 매우 핵심적인 역량입니다.

얼마 전에 저희 단체 연구소에 새로운 연구원이 한 분 오셨는데, 최근에 초중고 진로 교육 관련 토론회를 준비하면서 경제협력개발기구OECD를 비롯해 유럽 각국의 교육 관련 기관 홈페이지에 접속하여 영어로 된 자료들을 찾아서 읽고 있습니다. 저는 영어 선생님인데도 불구하고 그동안 국내 연구 기관의 자료들만 주로 봤었는데, 이 분이 해외 각국의 자료를 찾아서 읽고 우리 토론회와 관련 있는 핵심 내용들을 정리해나가는 것을 보면서 솔직히 놀랐습니다. 많이들 지적하는 것처럼 인터넷 상의 정보라는 게 대부분 영어로 되어 있다고 하잖아요. 2004년 글로벌 리서치의 통계에 따르면 인터넷 정보의 68.4퍼센트가 영어로 되어 있다고 합니다.

그리고 실용영어에 대한 생각과 관련해 제가 더 강조하고 싶은 이야기는 영어 교육의 진정한 목표와 관련이 있습니다. 영어 교육이 '교육'의 영역이라면 단순히 말하기, 쓰기, 듣기, 읽기와 같은 기능을 가르치는 것을 넘어서는 교육적 의미가 있어야 된다고 생각하거든요. 그렇다면 영어 교육을 통해 학습자에게 무언가 새로운 경험과 즐거움을 줄 수 있어야 하는데, 우리나라와 같은 영어 환경에서 그것은 외국인과 나누는 몇 마디 회화를 통해서가 아니라 문자(영어)로 된 다양한 정보와 글, 문학 작품 등을 접함으로써 가능해진다고 봅니다. 문자를 매개로 한 소통이 오히려 직접적인 대면을 통한 소통보다 더 중요한 것이죠.

그래서 의사소통의 개념을 단순하게 외국인과의 일상적인 대화를 나누는 것 정도로 제한할 것이 아니라, 개인의 필요와 관심사에 따라 다양한 분야의 정보, 문학 작품, 다른 문화 등과 접촉하며 그런 방식의 소통을 통해 자신의 삶과 사고의 폭이 더욱 확장되고 풍요로워지는 경험을 체험하는 것 역시 넓은 의미에서 그리고 진정한 의미에서의 의사소통이라고 봐야 합니다.

일상적인 의사소통 차원에서도 그냥 길을 물어보거나 물건을 사는 정도의 수준에서 대화를 마칠 게 아니라면 단순한 언어 기능보다 더욱 중요한 요소가 '말하고자 하는 내용'입니다. 의미 있는 그리고 지속적인 의사소통, 즉 '만남'을 매개하는 의사소통이 되기 위해서는 그럴듯한 발음이나 유창함보다는 말하고자 하는 내용과 진정성이 더욱 중요하고, 상대방과의 공감대 같은 것이 훨씬 중요하기 때문입니다.

여러분도 한번 생각해보세요. 같은 한국 사람끼리라고 무조건 대화가 잘 통하지 않잖아요. 가까운 사이도 오랜만에 만났을 때는 공유할 주제가 없어서 대화가 잘 이어지지 않을 수 있고, 만약 대화 상대가 마음에 들지 않는다면 아무리 그 사람의 화술이 뛰어나다고 해도 더 이상 대화하고 싶지 않은 것처럼, 영어로 의사소통을 할 때도 마찬가지라는 거죠. 다시 말해서 '어떻게 말할지 how to say'보다 '무엇을 말할지 what to say'가 훨씬 중요한 것입니다. 그렇기 때문에 지금은 옆집의 초등학생이 영어를 엄청나게 잘하는 것처럼 보일지 모르지만, 결국에는 그 나이의 생각이나 경험의 수준을 뛰어넘을 수 없기 때문에 분명한 한계는 있는 것입니다.

언어는 결국 그 사람의 생각과 경험치를 담는 그릇이잖아요. 하지만 지금 우리 부모들이 도대체 이런 생각을 하나요? 이런 생각은커녕 영어는 단순히 기능이라고 생각해서 무조건 일찍 시작하고 무조건 많이 하면 되는 걸로 생각하잖아요. 그러니까 조기 영어 교육 열풍이 불고 아까 보여드린 것과 같은 몰상식한 수준의 '빡센' 영어 전문학원이 성행하는 것이죠.

이와 관련해서 얼마 전에 제 아들과 나눈 대화를 소개해드릴게요. 제 아들이 이제 초등학교 5학년인데, 학교 수업 이외에 영어를 그동안 거의 안 했거든요. 그래서 저도 좀 걱정이 돼서 학교 영어 수업과 주변 아이들의 영어 수준에 대해 물어봤는데 아들의 대답이 아주 인상적이었습니다. 그때 나눈 대화의 내용이 대충 이렇습니다.

아빠: "세중아, 영어 수업 시간에 따라가기 어렵지 않아? 원어민 선생님이 하시는 말씀을 잘못 알아듣거나 해서 말이야."

아들: "아니, 별로 어렵지 않은데."

아빠: "그래? 그럼 다행이네. 그런데 너희 반에도 영어 잘하는 애들은 있지?"

아들: "아니, 없는데."

아빠: "왜 없지? 그래도 어려서부터 학원 같은 데 오래 다녀서 영어 잘하는 애들이 있지 않아?"

아들: "에이~ 아빠, 초등학생이 영어를 잘해봤자, 다 거기서 거긴데 뭐."

제 아들이지만 훌륭하다는 생각을 했습니다. 지금은 서로 비교하다 보니 옆집 애가 우리 애보다 훨씬 잘하는 것처럼 느껴지고 그래서 불안하지만, 사실 초등학생의 영어 실력이란 게 진짜 거기서 거기거든요. 그러니 조기 영어 교육이니, 영어 전문학원이니 하는 데 너무 흔들리지 마시고, 지금 우리 아이가 성장을 위해 정말 필요한 것이 무엇인지를 잘 생각해보는 것이 길게 보면 영어 공부를 위해서도 더 효과적입니다. 물론 영어 공부를 하다 보면 하루에 몇 시간씩 2~3년 정도 영어에 집중하는 시간은 분명히 필요합니다. 그런데 그 시기가 초등학생 때는 아닌 것이죠. 저는 중학생 시기도 아직 이르다고 생각합니다.

어쨌든 언어에 담는 내용이 중요하고, 그 내용은 말하는 사람의 인지 발달과 경험 수준을 뛰어넘을 수 없다는 점을 강조하고 싶습니다. 그렇기 때문에 조금만 길게 보면 영어를 잘하기 위해서라도 초등학교를 비롯한 어린 시기에는 영어 선행학습에 시간과 에너지를 지나치게 빼앗기기보다는 다양한 책을 읽고 경험을 쌓는 것이 오히려 더 중요한 것입니다. 저희 포럼과 강좌에도 여러 차례 나와주셨던 쑥쑥닷컴의 영어교육연구소 소장 홍현주 박사님도 이런 말씀을 하셨죠.

"사고방식, 문화적 이해, 배경지식이 녹아 들어가 언어로 발현되는 것이어서 날마다 실제로 영어를 듣고 구사하는 환경에 있지 못한 우리로서는 일종의 준비 작업처럼 머릿속에 지식을 쌓아두는 것이 매우 중요하다. 그러나 이것을 오해해서 또 다른 분야의 선행학습이 필요하다고 생각해서는 곤란하다. 단지 아이의 인지 수준에서 알아두면 좋은 분야의 지식과 정보를 알게 도와주자는 뜻이다. (……) 초등학교에서 배우는 영어는 궁극적으로 성인이 되었을 때 필요한 생존 도구를 위한 예비 단계이다. 공연히 어려운 어휘를 외우고 써먹지 않아 곧 잊어버리는 것보다는 좋은 책 한 권 더 읽고 좋은 전시회 한 번 더 가보는 것이 영어 공부를 위해서는 더 도움이 된다. (……) 영어를 모국어로 쓰는 사람의 입장에서 보면 결국 그 학생이 알고 있는 바가 무엇이냐가 핵심이다."

이와 관련된 적절한 비유 한 가지만 더 말씀드리고 이 이야기는 맺겠습니다. 만약 컵이 두 개가 있는데, 하나는 비어 있고 다른 하나에는 얼음이 꽉 차 있다고 생각을 해보세요. 그렇다면 물을 부었을 때 어느 쪽이 먼저 넘칠까요? 당연히 얼음이 들어 있는 쪽이 먼저 넘치겠죠? 말하자면 이 얼음이 바로 영어 교육 이전에 쌓인 우리말 독서라든가 다양한 경험 등일 수 있습니다.

'멍 때리는 기술'만 길러주는 선행학습

지금까지 말씀을 드리기는 했지만 과도한 사교육, 특히 선행학습의 문제에 대해서는 좀 더 이야기를 드리고 싶습니다. 자, 이런 책 제목들을 보세요.

'수학이 대학을 결정하고, 영어가 평생을 좌우한다'

'이인혜의 꿈이 무엇이든 공부가 기본이다'
'민성원의 엄마는 전략가'
'아이는 99% 엄마의 노력으로 완성된다'

어떠세요? 마음이 서늘해지시죠? 이 제목들이 부모에게 주는 메시지는 '영어가 자녀의 평생을 좌우할 정도로 무지무지하게 중요하니까, 모든 것에 우선해서 무조건 공부를 해야 한다. 그런데 자녀가 공부를 잘하고 못하고는 결국 엄마에게 달려 있다' 뭐 대충 이런 얘기거든요. 그러다 보니 엄마가 학습 매니저로서 자녀 교육에 나서게 되고, 급기야 학교의 교육 과정은 무시하고 옆집 엄마와 학원 등과 협력해 새로운 교육 과정을 만들어내기에 이른 겁니다.

대표적인 경우가 영어인데, 예를 들어 영어 사교육에 대한 관심이 높은 지역에 가면 학교 교육 과정은 완전히 무시하고 초등학교 6학년까지는 중3 수준, 중학교 3학년까지는 고3 수능 1등급 수준까지 끝내야 한다는 이야기를 엄마들끼리 한단 말입니다. 일종의 '엄마표 영어 교육 과정'인 셈이죠. 그러니까 부모도 힘들어지는 거예요. 그냥 학교에 맡기고 학교의 교육 과정을 기본적으로 쫓아가면서 모자란 것을 보충해주거나 좀 더 하고 싶은 것을 도와주면 별 고민을 할 필요가 없는데, 학교의 교육 과정과는 완전히 별개로 자녀 영어 교육 계획을 짜다 보니 '언제부터, 어떤 교재를 가지고, 어느 학원에서' 등등 이런저런 의사결정을 해야 할 것도 많아지는 거죠. 그러다 보니 그만큼 정보도 더 많이 필요하게 되고 부모가 직접 시킬 수는 없으니까, 옆집 엄마와 학원 등에 점점 더 의존할 수밖에 없는 것입니다. 그러면서도 여전히 확신은 없으니까 계속 불안한 마음을 떨쳐내지는 못하고요. 결국 악순환의 고리에 빠지게 되는 거죠.

아이들은 어떨까요? 아래 그래프를 보시면 위쪽의 검은 선이 엄마의 로드맵이에요. 남들보다 일찍 시작해서 초등학교, 중학교 때 미리 영어를 끝내놓고, 고등학교부터는 실력을 유지하면서 다른 과목에 집중한다는 거죠. 하지만 아이의 생각은 그렇지 않죠. 아래쪽의 파란 선이 나타내는 것처럼 지금은 특별한 필요를 못 느끼겠고 고등학생 이후, 대학생이 되었을 때 자신이 정말 필요하다고 느낄 때 하겠다는 것이죠.

하이스트 대입연구소장으로 계셨던 이해웅 선생님이 저희 강의에 오셔서 명언을 남기셨는데, 이렇게 부모가 생각하는 로드맵과 자녀가 생각하는 로드맵 사이에 간극이 발생하면서 아이들은 점차로

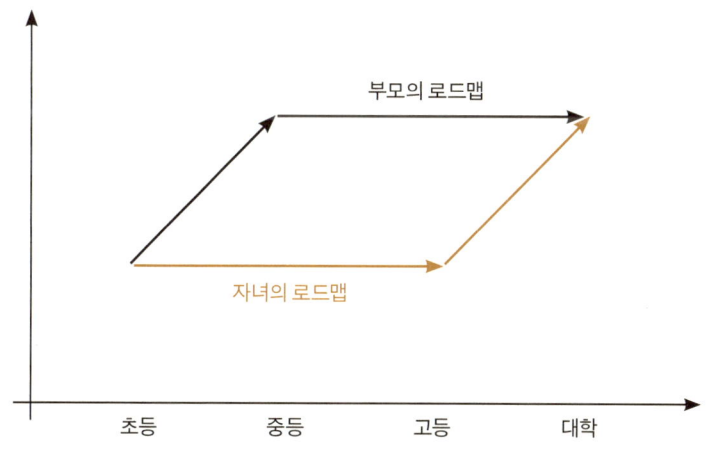

'멍 때리는 기술'을 개발하기 시작한다는 거예요. 부모가 시키니 학원에 안 갈 수는 없고, 그렇지만 힘도 들고 특별히 고생을 감수하면서도 꼭 해야겠다는 동기나 의지도 없으니까 학원에 앉아서 멍하고 있는 거죠. 사실 아이들 입장에서 생각해보면 아침에 시작된 학교 수업부터 저녁 늦게까지 계속되는 학원 수업까지 하루 종일 집중을 할 수는 없으니까 그렇게라도 신체적·정신적 에너지를 유지하는 것이 당연하다는 생각도 한편 듭니다.

이렇게 간극을 발생시키는 영어 선행학습의 가장 대표적인 예가 유아 영어 전문학원(이른바 '영어 유치원')일 텐데요. 동덕여대 우남희 교수팀이 공동육아 어린이집에 다니는 아이들과 유아 영어 전문학원에 다니는 아이들의 창의력을 비교하는 검사를 실시했는데, 공동육아 어린이집에 다니는 아이들의 언어 창의력과 도형 창의력이 유아 영어 전문학원에 다니는 아이들에 비해 훨씬 높게 나왔다고 합니다.

우남희 교수님은 저희 단체에 오셔서 강의를 해주신 적도 있는데, 저는 그때 들은 이야기가 더 기억에 남습니다. 창의력 검사 결과도 결과지만 두 집단의 아이들은 검사를 대하는 태도 또한 달랐다고 합니다. 공동육아 어린이집에 다니는 아이들은 검사를 마치 놀이를 하듯 신나서 하고 다시 자기들끼리 놀기 위해 뛰어나가는데 비해서 유아 영어 전문학원에 다니는 아이들은 검사를 마치 시험을 대하듯이 짜증과 스트레스를 받아가면서 하더라는 거예요. 이런 차이는 창의력 검사 결과와 같이 수치로 드러나지는 않지만 오히려 훨씬 더 중요한 문제를 보여준다고 생각합니다. 유아 영어 전문학원에 대해서는 소아정신과 의사이고 신문에 칼럼도 쓰시는 서천석 선생님이 어느 칼럼에서 이렇게 지적하셨어요.

"여섯 살, 일곱 살은 아이들에게 어떤 시간일까? 인생의 이 대목에 아이들은 어떤 시간을 통과하여 무엇을 이뤄내야 하는가? 부모들은 이런 생각을 한 번이라도 하고 아이를 영어 유치원에 보냈을까? 분명 부모는 자신이 계획하는 아이의 미래와 현재의 과제에 대해 생각하느라 지금 아이에게 정작 필요한 것이 무엇인지에 대한 생각은 건너뛰었을 것이다. 아이를 바라보지만 부모는 아이를 보지 못했다. 아이에게 투사된 자기 자신의 마음만 보았다."

저는 서천석 선생님의 이 이야기가 유아 영어 전문학원에만 해당될 것이라고 생각하지 않아요. 강도 높은 학습량과 수준을 강요하는 영어 전문학원, 방학을 온전히 빼앗아가는 학습 중심의 캠프 등 주변에서 영어 교육이라는 이름으로 행해지는 수많은 프로그램들 역시 마찬가지라고 봅니다. 아이를 위한다고 했지만, 사실 냉정하게 말하면 부모의 욕심과 불안만 앞선 것이죠. 최근에는 대입 재수생을 대상으로 했던 기숙학원 방식의 프로그램이 방학을 이용해서 중학생들에게까지 번지고 있다고 하잖아요. 초등학교, 중학교 시기에 공부와 관련하여 어떤 경험을 하고 어떤 기억을 갖게 되는지가 평생에 걸쳐서 아주 중요한 자산이 되는 법인데 현재의 사교육, 특히 강도 높은 선행학습 관행은 이런 방향을 정면으로 거스르고 있습니다.

"제 영어 학습 경험을 한마디로 요약하면 '상황대응형'입니다."

서울대학교와 대학원에서 영어 교육을 전공하고 저희 영어사교육 포럼의 연구원으로 잠시 일을 돕다가 지금은 캐나다에서 영어 교육 박사 과정을 밟고 있는 장인철 선생님이라는 분이 계신데, 이분은 아주 전통적인 우리나라 방식으로 영어 공부를 한 분이거든요. 그래서 제가 여러분에게 소개를 하고 싶어서 자신의 영어 공부 히스토리를 써서 보내달라고 부탁을 드렸더니, '제 영어 학습 경험을 한마디로 요약하면 상황대응형입니다'라는 제목으로 글을 보내주셨습니다. 조금 긴 글이지만 앞에서 제가 말씀드린 이야기의 전체적인 내용과 맥락을 아주 잘 요약하는 글인 것 같아서 소개해드립니다. 저는 이 글을 읽고 정말 감동 받았거든요.

"그래서 지금 제 영어 실력이요? 솔직히 제 주변에 비슷한 공부를 하는 유학생들보다 영어를 잘하지는 못해요. 캐나다에 와서 종종 외국인들이 제 말을 못 알아듣기에 발음 교정 수업을 찾아가서 듣기도 했어요. 수업 시간에 주도적으로 참가하기가 힘들어 학술적 영어 회화 수업도 따로 듣고 있고요. 이 모든 프로그램을 비원어민 학생을 위해 학교에서 무료로 제공해주고 있습니다. 그래도 여전히 수업 시간에 종종 무슨 말인지 못 알아듣기도 하고 원어민보다 글을 쓰는 데 오랜 시간이 걸리기도 합니다. 하지만 그만큼의 고생과 수고는 제가 감당해야 할 몫이라고 생각합니다. 물론 어렸을 때 더 좋은 영어 교육을 받아서 지금 영어를 더 잘한다면 좋겠지만, 저는 그 시간에 아마 다른 경험을 했을 터이고 그것이 지금의 저를 있게 만든 중요한 바탕이 되었다고 믿거든요.

재미있는 것은 영어 능력은 조금 떨어질지 모르지만 영어를 배우는 비원어민으로서의 경험이 종종 지금 제가 공부하고 있는 영어 교육 연구에 중요한 통찰을 제공해주기도 한다는 점입니다. 박사 과정 원서를 넣을 때 자기소개서와 학업계획서를 쓰는데 제 삶에서 느꼈던 것을 향후 학업계획과 연결시켜서 썼던 것이 지도교수에게 신선하게 느껴졌던 모양입니다. 아주 자연스럽게 영어를 배운 사람들은 알지 못하는 것이기 때문에 그랬던 것 같아요.

가끔 생각해보면 저같이 경상도 영어를 사용하는 사람이 영어 교육을 전공하고 학비를 받으면서 외국에서 공부하는 것이 참 신기해요. 저도 영어 때문에 스트레스를 참 많이 받았고 지금도 받고 있지만, 바꿔 생각하면 어쩌면 저의 이 영어 실력이 지금 저에게 요구하는 그 이상, 그 이하도 아닌 바로 그만큼의 실력이 아닐까 합니다. 그리고 현재 영어권 국가에서 유학 생활을 하는 상황이라 저에게 전과 다른 영어 공부의 또 다른 과제들이 주어졌고 이 일들을 거치고 나면 제 영어 실력은 또 향상되어 있겠죠. 그래서 늘 그랬지만 제 영어 공부는 상황이 닥치면 (혹은 다가올 상황이 예상되면) 거기에 저를 믿고 맡기는 것입니다. 주위에 제가 이용할 수 있는 자원들이 무엇이 있는지 살펴보고 잘 활용하면서요.

그리고 제가 지금 제일 경계하는 것은 나와 다른 사람들과의 비교 혹은 그것으로 오는 상실감입니다. 바로 대학교 입학 당시 제가 느꼈던 그래서 영어를 멀리했던 이유거든요. 오늘도 저는 경상도 영어로 원어민 동료와 교수님에게 주절주절 이야기를 하고 있습니다. 저의 생각과 진심을 알아주는 것은 어쩌면 이제 듣는 이의 몫입니다."

장인철 선생님의 이야기를 들어보면 자녀의 영어 교육 때문에 지나치게 조급해할 필요 없겠다는 생각이 들지 않나요? 장인철 선생님은 그야말로 전통적인 우리나라 방식으로 영어 공부를 했잖아요. 물론 그래서 나중에 고생을 좀 하긴 했지만, 그래도 결국에는 자신의 필요에 따라 요구되는 만큼의 영어 실력은 충분히 갖추게 되었고요. 사실 우리나라 영어 환경에서는 아주 특별한 경우를 제외하면 현실적으로 원어민 native speaker 수준의 영어를 구사하는 것은 불가능합니다. 원어민 수준의 영어를 구사하고 싶다면 어렸을 때 이민을 가는 방법밖에 없어요. 그렇기 때문에 우리나라에서 영어 공부의 현실적인 목표는 '잘 훈련된 영어 구사자 a well-trained speaker of English' 정도가 되는 것이 맞습니다. 그리고 만약 목표를 그렇게 잡는다면 그 정도의 목표를 달성하는 것은 '시작 시기'와 상관없이 언제든지, 장인철 선생님의 표현대로 하면 '상황이 닥치면(혹은 다가올 상황이 예상되면)' 본인의 노력 여하에 따라 충분히 가능합니다.

장인철 선생님 이야기 중에 또 하나 눈에 띄는 것은 비원어민으로서의 경험이 전공 관련 논문을 준비하는 데 오히려 원어민은 가질 수 없는 통찰력을 제공했다고 말한 부분인데요. 이 이야기는 제가 강조했던 '어떻게 말할지 how to say'보다 '무엇을 말할지 what to say'가 중요하다는 이야기와 정확히 맥을 같이합니다. 그와 관련해서 어렸을 때 더 좋은 영어 교육을 받아서 영어를 지금보다 잘할 수 있다면 좋겠지만, 그 시간에 자신은 다른 경험을 했을 터이고 그것이 지금 자신을 이루고 있는 중요한 자산이 아니겠냐는 장인철 선생님의 이야기가 마음에 오래 남습니다.

자녀 영어 교육의 시기별 목표는?

지나친 영어 선행학습이 효율적이지 않고 바람직하지도 않다는 말씀을 드렸습니다. 그렇다면 자녀 영어 교육의 시기별 목표는 어떻게 세우는 것이 좋을까요? 초등학교 저학년, 초등학교 고학년, 중학교, 고등학교, 대학생 이후 성인, 이렇게 시기를 구분해서 말씀을 드려보겠습니다.

먼저 초등학교 저학년, 즉 학교에서 영어 교육을 시작하는 초등학교 3학년 이전 시기의 자녀 영어 교육에 대해서는 큰 부담을 가지실 필요 없습니다. 이 시기의 자녀 영어 교육은 마치 입학 전에 한글을 어느 정도 익히고 학교에 보내듯이, 처음 나오는 기초 어휘와 파닉스 Phonics(아이들이 단어를 읽기 위해 문자와 소리를 연결 짓는 것) 정도를 익히는 것으로 충분합니다. 물론 지금도 한글을 가르치지 않고 학교에 입학을 시키는 분들이 있는 것처럼, 이것도 시키지 않아도 되지만 대개의 경우는 그 정도로 강심장(?)은 아닐 테니까 자녀 영어 교육에 대해서도, 한글을 대충 익히고 초등학교에 입학하는 정도로 생각하자는 겁니다.

기초 어휘와 파닉스를 익히는 방법은 각 가정의 상황에 따라 다를 수 있겠죠. 집에서 직접 가르치는 분도 있을 것이고, 아니면 학습지나 영어 학원을 적당히 활용하실 수도 있을 테고요. 참고로 EBSe(www.ebse.co.kr) 사이트에 가시면 '앨리스의 원더가든Alice's Wondergarden'이라는 파닉스 프로그램이 있는데 프로그램이 잘되어 있으니까 이것을 활용하셔도 좋을 것 같습니다. 아무튼 이 시기에는 자녀를 위한 별다른 영어 교육은 필요하지 않고, 정 불안해서 좀 시키신다면 EBSe와 같은 온라인 프로그램, 시중의 교재, 학습지, 놀이 중심의 영어 학원 등을 가정 상황에 맞게 적절히 활용하면서 기초 어휘와 파닉스 정도를 준비시켜주는 것으로 충분합니다.

초등학교 고학년부터는 학교에서도 영어를 배우니까 학교 공부 이외에도 조금씩 영어 공부를 시작해야겠죠. 하지만 그렇다고 해서 선행학습 방식의 공부가 필요한 것은 아닙니다. 이때의 기본적인 방향은 '앞으로'보다는 '옆으로' 펼쳐주는 공부인데요. 다시 말해서 학교 영어 교육 과정보다 자꾸 앞서 나가려고 하지 말고, 학교에서 배우는 내용과 난이도를 기준 삼아서 '옆으로' 펼쳐주는 방식의 공부를 하는 것이 좋겠다는 것입니다. 불가피하게 학원을 다닌다고 해도 저학년 때 다니던 흥미와 체험 중심의 학원을 그대로 다니는 게 좋습니다. 고학년 이후에는 소위 '빅3'와 같은 '빡센' 영어 전문학원으로 옮겨야 한다는 주변의 권유에 흔들리실 필요는 전혀 없어요. 그리고 이때의 영어 공부를 양으로 이야기한다면 대략 하루에 30분, 일주일에 세 번 정도면 충분하지 않을까 싶습니다.

앞에서도 말씀드렸지만 이 시기 자녀 영어 교육의 목표는 영어 실력을 어느 정도 수준까지 '완성'하는 것이 아니라 영어에 대한 흥미와 동기를 유지하고 혼자서 스스로 공부할 수 있는 기초 습관을 마련하는 것입니다. 그리고 그 방법 역시 다양할 수 있겠죠. 온라인 영어 사이트나 영어 동화 등을 이용하여 집에서 하는 방법도 있고, 여건이 여의치 않다면 학교의 방과 후 교실이나 학습지, 흥미와 체험 중심으로 운영하는 영어 학원 등을 활용할 수도 있고요. 물론 학교 수업과 시험 정도만 잘 따라가면서 따로 별다른 영어 공부는 하지 않아도 큰 상관은 없습니다. 그러고 보니 저희 애가 지금 딱 그런 경우네요.

중학교 시기의 영어 공부는 한편으로는 학교의 영어 수업과 시험을 쫓아가면서, 다른 한편으로는 영어 동화와 같은 쉬운 스토리북을 조금씩 읽기 시작하면 좋겠습니다. 학교의 수업과 시험을 위해 공부하는 것은 현실적으로도 필요하지만, 독해 실력을 늘리는 데는 전통적인 우리나라의 영어 공부 방식이 무시할 수 없는 장점을 갖고 있거든요. 이런 방식의 공부는 고등학교로 올라가면 수능을 대비한 공부로 이어지겠죠. 그렇지만 그런 방식의 공부만으로는 갈수록 강조되는 말하기나 쓰기 능력을 기르는 데는 한계가 있기 때문에 쉬운 스토리북을 활용해서 보완하면 좋겠다는 겁니다.

뒤에서 좀 더 자세히 말씀드리겠지만 스토리북을 활용한 영어 공부는 우리나라와 같은 영어 환경에서 초등학교 고학년 시기 정도부터 이용할 수 있는 아주 유용한 공부 방법입니다. 여기서 포인트는

'쉬운'입니다. 독해 실력을 키우는 것이 목적이 아니기 때문에 교과서나 자신의 수준보다 쉬운, 그래서 비교적 빠른 속도로 읽으면서도 내용을 파악하는 데 어려움이 거의 없는 책을 활용하는 것이 중요합니다. 다음은 2009년에 이런 방식으로 방과 후 수업을 운영하는 어느 중학교의 사례를 소개한 신문 기사인데, 한번 읽어보세요.

> "〈We need direction〉, 〈100th day of school〉…… 백석중학교 김형주 학생이 최근 학교에서 읽은 영어 원서들이다. 책 한 권의 분량은 15쪽 안팎이며 한 쪽에 나와 있는 문장의 개수는 많아야 네 문장을 넘지 않는다. 대신 상황을 상세하게 묘사한 그림이나 사진의 비중이 크다. 지난 한 해 중간·기말고사의 영어 성적 평균이 90점을 훌쩍 넘는 그가 이렇게 쉬운 책을 읽는 이유는, 지도교사인 임윤숙 선생님이 원어민과 유형화된 대화의 내용을 주고받는 회화 수업보다 쉬운 영어 원서 읽기가 아이들의 영어 말문을 틔우는 데 훨씬 효과적이라는 사실을 깨달았기 때문이다." 《한겨레》, 2009년 1월)

그래서 중학생 정도가 되면 스스로도 영어의 필요성을 점점 더 느끼게 될 테니까, 한 주나 두 주 정도마다 이런 짧은 영어 원서 한 권 정도를 활용하도록 자녀에게 조언해준다면 좋을 것 같습니다. 사실 이런 방식의 공부는 중학생보다도 영어 회화 실력을 늘리고 싶어 하는 어른들에게 아주 좋은 방법이에요.

고등학교 때는 아무래도 대학 입시로부터 자유로울 수 없기 때문에 학교 내신과 수능을 대비한 공부가 중심이 되겠죠. 그런데 아까도 말씀드렸지만 수능을 대비해서 전통적인 방식으로 영어 공부를 꾸준하게 열심히 하는 것은 독해 실력을 늘리는 데 아주 유용한 학습 방법입니다. 그리고 만약 중학교 시기부터 다소 딱딱한 방식의 전통적인 독해 공부가 아니라, 쉬운 스토리북을 활용해서 영어 원서를 일상적으로 조금씩이라도 접하는 것이 어느 정도 습관이 되었다면, 중학교에 비해 시간적 여유는 좀 적겠지만 계속 지속해야 합니다. 중학교 때 그런 습관이 들지 않았다면 고등학교 때라도 시작할 수 있고요. 제가 지금은 휴직 중이라 할 수 없지만 조만간 학교에 복직을 하게 되면, 고등학교 1학년을 맡아서 수행평가 등을 통해 학생들이 평소에 조금씩이라도 쉬운 영어 원서를 접할 수 있도록 시도해볼 생각입니다. 이런 방식의 공부는 아직 결정이 되진 않았지만 국가영어능력평가시험NEAT이 도입되어 말하기와 쓰기 평가를 실시할 때 이를 대비하는 데에도 많은 도움이 될 것입니다.

대학생 이후 성인이 되어서는 자신의 진로에 따라 필요하다면 본격적으로 영어 공부에 집중하는 시기가 될 것입니다. 영어 공부를 하다 보면 2~3년 정도 집중하는 시기가 필요한데, 이 시기는 초중고 시기보다는 진로가 어느 정도 결정이 되는 대학생 이후 성인 시기가 되지 않을까 싶습니다. 이때는 진로에 따라서 실용적인 영어 회화 능력이 필요한지, 아니면 학문적인 영어 능력이 필요한지도 판단할 수 있기 때문에 자신이 집중해야 할 영어 관련 능력도 좀 더 분명해질 수 있죠. 앞에 소개한 장인철 선생님의 경우처럼 말이에요. 다만 기본적으로 장인철 선생님과 같은 태도를 갖되, 초등학교 고학년 시기부터 중학교, 고등학교를 거치면서 학교 수업과 시험을 쫓아가는 전통적인 영어 공부 방식을 보완하는 좋은 습관과 그렇게 해서 쌓은 약간의 실력이 바탕이 된다면, 우리 자녀들은 이전 세대에 비해 훨씬 균형 잡힌 영어 실력을 갖출 수 있을 것입니다.

'다독多讀, Extensive Reading'은 최상의 방법이 아니라 유일한 방법

그러면 끝으로 우리나라와 같은 환경에서 영어를 공부하는 새로운 전략과 효율적인 방법이 무엇인지에 대해 말씀드릴까 합니다. 외국어 습득 이론의 세계적 권위자이며, 영어 읽기 교육의 전문가인 스티븐 크라셴Stephen Krashen 박사는 우리나라를 방문했을 때, "다독은 최선의 방법이 아니라 유일한 방법(Extensive reading is not the best way. It is the ONLY way)"이라고 말했습니다. 그리고 그가 이전에 한 이야기 중에는 이런 얘기도 있습니다.

> "한국과 같은 아시아 국가들은 초등학교 때부터 영어 회화를 가르치려 들지 말고, 전국에 영어 도서관을 지어 많이 읽게 하라. 그리고 이후에 대학생이 되었을 때 영어 회화가 필요하면 비교적 짧은 기간 동안 영어 회화를 배우면 된다. 엄청난 양의 읽기를 한 사람은 회화를 배우기가 아주 쉽다. 영어 발음은 통하기만 하면 되지 영미인처럼 발음할 필요도 없다."

앞에서도 잠깐 말씀드렸지만, 실제로 영어 동화와 같은 쉬운 스토리북을 활용하는 것, 즉 다독은 우리처럼 외국어로 영어를 배우는 환경에서 많은 이점이 있습니다.

우선 시간과 공간의 제약을 받지 않고 구어체의 영어에 노출되는 것이 가능합니다. 영어를 배우는 출발점은 무엇보다 영어에 충분히 노출되는 것입니다. 하지만 우리나라 환경에서는 이것이 결코 쉽지 않죠. 강의의 앞부분에서 지적한 것처럼 영어 학원을 다닌다고 해서 해결되는 문제가 아닙니다. 학교 영어 수업 시수를 한두 시간 늘리거나, 원어민을 배치한다고 해서 풀릴 수 있는 문제도 아니고요. 일상생활에서 영어를 접할 수 없는 우리나라 환경에서는 특정한 시간에 특별한 장소에 가서 해야 하는데, 그런 방법은 물론 안 하는 것보다야 낫겠지만 근본적인 해결책이 될 수 없고, 경제적으로도 비용이 많이 듭니다.

그렇지만 스토리북을 활용하게 되면 시간이나 본인의 의지만 있다면 시간과 공간의 제약을 받지 않고 영어에 노출되는 것이 가능합니다. 스토리북은 여러분이 전통적인 방식으로 공부했던 어렵고 딱딱한 영어 지문이 아니라 실생활에서 실제로 사용되는 생생한 구어체 영어 표현들로 이루어져 있기 때문에, 직접적으로 외국인을 접촉하는 방식은 아니지만 실제 노출에 가장 가까운 형태로 영어를 접할 수 있는 수단입니다. 그리고 최근에는 스토리북에 대한 오디오 파일 등이 잘 제공되기 때문에 듣기 활동을 병행하면서 음성언어에 노출되는 기회를 확대하는 것 역시 충분히 가능합니다. 자신이 이미 읽어서 내용과 표현이 익숙한 내용을 듣게 되기 때문에 효과도 더 좋습니다.

자녀의 영어 교육 시기별 목표에서 말씀드렸던 것처럼 중학교 때부터(좀 이르면 초등학교 때부터) 스토리북을 조금씩 읽고, 하루에 10~15분 정도만 시간을 내서 자신이 읽은 책의 오디오 파일을 꾸준히 듣는다면 아주 훌륭한 듣기 연습이 될 것입니다. 어차피 요즘 아이들은 길거리를 다니면서 음악을 많이 들으니까 학습자의 의지만 어느 정도 있으면 어렵지 않을 것입니다. 그렇기 때문에 동기부여도 잘되지 않고 의지도 아직 부족할 때 시키는 조기 교육보다 어느 정도 나이가 들어서 시작하는 적기 교육이 효과적인 것이고요.

둘째, 스토리북을 활용하는 다독은 영어에 노출되는 기회를 최대한 확대시켜줄 뿐만 아니라 평소에 말하기와 쓰기 실력을 쌓을 수 있는 계기를 제공합니다. 스토리북의 영어는 실생활에서 쓰이는 구어체 표현들이기 때문에 소리 내서 따라 읽거나 한 번씩 써보는 것만으로도 훌륭한 말하기와 쓰기 연습이 될 수 있거든요. 물론 제일 좋은 것은 외국인을 만나서 말을 해보는 것처럼 직접적인 사용 기회를 갖는 것이겠지만, 그럴 수 있는 조건이 아닌 우리나라 환경에서는 간접적인 방식으로나마 평소에 말하기와 쓰기 연습을 충분히 하는 것이 최선이죠. 평소에 이런 연습을 충분히 하면서 학교 수업이나 방과 후 교실, 방학 중에 진행되는 원어민 캠프 같은 프로그램을 지속적으로 활용하여 원어민과 직접적인 의사소통의 기회를 갖는다면, 굳이 비싼 경비를 들여서 특정한 시기에 어학연수를 몇 개월 다녀오는 것보다 훨씬 효과적으로 영어 실력을 늘릴 수 있습니다.

셋째, 스토리북을 활용하게 되면 무엇보다 자녀의 흥미와 수준에 따라 선택할 수 있기 때문에 동기부여가 되고 자기 주도적인 영어 학습 습관을 길러줄 수 있습니다. 그리고 일단 이런 습관이 형성되면, 그 자체로 영어 학습에 대한 긍정적인 태도와 동기, 지속성을 갖게 해주는 효과를 가질 수 있기 때문에 이후 자녀가 자신의 필요에 따라 스스로 영어 공부를 해나갈 수 있는 가장 중요한 토대를 마련해주는 것입니다. 그런데 우리나라의 대학생을 비롯한 성인들에게 물어보면, 어려운 단문을 번역하는 데는 익숙해도 한 권의 책으로 되어 있는 긴 글을 흥미를 가지고 스스로 읽어본 경험은 거의 없다고 대답합니다. 저는 바로 이런 모습이 우리나라 영어 교육의 실패를 단적으로 보여주는 것이 아닐까 생각합니다.

최근에는 이런 영어 원서를 접할 수 있는 여건도 많이 좋아졌기 때문에, 꼭 비싼 돈을 주고 영어 원서를 구입하지 않아도 다양한 방식으로 주변에서 이용이 가능합니다. 우선 다독 기반 콘텐츠를 제공하는 다양한 온라인 사이트를 이용할 수 있습니다. 대표적으로 EBSe는 영어 원서 읽기 프로그램을 오디오 파일과 함께 제공하고 있고, '리틀팍스Little Fox'라는 사이트는 유료이긴 하지만 비교적 저렴한 비용으로 많은 양의 수준별 영어 원서를 온라인상에서 제공하고 있습니다. 온라인이 아닌 실제 영어 원서도 최근에 많이 생겨나고 있는 학교를 비롯한 주변의 공공도서관을 이용하거나, 도서관을 이용하는 것이 여의치 않을 경우 인터넷 아동도서 대여 사이트를 활용하면 약간의 비용을 치르고 빌려서 볼 수 있습니다. 그렇게 빌려서 보다가 마음에 드는 책만 한두 권 구입해서 소장하면 크게 부담이 되지는 않을 것입니다.

끝으로 다독 역시 너무 과열되지 않았으면 좋겠다는 부탁을 드립니다. 스토리북을 활용한 다독은 크라센 박사가 힘주어 강조했듯이, 우리나라 환경에 맞는 새로운 영어 학습 전략이며 아주 효과적인 방법입니다. 그런 이유로 최근에는 다독의 효용성이 점차 많이 알려지고 있는데, 이 역시 지나친 과열 양상을 띠고 있습니다. 요즘 주목을 많이 받고 있는 엄마표 영어도 학습 전략과 방법은 참고할 것이 많지만 지나치게 과열되었다는 측면에서는 마찬가지입니다. 다독을 강조하기에 앞서서 제가 선행학습에 대한 경계와 시기별 목표에 대한 내용을 열심히 말씀드린 이유도 사실 그 때문이었습니다. 크라센 박사도 한국을 방문했을 때 어느 언론사와 행한 인터뷰에서 "영어 조기 교육의 문제가 아니라 영어 교육 방법의 변화가 필요하다고 생각한다"면서 "나이가 많을수록 지식과 언어 이해력의 폭이 넓어지기 때문에 오히려 유리하다"고 강조하기도 했습니다.

다독이 좋은 방법이라고 해서 이 역시 무조건 '일찍', 그리고 '많이' 시키려고만 한다면 방법이 바뀌었을 뿐 변하는 것은 하나도 없을 것입니다. 제 강의는 이쯤에서 마치도록 하겠습니다. 감사합니다.

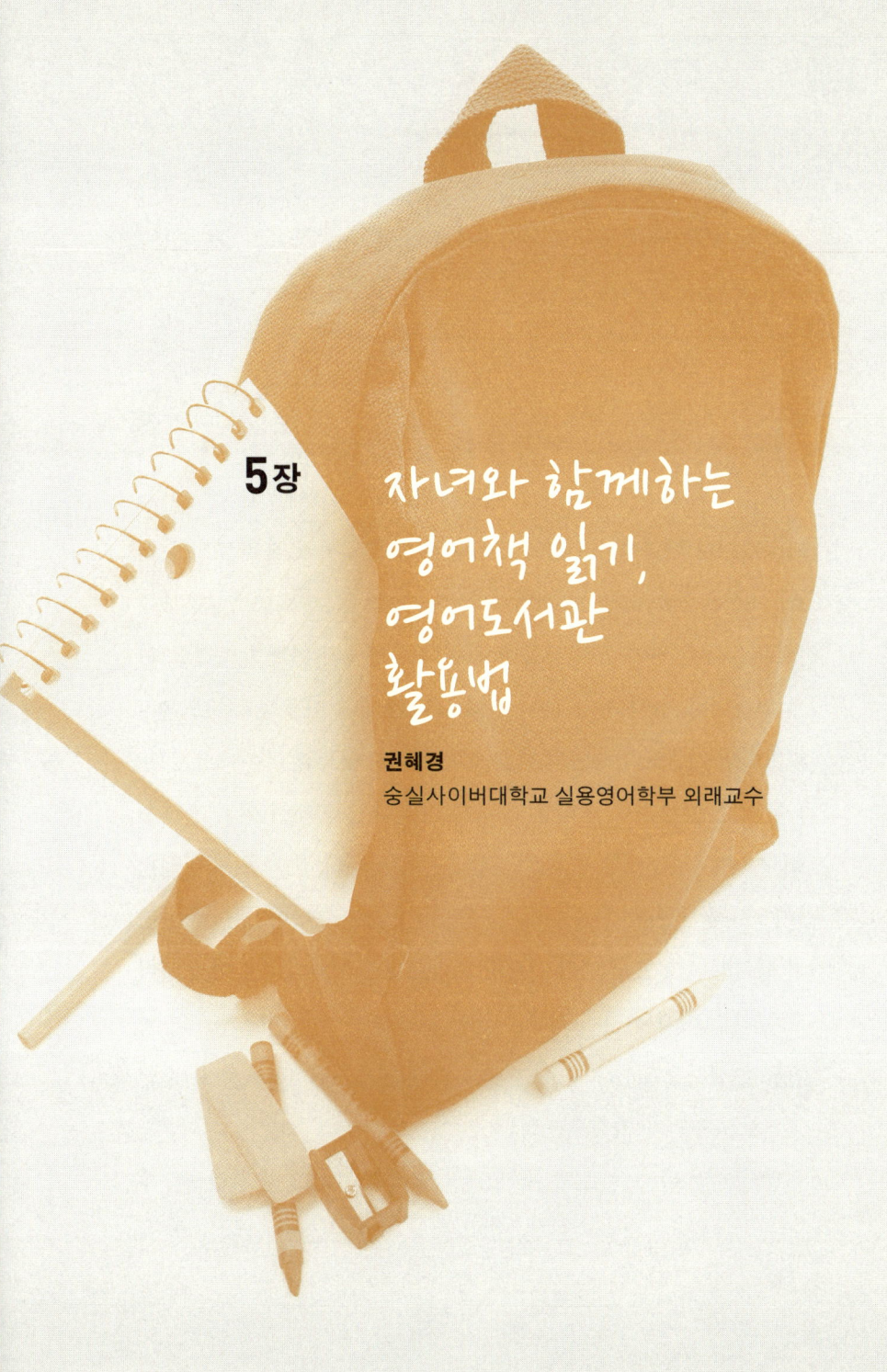

5장 자녀와 함께하는 영어책 읽기, 영어도서관 활용법

권혜경
숭실사이버대학교 실용영어학부 외래교수

영어 도서관을 활용한 영어책 읽기

오늘 강의 내용은 도서관을 활용한 영어책 읽기에 관한 것입니다. 가정에서나 학교에서나 영어 교육을 어떻게 할까 고민을 많이 하시죠. 사실은 저도 그중 한 명입니다. 7년 동안 고등학교 영어 교사를 했고, 지금은 영어 독서 교육과 관련하여 연구와 콘텐츠 개발을 하고 있습니다. 만약 제가 10년 전에 고민만 하고 아무것도 시도하지 않았다면 지금도 어쩌면 똑같은 고민만 하고 있겠죠.

올바른 방향으로 변화를 이끌어 가신다는 점에서 여기 계시는 '사교육걱정없는세상'에 계신 분들을 존경합니다. 변화를 위해 실천하는 분들 덕분에 우리 사회가 긍정의 방향으로 나아가는 게 아닌가 생각합니다. 오늘 영어 교육의 해법으로 도서관의 기능이 무엇이고 그리고 현재 우리 도서관은 영어 교육 측면에서 어느 정도의 역할을 수행하고 있는지, 아시는 분도 계시겠지만 전체적으로 한번 죽 훑어보는 시간을 가졌으면 합니다.

경남 지역 어느 읍 소재지의 초등학교에 도서관이 하나 있습니다.

서울에서 상당히 멀리 떨어진 곳인데도 불구하고 지금까지 여러 차례 왔다 갔다 했네요. 교장 선생님의 열의와 학교 선생님들의 적극적인 실천 의지, 그리고 학생들의 호응과 학부모님의 뒷바라지 이 모든 것들이 잘 맞물려서 좋은 결실을 거두고 있는 곳입니다.

제가 처음에 가서 봤을 때에 비하면 학생들이 영어책을 대하는 태도가 정말 많이 달라졌어요. 책을 읽기만 하는 게 아니라 이제는 영어로 독후감을 쓰더라고요. 서울 강남 지역 학생들만 가능한 게 아니라는 거죠. 그 비결이 뭐냐고 한 학생에게 물어보니까 "처음에는 한 줄밖에 못 썼는데 읽고, 쓰고, 또 읽고, 쓰고 하면서 선생님의 도움을 받는 과정이 열 번이 되고 스무 번이 되니까 이만큼 할 수 있게 되었어요"라고 대답하더군요. 가정에서나 사교육 현장에서만이 아니라 우리 공교육 현장에서도 얼마든지 이렇게 학생들이 성취감을 가질 수 있답니다. 그런 가능성을 찾아서 좀 더 폭넓게 구현될 수 있도록 학생들을 도와줘야 한다는 생각으로 오늘 강의를 시작하겠습니다.

강의 순서는 왜 영어 도서관인지, 왜 '다독 extensive reading'과 도서관이 중요한가에 대해서 우선 말씀드리겠습니다. 다음은 국내 영어 독서 환경에 대한 것입니다. 국내 영어 독서 환경은 아직 아쉬운 부분이 좀 있어요. 그런 한계에 대해서도 언급하겠습니다. 세 번째는 우리 아이에게 적합한 영어 독서 방법입니다. 그런데 영어 독서 교육은 사실 현장의 영어 교사, 영어 전문가라 해도 적용하기가 쉽지 않거든요. 그걸 부모가 배워서 한다는 것은 정말 어려운 일입니다. 그럼 어떻게 우리가 그 해법을 찾을 수 있을까요? 그 부분도 이야기를 하겠습니다. 우리 아이들을 위한 수준별, 연령대별 추천도서 목록도 귀한 정보가 될 수 있을 것 같다는 의견에 따라 열심히 준비한 자료를 소개해드리도록 하겠습니다. 그리고 아이들이 스스로 선택할 때 어떤 기준을 적용하면 좋은지, 이런 부분도 말씀드리도록 하겠습니다. 끝으로 자녀 영어 독서지도 및 도서관 활성화를 위한 제안으로 마무리하겠습니다.

영어 도서관이라는 말 자체가 자칫 우리에게 또 하나의 강박관념을 심어줄 수 있습니다. 어쩌면 영어 마을의 대안으로 영어 도서관이 조성되기 시작했다고 볼 수 있죠. 그런데 정말 우리한테 지금 필요한 것이 영어 도서관일까요? 나중에 중국이 세계 제일 강대국이 되면 그때는 또 중국어 도서관을 만들어야 할까요? 사실 우리에게는 아직 공공도서관 수도 절대적으로 부족한 형편인데 말이죠.

제가 현재 공공도서관에서 자원봉사 활동을 하고 있는데, 솔직히 말씀드리면 처음 시작할 때는 멋모르고 신났었죠. 뜻을 함께하는 분들과 좋은 일을 한다는 생각도 들어 나름 보람도 있었고요. 그런데 지금은 부담감도 느끼고, 솔직히 많이 힘듭니다. 연말 송년회 때 서로 힘든 얘기 함께 나누면서 우리가 이 길을 계속 가는 게 맞나 하는 고민을 여러 차례 하기도 했답니다. 물론 결론은 힘들더라도 계속 해나가자는 거였죠.

영어 독서와 모국어 독서의 균형을 맞추는 문제도 쉽지 않습니다. 원래 저희 봉사의 취지 중 하나가 영어 독서 활동을 통해 공공도서관을 좀 더 활성화시키는 데 기여하겠다는 생각이었습니다. 영어 독서를 하나의 매개로 하면서 저희가 궁극적으로 원한 것은 모국어 독서 활동은 물론이고 그밖에 다양한 외국어도 공공도서관에서 책을 통해 자연스럽게 배울 수 있는 환경을 조성하자는 거였어요.

다양한 외국어를 접할 수 있는 하나의 매개체로서 독서를 선택했는데 영어 도서관을 별도로 구축하여 발전시키는 게 맞는지, 아니면 기존의 학교 도서관이나 공공도서관에서 영어 원서 코너를 조성하여 다른 외국어 코너와 맞물려 이용하는 게 더 맞는지, 이런 부분을 함께 고민해봤으면 좋겠습니다. 이제 자료들을 하나하나 살펴보도록 하겠습니다.

아파트 단지의 미니 도서관에서 시작된 영어 도서관 열풍

스티븐 크라센 박사가 쓴 〈The Power of Reading〉이라는 책이 있습니다. 연구 자료 모음집인데 다독extensive reading으로 영어 학습자들의 이해력reading comprehension, 문장어written style, 어휘력vocabulary, 철자 실력spelling, 문법 활용 능력grammatical development을 함께 키울 수 있다고 합니다. 영어권 국가에서만이 아니라 타이완, 일본, 한국에서도 마찬가지입니다.

누구나 영어 공부를 하면서 많은 한계에 부딪히죠. 우리 아이들이 영어책을 읽고 싶어도 못 읽는 것은 무엇보다 어휘력이 부족하기 때문이죠. 그리고 학년이 올라가면서 점차 다독을 하게 만들려면 계기가 있어야 해요. 단어장이나 어휘책을 따로 준비해 공부를 시키는 것이 아니라 원서 읽기를 통해 많은 아이들이 충분한 어휘량에 노출될 수 있도록 해주는 게 좋습니다.

저는 다독의 기회를 제공할 수 있는 최적의 장소가 바로 도서관 혹은 영어 도서관이라고 말씀드리고 싶어요. 읽을거리가 다양하잖아요? 아이들은 성격도, 능력도, 관심도 달라요. 아이들이 원하는 걸 스스로 선택할 수 있도록 하는 게 중요합니다. 책도 마찬가지죠. 본인이 관심 있고 흥미 있는 분야의 책을 택할 수 있도록 해줘야 합니다. 책의 수준 못지않게 내용의 다양성도 중요합니다. 아이들이 즐거워하는 게 관건이죠.

도서관이 가진 미덕은 헤아릴 수 없이 많습니다. 자기주도적 학습 습관을 기를 수 있는 기회를 제공하죠. 또 다양한 도서 및 멀티미디어 등 풍부한 자료와 각종 교육 프로그램을 제공하는 곳입니다. 게다가 자연스럽게 문화 교류를 하다 보면 타인에 대한 배려심을 배울 수도 있죠. 어디 그뿐입니까. 다양한 장르나 다방면의 책을 읽게 되니까 영어뿐만 아니라 타교과 학습에도 도움이 됩니다. 사설 학원처럼 특정 분야만 가르치는 공간이 아니니까요.

2000년 무렵부터 우리나라 서점에 영어 원서가 차고 넘치는 기이한 현상이 벌어졌죠. 아시아 국가들 중에서 코스북 coursebook 같은 회화 학습 교재가 아니라 영어 원서가 가장 많이 팔리는 나라 중의 한 곳이 아마 대한민국일 겁니다. 우리나라 부모님들 자녀를 위해서라면 못하시는 일이 없잖아요? 심지어는 자녀를 위해 영어 원서를 왕창 사 모아 거실이나 방을 마치 미니 영어 도서관처럼 꾸미는 가

정도 있습니다. 사실 저도 그 무렵 영어 그림책이나 원서에 매료되어 한 권, 한 권 사 모으기 시작했는데 그게 어느덧 3천여 권이 되면서 어느새 집 안이 영어 원서들로 가득 차게 되었답니다. 나중에 할머니가 되어 다른 건 못해줘도 손자, 손녀들에게 책은 맘껏 읽어줄 수 있겠다는 생각으로 나름 위안을 삼았었는데 어느 날 문득, 그럴 게 아니라 아예 동네 아이들한테 그런 환경을 만들어주는 게 좋겠다고 생각했어요.

그래서 2005년경 한스북클럽Han's Book Club이라고 해서 제가 사는 아파트 단지에 15평짜리 작은 미니 영어 도서관을 꾸몄습니다. 한 3년 동안 운영하다 보니 주위에 도움을 주는 여러 분들이 생겼고, 그것이 일종의 영어 독서 마니아 클럽처럼 된 거죠. 영어책 읽기 좋아하는 분들이 모여 아이들에게 독서 지도를 해주고 아이들은 마음껏 읽고 싶은 영어책을 읽고 토론하는 장소로 꾸몄는데, 그 안에서 소규모 그룹 위주로 스토리텔링, 북 리포트 작성 지도 등이 이루어졌죠. 그 경험이 이후 여러 곳의 지자체 영어 도서관이나 학교 영어 도서관 구축 관련 컨설팅을 하는 데 많은 도움이 되었답니다.

이무렵 마침 다양한 멀티미디어 콘텐츠들도 개발됐어요. 책의 한계를 극복할 수 있는 하나의 대안 형식으로 각광받아 영어 읽기의 기초가 부족한 아이들에게 많은 도움이 되었죠. 제가 나름 영어 독서 환경 조성의 발전기라고 부르는 2007년 무렵에는 정부에서도 일선 학교에 영어 교육을 위한 예산을 많이 투입하기 시작했어요. 영어 체험교실, 영어전용교실, 영어교과교실 등등 명칭이 다양합니다. 아예 학교 안에 영어 도서관이 생기거나 기존 학교 도서관 안에 영어 도서 코너를 조성하는 학교가 늘었고 그 규모도 커졌죠. 또 지자체에서 위탁 운영하는 영어 도서관들이 하나 둘 생기면서 개인이나 가정이 지던 짐이 학교나 지역으로 분산되었죠.

그러면서 AR, SRI/SRC 같은, 주로 해외 다독용 프로그램들이 소개되기 시작했습니다. 영어권 아이들의 독서 지도를 위해 미국에서 개발된 프로그램들인데 이미 국내에 상당수 도입되어 활용되고 있어요.

학교에서 아이들을 위해 영어 도서관을 포함한 다양한 영어 독서 환경을 조성하자는 취지는 좋습니다. 그런데 그 취지에 대해 이의를 제기하는 사람들은 없는데 막상 방법론에서 많은 벽에 부딪히죠. 저도 그 무렵 어떻게 하면 영어 독서 교육의 효율성을 높일 수 있을까 고민을 많이 했어요. 개발 취지가 엄연히 다른 해외 프로그램이 과연 우리나라 아이들이나 우리나라 환경에도 적합할까 의문을 갖기도 했습니다. 그러면서 국내에서 대안을 모색해야겠다는 생각을 하게 되었죠.

2010년 이후 국내 영어 독서 교육은 성장기를 맞았는데, 이 무렵 지자체나 학교에서 영어 도서관을 더 많이 만들었기 때문입니다. 지금도 많은 지자체들이나 학교에서 영어 도서관을 만들 계획을 세우고 있는 것으로 알고 있습니다. 그런데 이제는 공공도서관에도 영어 원서가 많이 구비되어 있고, 영어 독서 환경이 좋아졌어요. 주이용자들인 부모나 학생들이 직접 목소리를 내어 적극적으로 요청하면서 그리 된 것이죠. 아울러 국내 실정에 맞는 프로그램이나 시스템도 늘어나고 멀티미디어 콘텐츠를 비롯하여 전자책e-book도 좀 더 다양화됐고요. 다양한 매체에 걸맞은 콘텐츠가 다각화되는 상황입니다. 그러면서 한편으로는 전문성을 갖춘 북시터book sitter, 북코디네이터book coordinator, 혹은 리딩코치reading coach라 불리는, 영어 독서 교육을 위한 전문 인력 양성이 필요하다는 공감대도 형성됐어요.

부산영어도서관의 성공 사례

그럼, 이제 영어 독서 환경을 더욱 발전시키기 위해 어떤 부분에 집중해야 할지 살펴보도록 하겠습니다. 일단 교육청 직영 사례로 부산영어도서관이 있습니다. 현재 전국에서 유일하죠. 그런데 애초에 부산시 교육청에서도 서울이나 다른 지역처럼 민간 위탁 방식의 영어 마을을 구축하려고 계획했었습니다. 그러던 차에 마침 뵙게 된 담당 장학사님께 이왕이면 영어 마을 안에 영어 도서관도 만들면 좋겠다고 말씀드렸습니다. 그렇게 되면 오히려 영어 교육의 성과를 더 크게 낼 수 있지 않을까 하는 생각을 솔직하게 전달해드렸죠. 그 뜻이 좋게 받아들여져서 현재 글로벌빌리지 5층에 멋진 부산영어도서관이 생겨 모범적으로 활발하게 운영되고 있습니다. 얼마 전 그 성과를 모아 자료집을 발간하기도 했어요. 부산에 거주하시는 분들에게는 정말 좋은 기회죠. 모든 게 무료거든요. 처음에는 책 대출을 제한했다고 합니다. 도서관 안에서만 읽을 수 있었죠. 그런데 이후 명색이 도서관인데 왜 책을 안 빌려주느냐는 불만이 제기되면서 이제는 대출도 가능하게 되었습니다.

한편, 지자체 민간 위탁 운영 사례도 꾸준하게 증가하고 있는데 부산영어도서관과 같은 시교육청 직영 운영 모델과는 차이가 있습니다. 부산시교육청 직영 부산영어도서관은 모든 프로그램이 전액 무료입니다. 하지만 지자체 위탁 운영 방식의 영어 도서관에서는 책 대출이나 프로그램 운영을 위해 소정의 연회비나 수업료를 받고 있습니다. 서울에서는 용산 청파어린이도서관, 용암어린이영어도서관, 마포어린이영어도서관, 망원동 꿈나래영어도서관, 양천영어도서관, 송파어린이영어도서관, 용두어린이영어도서관 등이 개관되었어요. 그 전에도 센터 내 일부 공간을 할애하여 영어 독서 환경을 조성한 서초, 반포, 양재영어체험센터가 있었습니다. 역시 민간 업체 위탁 운영 방식입니다.

그밖에도 해운대어린이영어도서관, 영도어린이영어도서관, 광주어린이영어도서관, 대전어린이영어도서관, 사천어린이영어도서관 등이 운영되고 있어요. 제가 미처 소개하지 못한 곳도 있을 겁니다. 지자체 입장에서도 다른 편의 시설보다 영어 도서관을 개관하는 게 주민 편의 시설로 각광을 받기도 하고 실제로 지역 아이들에게도 좋은 일이라고 생각하여 더 많은 관심을 갖는 것이죠. 하지만 영어 도서관 본래의 취지와 제 기능을 제대로 구현하기 위해 보다 올바른 구축 및 효율적인 운영 방식에 대한 고민과 노력이 필요합니다.

그런 점에서 부산영어도서관의 경우를 눈여겨볼 필요가 있습니다. 전국에 16개 시도교육청이 있지만 그중에서 처음이자 유일하게 부산시 교육청이 부산영어도서관을 직영 방식으로 운영하고 있습니다. 그럼, 민간 위탁 운영 방식과는 어떤 차이가 있을까요? 부산시 교육청에서는 영어 독서 교육에 관심 있는 현직 교사나 장학사를 부산영어도서관에 파견하여 직접 운영을 책임집니다. 그렇게 파견된 분들이므로 좀 더 책임을 지고 아이들 영어 독서 교육을 위해 헌신하실 수 있습니다. 또한 부산시교육청으로부터 전폭적인 지원을 받기 때문에 안정적인 운영이 가능합니다. 어떤 모델이 우리 자녀한테 도움이 될지 한 번쯤 생각해볼 필요가 있는 것 같습니다.

부산영어도서관에서 운영하는 주요 상설 프로그램은 매우 다양합니다. 웹사이트를 방문하시거나 자료집을 통해서도 확인하실 수 있습니다. 꼭 방문해보십시오. 유아, 유치원생, 초등학생부터 중학생, 일반인, 교사 대상 프로그램들도 있죠. 중등 영어과 교사들을 위한 독서 토론 프로그램도 있고, 영어 수준이 높은 중고등학생들이 영어로만 진행하는 독서 토론 프로그램 등도 있습니다. 이 모든 프로그램들이 모두 무료로 운영되고 있습니다.

특별 프로그램도 있어요. 개인별 영어 독서 능력 진단 테스트, 맞춤용 독서 활동 지원, 자기주도 영어 독서 능력 향상 및 자원봉사를 통한 영어 능력 활용 기회 제공 등등. 그중에서 리딩 스타는 영어 독서 선도 요원이라고도 하는데, 영어 학습 능력을 갖춘 중고등학생들이 자원봉사 활동으로 초등학생들이나 미취학 아동들에게 영어책을 읽어주는 겁니다. 일종의 리딩 버디 reading buddy라고 해서, 멘토, 멘티로 구성된 각 조별 활동 프로그램도 있습니다. 역시 자원봉사와 연계되는 활동입니다. 그리고 해마다 에세이 콘테스트, 영어 독후감 쓰기 대회를 개최하여 우수 작품을 선발해 시상합니다. 영어 독서 토론 대회도 열고요.

저는 영어 독서 기반 확대 프로그램 중 학부모 스토리텔러 자원봉사자 양성 교실을 위해 2009년 개관 이후 3개월에 한 번씩 1년에 네 차례 부산영어도서관에 갑니다. 세상에 내 아이 귀하지 않다는 부모가 어디 있겠습니까? 그렇지만 우리 아이가 사는 환경 자체를 바꾸는 게 더 중요하지 않을까요? 가정에서 자녀를 위해 직접 엄마표 영어를 하다 보면 부모 자신도 모르게 영어 능력이 계발되는 경우가 있잖아요? 그걸 내 아이만을 위해서가 아니라 공공도서관의 자원봉사 활동을 통해 주변의 아이들에게도 베푸는 것이 바로 학부모 스토리텔러 양성 교실의 취지입니다. 제가 아마도 가장 멀리에서 찾아가는 강사일 것입니다.

그런데 새벽에 KTX를 타고 부산영어도서관에 갈 때마다 설렙니다. 국내 영어 독서 환경 조성을 위한 요람과도 같은 곳이니까요. 덕분에 독서 수준 진단 프로그램이나 다양한 독서 기반 프로그램의 필요성에 대해 널리 알릴 수 있는 계기가 마련되기도 했죠.

민간 위탁 운영 사례

이번엔 민간 위탁 운영 사례를 볼까요? 대체로 비슷한 체제입니다. 영어 독서 수준을 진단하기 위한 레벨 테스트 프로그램들이 있죠. 대부분 해외에서 개발된 프로그램을 도입한 것입니다. 그리고 소정의 수업료를 받아 운영하는 소규모 그룹 수업의 기회를 제공하기도 합니다.

영어 도서관에 DVD나 CD 등 멀티미디어 자료들이 더 많이 구비되었으면 좋겠어요. 초등학생 중에 혼자서 영어 원서를 부담 없이 읽을 수 있는 아이들이 과연 몇이나 될까요? 부모님은 누구나 자녀들이 그렇게 되길 소망하시겠죠. 하지만 자녀들에 대해 기대치가 너무 높지 않은지 돌아봐야 합니다.

우리 어른들이 아이들에게 해줘야 할 것은 지나친 기대보다 영어를 잘하고 싶어 하는 아이들에게 좋은 환경을 조성해주는 겁니다. 그 안에서 아이들이 스스로 선택할 수 있도록 해주는 것이죠. 경우에 따라 영어를 싫어하는 아이들의 의견에도 귀를 기울여줘야 한다고 생각해요. 혹은 중국어 책이나 일본어 책, 스페인어 책을 읽고 싶어 하는 아이들의 선택도 존중해줘야죠. 모두가 다 영어를 공부해야만 하는 것은 아니잖아요? 이것이 바로 제가 공공도서관의 기능과 역할에 관심을 갖게 된 계기이기도 합니다.

영어가 필요하다고 해서 모두가 다 해야 되는 건 아니지만 영어 학습의 기회는 모두에게 균등하게 제공되었으면 좋겠습니다. 소외된 지역의 아이든, 부모가 뒷바라지하기 힘든 아이든 구별 없이 영어를 잘하고 싶어 하는 아이들은 누구나 공적 영역 안에서 영어 공부를 마음껏 할 수 있도록 해줘야 합니다. 보통 평범한 부모들은 먹고살기도 바쁘기 때문에 자녀를 위한 영어 학습 정보를 다 꿰고 있을 수는 없죠. 사회가, 학교가, 지역사회의 공공도서관이 그 역할을 대신 해주면 얼마나 좋겠습니까?

그리고 영어권 국가의 도서관을 그대로 국내로 옮겨놓는 게 우리 아이들한테 정말 도움이 될까요? 그런 의문이 들면서 우리 아이들에게 맞는 최적의 영어 독서 환경은 뭘까 고민하게 되었습니다.

대구 구수산도서관의 자원봉사자들

다음에 학교 도서관 사례를 볼까요? 2007년경부터 정부에서 예산을 많이 지원해주어 학교 안에 조성되는 영어 도서관도 크게 늘었어요. 그런데 사실 예산 대부분이 시설 구축이나 인테리어, 기자재 구입에 들어갔습니다. 그중 5~10퍼센트만이 영어 원서 구입 등 콘텐츠 확충을 위해 사용되었을 겁니다.

교과부나 시도 교육청에서 예산 지원과 함께 적절한 환경 조성이나 효율적인 운영에 실질적인 도움이 될 만한 좀 더 세부적인 가이드라인도 제공해주었더라면 하는 아쉬움이 많이 남습니다. 간혹 교내 서가의 책 위에 뽀얗게 쌓인 먼지를 보면서 한 권 한 권의 원서 가격이 상당한데 잘 활용되지 않는 것 같아 안타깝기도 했습니다.

요사이 공공도서관을 중심으로 영어책 읽어주기 자원봉사 활동이 활발해지고 있습니다. 당연히 공공도서관에서는 모든 프로그램이 무료입니다. 저도 RaLK Read and Lead Korea 회원 분들과 함께 2009년부터 서울 용산도서관을 중심으로 아이들에게 영어책 읽어주기 자원봉사 활동을 하고 있습니다. 대구 구수산도서관을 중심으로 왕성하게 활동하는 민간 자원봉사단체 R.A.D Read Aloud Daegu

의 활동도 주목할 만합니다.

그곳에서 자원봉사하시는 분들의 활동 소식을 들으면 늘 감동을 받게 됩니다. 저희가 감히 범접할 수 없는 긍정적인 에너지와 실천력을 보여주시기 때문입니다. 저희는 겨우 2주에 한 번 토요일마다 자원봉사하는 것도 사실 부담이 되는데 이분들은 평일에도 열심히 활동하십니다. 면면을 보면 정말 평범한 분들인데 거의 10여 년 이상 자녀의 영어 지도를 위해 함께 모여 영어 독서를 하다 보니 어느새 영어 독서 교육 전문가가 된 경우입니다. 그런데 그분들은 자원봉사 활동에 충실하기 위해 현장에 본인의 아이들은 일절 데리고 오지 않는다는 원칙을 세웠다고 합니다.

구수산도서관에서 매번 이렇게 왕성하게 자원봉사 활동을 하시는 분들이 약 30명이나 된다고 합니다. 그 덕택에 아이들이 일종의 팬클럽처럼 영어책 읽어주는 아줌마들을 굉장히 좋아하여 영어책 읽어달라고 따라다닌다고 하네요. 대한민국 아줌마의 진정한 파워를 실감합니다. 열심히 갈고 닦은 자신의 능력을 가정을 넘어 지역사회를 위해 헌신하고 봉사하는 데 쓰는 모습이 정말 감동적입니다. 그분들의 활동 모습은 R.A.D 대표이신 김유겸 선생님의 개인 블로그, '봄산에 살으리랏다'를 통해 확인해보실 수 있습니다.

대구 구수산도서관에서 실제로 아이들한테 책을 읽어준 뒤의 반응, 아이들이 좋아했던 영어 그림책 목록 같은 소중한 정보를 얻으실 수 있습니다. 또한 오랫동안 자녀와 함께 영어책을 읽어온 김유겸 선생님 본인의 행복한 영어 독서 경험이 고스란히 기록되어 있습니다. 영어 그림책부터 시작해서 아이가 점점 성장해가면서 그 관심이 챕터북chapterbook, 글로 이야기를 전달하고 그림은 보조가 되는 이야기책으로 이야기가 여러 장chapter으로 이루어져 있기 때문에 챕터북이라고 합니다, 소설책으로 발전해갔죠. 그 긴 여정이 한 권, 한 권 감동적인 책 이야기와 함께 소개되어 있습니다.

거점 센터형 영어 도서관

다음으로 거점 센터형 영어 도서관을 소개하겠습니다. 서울 광희초등학교 영어체험센터형 도서관은 인근의 다른 학교 학생들도 이용할 수 있다는 것이 보통 개별 학교 도서관과 다른 점입니다. 경기도에도 의정부 호원초등학교가 그렇게 운영되고 있습니다. 제가 교사 연수, 학부모 연수 때 이런 이야기를 하면, 참석하신 분들은 막상 잘 모르고 계신 경우도 많습니다. 우리가 좀 더 관심을 가질 필요가 있습니다.

학교에서 보낸 가정통신문이나 홈페이지에 소개되는 각종 소식을 유심히 보세요. 학원 보내는 것 못지않게 개별적으로 영어 원서를 구입하는 데 드는 비용도 만만치 않습니다. 그런데 학교와 공공도서관, 지자체 운영 영어 도서관의 원서나 프로그램을 잘 활용하면 별도의 비용도 들이지 않고, 엄마나 아빠가 그렇게 신경을 많이 쓰지 않고도 큰 효과를 거둘 수 있으니 좋은 방법이잖아요? 쾌적한 환경에, 훌륭한 선생님들, 다양한 양질의 프로그램들이 있는 그런 곳으로 아이들을 인도하는 것만으로도 부모로서 큰 역할을 하시는 겁니다. 아이가 공부 하나 안 하나 감시만 하지 마시고 좋은 정보를 놓치지 마시기 바랍니다.

더 나아가 부모님도 영어 독서를 한번 해보자는 생각을 갖고 그런 노력을 하는 모습을 아이에게 보여주면 어떨까요? 즐거운 영어 독서의 경험을 아이들과 공유하는 것이 오히려 아이들에게 잔소리하거나 감시하는 것보다 훨씬 효과적일 겁니다.

일전에 초등영어교육국제학술대회에서 학교 영어 도서관 사례 기초 조사와 관련하여 발표할 때도 언급한 적이 있는데, 제발 부탁드리고 싶은 것은 각종 영어 독서 수준 진단 평가 점수를 가지고 아이들을 비교하지 말라는 겁니다. 그 점수가 절대적인 영어 실력을 나타내는 건 아닙니다. 다만 아이들이 현재 어떤 원서를 읽을 수준이 되는지 가늠하기 위해 진단 평가를 하는 것인데, 그 점수를 지나치게 의식하여 옆집 아이와 비교하며 아이들을 면박 주는 부모들도 많다는군요.

사실 읽기 수준 진단 평가 점수는 그리 중요하지 않습니다. 어떤 수준의 책을 읽으면 되는지 잘 모를 때 참고하면 되는 것이죠. 그보다는 과정이 더 중요합니다. 예전에 그런 경험들 많이 하셨잖아요. 처음에는 거창하게 각오를 다지고 원서를 읽기 시작했는데 한 페이지에 모르는 단어가 너무 많아 일일이 사전 찾아 읽다 보니 흐름이 끊겨 재미를 느끼기보다는 마치 암호 해독하는 것 같았던 경험 말이죠. 그러다 보면 꼭 앞의 몇 페이지만 손때가 묻어 까매지죠?

아이들도 마찬가지예요. 자기가 읽고 실제로 이해할 수 있는 수준보다 조금 더 쉬운 책부터 읽기 시작하는 게 좋습니다. 아이가 혼자 못 읽는 경우에는 부모님이 부담 없이 읽기 쉬운 책을 골라 읽어주시는 게 좋습니다. 부모님이 먼저 책을 읽어보시겠다고 결심하신 경우에도 아이한테 보여주려고 너무 폼 나는 책만 찾지 마시고 그냥 쉬운 영어 그림책부터 시작하세요.

저도 처음에는 영어 그림책이 이렇게 저를 매료시킬 줄은 예상 못 했어요. 영어 그림책에 나오는 멋진 그림과 글 하나하나가 큰 감동을 주니까 저도 모르게 작가가 궁금해지고, 이 작가의 또 다른 작품이 궁금해지고, 그래서 작품을 자꾸 찾아 읽다 보니 어느새 일종의 몰입 단계로 들어간 겁니다. 좋아하는 작가의 책을 다 읽고 싶다는 욕심이 생겼던 것이죠.

그래서 국내에서 구하기 어려운 책은 아마존을 통해 주문하기도 했죠. 예를 들어 레오 리오니Leo Lionni라는 작가를 좋아하다 보니 그의 책을 다 구해 읽게 되었어요. 이런 부분이 제게는 소중하게 느껴지더라고요. 그러면서도 제가 먼저 나서서 아이에게 적극적으로 읽어주거나 하진 않았습니다. 왜 그랬을까요? 제가 책을 좋아하게 되고 몰입하다 보니 아이에게 읽어주겠다던 처음의 목적을 잊어버렸던 거죠.

그런데 아이가 먼저 다가와 제가 읽고 있는 영어 그림책을 보면서 관심을 보였습니다. 아이도 아마 이상한 생각이 들었을 거예요. 그림 많은 책이면 자기 책일 텐데 엄마가 읽고 있었으니까요. 그래도 꼭 제가 먼저 읽어보고 나서야 읽어주었습니다. 그랬더니 아이가 오히려 고마워하더군요. 아이가 뭔가 아쉬워할 때 해주는 게 효과가 좋은 것 같아요. 제 경우는 아이가 칭찬 받을 만한 일을 했을 때 상으로 영어 그림책 좀 읽어달라고 하더군요.

늘 보면 부모가 먼저 안달이 나잖아요. 예를 들어 부모가 도서관에서 영어책을 빌려와서는 아이는 관심을 보이지 않는데 막 쫓아다니면서 대출 기간이 얼마 남지 않았으니까 어서 읽으라고 강요하고, 아이는 원하지 않는데 억지로 쫓아다니며 영어책을 읽어주기도 하죠.

앞으로는 일단 부모님이 먼저 읽어보세요. 보시고 그 책이 정말 좋은지, 안 좋은지 살피세요. 영어 그림책부터 영어 소설책까지 죽 읽다 보면 어느새 영어 실력이 향상됩니다. 그러다 보면 자연스럽게 영어 독서 교육 전문가가 되는데, 그렇게 되면 지역사회와 학교에서 봉사활동을 하세요. 자신의 소중한 독서 경험을 아이들하고 같이 나누는 거죠.

그런 의미에서 영어 읽기 수준 진단 테스트인 거지, 아이들의 영어 실력 차이를 나타내주는 게 아니죠. 수준에 맞는 책을 아이들이 스스로 선정할 수 있으면 제일 좋은데 그게 안 되면 전문 사서의 도움을 받는 것도 좋겠죠. 그리고 다양한 수준별 영어 원서 읽기를 한 다음에 하는 활동에 대해서는 영어 교육 전문가들 사이에서도 의견이 나뉘어요. 그냥 책을 읽는 것으로 충분하다는 의견도 있습니다. 물론 아이들이 책 읽는 즐거움을 느끼는 것이 중요합니다. 그런데 막상 아이들이 책장을 덮었을 때에는 60~70퍼센트밖에 이해를 못하는 경우가 많습니다. 이럴 경우 그 책을 먼저 읽은 어른이 아이들의 부족한 부분을 채워주기 위해 도움을 주는 것도 좋습니다. 전문 리딩 코치나 사서, 혹은 선생님 누구든 가능합니다. 아이와 일대일로 마주 보고 읽은 책에 대한 이야기를 나누는 겁니다. 자신의 느낌에 대해 자연스럽게 이야기를 나눌 수 있으면 좋겠죠. 많은 아이들을 대상으로 할 때는 그 부분을 보완할 프로그램이나 시스템이 필요하다고 봅니다. 자기가 책을 읽은 날짜나 제목, 작가 정도라도 적어보도록 유도하는 것도 필요하겠죠.

본격적인 독후감 쓰기에 대해서는 달리 생각하시는 분들도 계세요. 책을 재미있게 읽었는데 꼭 읽고 나서 독후감을 쓰라면 어떨까요? 아니면 처음부터 독후감을 써야 한다고 생각하고 책을 읽게 되면 어떨까요? 부담감이 크겠죠. 예전에 중학생들 데리고 여름방학 기간에 영어 독서 교육을 해본 적이 있는데, 책 읽고 나서 독후감을 써야 한다니까 아이들이 점점 꾀가 느는 거예요. 읽고 싶은 책을 고르기보다는 독후감 쓰기 좋은 쉬운 책을 고르더라고요.

매번 책을 읽고 나서 꼭 독후감을 쓰라고 할 필요는 없어요. 특정 형식을 강요하지 말고 그냥 포스트잇에 짧은 메모를 하게 한다든가, 읽다가 마음에 남는 표현이 나오면 한 번 적어보라든지 해서 틀에 박힌 형식을 강요하기보다는 아이들이 자발적으로 그런 노력을 하도록 이끌어주는 게 좋습니다. 그런데 문제는 요즘 아이들이 자발성이 많이 결여되어 있다는 거죠.

영어 도서관을 위한 각종 프로그램

경기도 분당의 수내초등학교 도서관에는 영어 도서 코너가 잘 구비되어 있어요. 비교적 장서 보유량이 많아 아이들이 책을 자유롭게 빌려볼 수 있는데 워낙 많은 아이들이 독서를 하다 보니 여전히 책이 부족하다고 합니다. 독후 활동은 해외 프로그램인 AR과 국내에서 개발된 온라인 프로그램 리딩게이트를 활용하게 합니다. 방학 때는 희망하는 학생들에게 비교적 저렴한 비용으로 리딩 코치 선생님과 일대일로 책에 대한 이야기를 나누거나 독후감에 대한 피드백을 받도록 기회를 제공해주고 있습니다.

앞서 소개했던 경남 지역의 한 초등학교 학생의 경우에는 책 읽을 때마다 조금씩 주요 단어나 인상 깊었던 구절을 쓰기 시작하던 것이 힘이 되어 이제는 영어로 공책 한 페이지 정도는 무난하게 독후감을 쓰게 되었습니다.

서울 용산도서관 자원봉사자는 두 그룹으로 나뉩니다. 주로 스토리텔링에 자신이 있는 선생님들은 스토리텔링이나 큰 소리로 책을 읽어주는 read aloud 활동을 하시죠. 30분 동안 스토리텔링을 하고 나머지 30분 동안은 아이들을 5명씩 5~6개 소그룹으로 나누어서 추가적으로 책을 읽어주거나 다양한 독후 활동 등을 합니다. 국내외 선생님이나 학부모, 영어에 자신 있는 학생들이 도와주죠. 요새는 영어를 잘하는 아이들 중에 자신의 재능을 기부하려는 아이들이 부쩍 늘었어요. 주로 초등학교 1, 2학년 아이들이 영어에 부담을 느끼지 않도록 그림 그리기나 만들기 등의 프로그램을 활용하여 가급적 수준에 상관없이 같이 참여할 수 있는 프로젝트를 함께하려고 애씁니다. 아이들이 오감을 활용한 활동을 많이 할 수 있도록 배려하죠.

이 프로그램은 무료인데다가 워낙 신청자가 많아서 현장에서 방문 접수를 한대요. 그래서 새벽부터 오셔서 줄서서 등록하신다고 하더라고요. 워낙 인기가 많다 보니 계속 등록하려고 하는 경우가 많아 두 번까지는 접수 기회를 주는데 대신 출석률이 좋아야 가능합니다. 그러다 보니 학부모님이 출석 체크에 민감하세요. 11시에 스토리타임이 시작되는데 조금 늦을 것 같다고 좀 봐달라는 전화를 하시기도 하고 말이죠. 2009년 여름에는 도서관 리모델링 공사를 해서 전 도서관이 휴관이었는데도 저희 프로그램만 운영되기도 했어요.

서울 용산 미 8군 군속 자녀들을 대상으로 운영되는 초등학교에서 20~30년 가까이 학생들을 가르치신 읽기교육전문가 reading specialist 선생님들이 있습니다. 읽기 능력이 동일 학년보다 좀 뒤처지는 아이들을 일정 기간 동안 이끌어주는 역할을 주로 하시죠. 그분들 중에서 저희와 함께 스토리타임을 이끌어주신 폴라 Paular와 빅키 Vickey 선생님의 경우 〈낮잠 자는 집 The Napping House〉이라는 그림책을 날도 더운데 직접 파자마를 덧입고 해주셨답니다. 미국 학생들 중에도 자원봉사하는 친구들이 적지 않습니다. 할로윈이나 크리스마스 같은 때는 다과회와 함께 특별한 문화 이벤트도 진행했죠.

요즘 들어 영어 도서관형 민간교육기관도 많이 늘었어요. 어떻게 보면 학원인데 원서 읽기를 좀 더 전문적으로 가르친다는 취지를 갖고 있죠. 기존 학원 내 영어 도서관을 추가로 운영하는 경우도 늘어나고 있고요. 이제 학원 처지에서도 영어 독서의 중요성을 외면할 수 없으니까요. 이런 경우 거의 대부분 수강료에 추가 비용이 덧붙여져서 학부모의 부담이 늘어납니다. 또 기존 학원 수업 위주로 커리큘럼이 운영되다 보니 도서관 운영은 구색 맞추기 정도에 그치는 경우도 많습니다.

전반적으로는 영어 도서관 구축이나 조성 시 종합 기획 및 체계적인 운영 가이드라인이 많이 부족하지 않은가 하는 아쉬움이 있습니다. 리딩 코치, 사서 등 전문 인력이 부족해서 그런 전문 인력을 양성하는 시스템도 필요합니다. 관련 프로그램 및 운영 매뉴얼, 참고할 만한 도서 목록이 좀 더 많이 구비되었으면 합니다. 과거에 비해선 영어 독서 환경이 많이 좋아졌지만 부모 입장에서 생각해봐야 할 부분이 아직 많습니다.

수준별 영어 학습 동화와 그림책에는 어떤 것이 있을까?

이제 본격적으로 아이들에게 어떤 영어책을 골라주는 것이 좋은지에 대해 말씀드리겠습니다. 이 가이드라인을 꼭 따르라고 말씀드리기는 사실 조심스러워요. 아이들은 같은 연령대라 해도 영어 구사 능력이나 독서 능력에서 편차가 큽니다. 아직 초등학생인데 이 정도나 해야 되는가 하고 놀라는 분도 계세요. 혹시라도 오해하실까 봐 미리 말씀드리자면 이것은 아이들이 영어를 매우 잘했으면 좋겠다고 생각하시는 분들을 염두에 두고 영어 독서에 대한 기준을 세워본 것이랍니다. 그러니까 지금 보여드리는 영어 독서 교육 로드맵은 그저 참고 자료로 생각하시면 됩니다.

요즘 들어 영어가 매우 유창한 아이들이 부쩍 늘고 있습니다. 해외 체류나 어학연수를 해본 경험도 없고, 가정환경이 특별하지도 않은 데다 사교육에 지나치게 의존한 것도 아닌데 발군의 실력을 보이는 아이들이죠. 열에 아홉은 영어 독서를 많이 한 아이들인 경우입니다. 어떤 식으로든 어려서부터 영어책을 마음껏 읽을 수 있는 기회가 주어졌고, 그 기회를 잘 활용한 사례들이죠.

파닉스 Phonics 나 빈출 어휘 Sight Words 라는 것도 있고, 그다음 수준별 학습 동화, 영어 그림책, 오디오북, 멀티미디어 교재를 많이 활용하면 할수록 영어 학습 토대가 단단해지죠. 처음에는 리듬감 있고 주요 어휘가 반복되며 흥미로운 소재가 등장하는 책을 고르는 게 좋습니다. 책 한 권을 여러 번 읽어주는 것이 중요합니다. 이런 과정을 거치면 초등학교 고학년 때 영어책 읽기 습관이 몸에 붙습니다. 드물지만 초등학교 저학년 때 이미 그렇게 되는 아이들도 있어요. 영어 그림책이나 챕터북, 논픽션, 백과사전까지 장르를 넘나들죠. 스스로 동일한 작가의 작품을 찾기도 한답니다. 저하고 비슷한 성향이죠? 어떤 특정 작가의 작품을 섭렵하거나 시리즈물을 읽으면서 어휘력과 이해력이 풍부해지고 깊어지죠. 동일한 작가의 작품, 혹은 시리즈물을 읽는 장점이 그런 데 있어요.

제가 한스북클럽에서 만난 인상적인 아이들은 두 부류예요. 우선 초등학교 4학년, 5학년 자매가 있었어요. 학원 한 번 안 다녔죠. 어렸을 때부터 영어책을 많이 접했다고는 하지만, 그 당시 영화로 개봉된

〈나니아 연대기 The Cronicle of Narnia〉나 〈해리포터 Harry Potter〉 같은 책을 사전 한 번 들춰보지 않고 무리 없이 읽는 걸 보고 독서량이 엄청난 친구들이라는 걸 느꼈죠.

또 한 사례는 중학생이었어요. 중학교 1학년 남학생이었는데 첫 번째로 읽은 영어책이 로알드 달 Roald Dahl의 책이었습니다. 이 학생은 대신 모국어 독서 수준이 굉장히 높았어요. 로알드 달의 작품을 특히 좋아해서 국내에 번역된 그의 책들은 다 읽었다고 합니다. 그래서 그의 작품 중에 아직 번역이 안 된 책도 마저 읽고 싶다는 간절한 마음으로 그의 책을 선택했던 거죠. 번역서들을 보면서 다행히도 작가의 작품 경향에 대한 이해력을 기른 덕분에 비록 영어 실력은 좀 부족했지만 이해를 하는 데는 큰 무리가 없었던 겁니다. 그런 부분을 참고하시기 바랍니다.

중고등학생 때 다독 및 정독으로 학교에서 배운 영어 실력을 다질 수 있으면 정말 좋겠죠. 이 시기에 고전 소설, 뉴베리 Newbery 수상 작품, 다양한 소재의 논픽션 백과사전을 무리 없이 읽고 이해하는 단계까지 갔다면 그 아이는 평생 영어 공부의 부담에서 어느 정도 해방이 되었다고 봐야죠. 공공도서관이나 학교 같은 공적 영역은, 공부하려는 의지는 강한데 집안 형편 때문에 원서를 구입할 수 없는 아이들에게 언제든지 원하는 책을 볼 수 있도록 기회를 제공해야 한다고 생각합니다.

영어 원서의 수준을 나타낼 때 여러 기준이 있습니다. 리딩 레벨 RL이나 렉사일 Lexile 지수로 비교할 수도 있어요. 어휘 빈도수나 문장의 길이를 토대로 읽기 수준을 나타내는 렉사일 지수에 대한 자세한 정보는 렉사일닷컴www.lexile.com에서 확인하실 수 있습니다.

미국 초등학교 1학년 정도의 읽기 능력으로는 에릭 칼Eric Carle이나 레오 리오니Leo Lionni, 팻 허친스Pat Hutchins, 존 버닝엄John Burningham 같은 작가들의 작품을 즐길 수 있습니다. 그런데 우리나라 초등학생용 영어 교과서에서 다루는 어휘가 모두 몇 개인지 아세요? 약 700단어 정도인데 그 정도 어휘 수준으로 원서를 충분히 읽을 수 있을까요? 사실 영어 그림책도 만만치 않거든요. 빈출어휘로 이루어진 파닉스 리더스Phonics Readers, 사이트 워드 리더스Sight Words Readers 등의 학습동화를 스스로 읽을 수 있는 아이들이 참 대단한 거예요. 그런데 초등학교 고학년 학생이 〈매직 트리 하우스Magic Tree House〉나 〈허리드 헨리 시리즈Horrid Henry Series〉, 비버리 클리어리Beverly Cleary, 주디 블룸Judy Blume의 작품들, 논픽션 리더스Non-Fiction Readers 등을 자유롭게 읽으면 영어를 정말 잘하는 거죠? 어휘 수준이 2천에서 5천 단어, 리딩 레벨은 미국 초등학교 2, 3학년, 렉사일Lexile 지수는 200에서 600 정도가 되어야 하거든요.

그다음에 중고등학교 때 〈해리포터〉 시리즈, 〈나니아 연대기〉, 로알드 달과 E. B. 화이트E. B. White의 작품과 같은 고전을 읽으려면 5천~7천 단어 정도의 어휘 수준이 필요합니다. 참고로 수능 시험에 출제되는 어휘 수준은 6천~8천 단어 정도입니다.

그렇기 때문에 영어 수업 시간에만 배우는 것으로는 부족하니까 어쩔 수 없이 학원에 보내든지 엄마표 영어를 통해 영어 노출량을 늘려주려고 하는 거죠. 그런데 쉬운 영어 그림책부터 시작해 자연스럽게 단계별로 영어 노출량을 늘려가는 게 중요합니다. 책 종류와 유형을 알아두시면 도움이 될 것 같아서 짧게 소개를 해드릴게요.

크게 픽션fiction, 논픽션nonfiction 이렇게 나눌 수 있고, 영어 그림책, 챕터북, 소설, 만화, 시리즈류, 수준별 학습 동화 등이 있습니다. 수준별 학습 동화는 아이들의 읽기 수준을 끌어올리기 위해 개발된 것으로 Level 1, Level 2 이런 식으로 나와 있는 책들이죠. 그밖에 우화 및 전래동화, 환상동화, 고전 명작, 현실 동화가 있죠. 논픽션류로는 브리태니커 같은 영어로 된 백과사전이나 과학, 사회, 지리, 역사와 같이 교과목 중심으로 된 책, 그리고 위인전 등이 있습니다. 요즘은 다양한 전자책e-book도 많이 출판되고 있죠.

영어 그림책 중에 좋은 작품이 많습니다. 에즈라 잭 키츠Ezra Jack Keats, 팻 허친스, 존 버닝엄 등이 쓴 책이 대표적이죠.

에즈라 잭 키츠의 작품을 제가 좋아하는 이유가 있습니다. 작가는 백인인데 미국 그림책 역사상 처음으로 흑인 아이들을 주요 등장인물로 묘사했습니다. 제대로 사실적으로 묘사하고자 그 아이들이 사는 곳에서 여러 달 동안 스케치를 했다고 합니다. 그래서 소외된 아이들에 대한 현실감 있는 동화를 썼다는 평을 받는 작가죠.

팻 허친스는 영국의 여성 작가예요. 그의 작품은 문장 구조나 사용하는 어휘가 단순하면서 재치가 있습니다. 영어 교육용 목적에도 잘 부합하죠. 주로 일러스트레이터illustrator, 즉 그림 작가가 작품을 만들다 보니 그림책의 글이 생각보다 난해한 경우가 많거든요. 그런

점에서 팻 허친스의 작품은 훌륭해요. 아이들한테 책을 읽어줄 때도 부담이 없죠.

존 버닝엄은 〈곰사냥을 떠나자 We're Going On a Bear Hunt〉의 그림 작가로 유명한 헬렌 옥슨버리 Helen Oxenbury와 부부랍니다. 동심의 세계를 작품에 잘 반영하여 아이들이 아주 좋아하는 작가이기도 합니다.

다양한 시리즈와 과목별로 도움을 주는 영어책들

단계를 좀 높여볼까요? 챕터북과 시리즈 북을 쓴 유명 작가 중에서 우선 주디 블룸. 2009년 여름에 미국 시카고에서 열린 전미도서관학회 ALA에 직접 참석하여 줄을 길게 서서 사인을 받은 적이 있습니다. 역시 인기가 대단하더군요. 사춘기 아이에 대한 섬세한 심리 묘사가 압권이죠. 실생활에서 쓰이는 표현이 그대로 나온다는 게 현실 동화의 장점인데, 대화문이 정형화된 회화책 course book에서는 볼 수 없는, 실생활과 밀접한 생생한 표현들을 만날 수 있어요. 그러니 아무래도 공감대를 형성하기 쉽죠. 그 대신 어느 정도 수준이 되어야 내용을 제대로 이해할 수 있습니다.

그다음 작가가 E. B. 화이트입니다. 그의 작품 중에 〈샬럿의 거미줄 Charlotte's Web〉은 아이들이나 학부모들에게도 가장 사랑 받는 대표작으로 전미교사협회나 도서관협회에서도 해마다 늘 최고의 작품으로 선정됩니다. 감동적인 우정을 소재로 삼고 있죠.

그다음이 우리 아이들이 제일 좋아하는 작가 중 한 사람인 로알드 달이죠. 그의 작품은 유머가 넘칩니다. 난이도는 편차가 좀 있는 편이에요. 비교적 쉬운 책도 있지만 대부분은 5레벨 이상의 고레벨에 해당됩니다. 시리즈물 가운데는 〈매직 트리 하우스 Magic Tree House〉가 가장 유명하죠. 이 시리즈는 40여 권이나 됩니다. 각 나라의 역사를 아이들이 이해할 수 있도록 모험담과 함께 재미있는 에피소드 중심으로 서술했습니다. 역사적 사실과 어드벤처를 잘 조합시켰다고 볼 수 있겠죠. 그런데 아쉽게도 아직까지 우리나라와 관련된 이야기는 없어요. 중국이나 일본의 이야기는 있는데. 제가 알기로는 그 나라의 아이들이 역사적 소재를 작가에게 보내 채택되면 작품화된다던데 우리 아이들 중에 메일을 보낸 아이들이 아직 없는 걸까요? 좀 아쉽네요. 매직 트리 하우스 웹사이트도 있어요. 웹사이트에 들어가면 관련 학습 정보, 독후 활동지 같은 걸 무료로 다운로드 받아 활용할 수 있게 되어 있습니다.

그밖에 영어로 된 논픽션을 활용하는 것도 좋습니다. 요즘은 백과사전도 수준별로 나와 있죠. 브리태니커도 마찬가지예요. 발명가 에디슨에 관한 내용을 초등, 중등, 고등 각 수준별로 검색할 수 있어요. 편중되지 않은 독서를 하려면 이렇게 다양한 논픽션을 읽는 것도 좋습니다.

저희 연구소에서 지금 온라인상에서 활용 가능한 멀티미디어 학습 동화와 관련 학습 활동 activity을 만드는 중입니다. 아직 스스로 영어책을 읽지 못하는 아이들을 위해 기획했어요. 선생님이나 부모님이 직접 읽어주면 가장 좋겠지만 상황이 여의치 않은 아이들이나 보충 활동이 필요한 아이들을 위해서죠.

어떤 책을 읽어줘야 할지 감이 잡히지 않을 때는 금메달, 은메달이 찍힌 책을 고르면 무난합니다. 상을 받았다는 것은 그만큼 작품성을 인정받은 거니까요. 그런데 아까 말씀드렸죠? 그림책 작가는 그림이 우선이어서 거기에 맞춰서 글을 쓰다 보니 한 페이지, 두 페이지, 세 페이지가 되도록 문장이 끝이 안 나는 경우도 있습니다. 그런 경우도 있다는 걸 염두에 두시기 바랍니다.

팻 허친스, 존 버닝엄, 헬렌 옥슨버리, 앤서니 브라운Anthony Browne, 레이먼드 브릭스Raymond Briggs가 상을 많이 탄 작가죠. 영국의 케이트 그린어웨이 상Kate Greenaway Medal은 주로 영국의 그림책 작가에게 주는 상입니다. 미국의 칼데콧 상The Caldecott Medal은 많이 들어보셨을 거예요. 국내에 널리 알려진 상 중의 하나죠. 뉴베리 상Newbery Medal and Award은 일종의 청소년 문학상으로 글 작가에게 수여되는 상입니다. 아이들이 챕터북이나 영어 소설을 본격적으로 읽을 수 있는 수준이 되었을 때 뉴베리 수상작을 권해주면 좋습니다. 한국계 미국 작가인 린다 수 박Linda Sue Park도 수상자 중 한 사람입니다. 수상작은 국내에 〈사금파리 한 조각A Single Shard〉으로 번역되어 출간되기도 했습니다. 영어 다독이 가능한 중고등학생들에게 뉴베리 상 수상 작품들을 통해 깊이 있는 영어 원서 읽기를 경험하게 하는 것이 좋습니다.

한스 크리스천 안데르센 상The Hans Christian Andersen Medal도 있습니다. 경우에 따라 같은 작가가 여러 상을 중복해서 받기도 해요.

베라 B. 윌리엄스Vera B. Williams라는 여성 작가가 바로 그런 경우입니다. 그녀의 수상작, 〈내 엄마를 위한 의자A Chair for My Mother〉라는 작품은 소외된 스페인 가정의 애환을 그림책으로 현실감 있게 표현했습니다. 주로 배려와 나눔의 미덕을 소재로 삼고 있죠. 요새 아이들이 받는 것을 당연하게 여기고 다른 사람들을 배려하고 베풀 줄 모르는 경향이 있는데 그런 면에서 이 책을 함께 읽어보면 좋지 않을까요.

그림책 작가의 피카소라 불리는 모리스 센닥Maurice Sendak도 있습니다. 〈Where The Wild Things Are〉라는 작품이 유명합니다. 〈괴물들이 사는 나라〉라는 제목으로 번역되었죠. 처음 출간 당시에는 별로 사랑받지 못했다고 합니다. 괴물이 등장하고 내용이 교훈적이지 못하다는 이유에서 부모들로부터 외면을 받기도 했대요. 그런데 아이들의 반응은 뜨거웠답니다. 공감대가 형성되었던 것이죠. 그러면서 평단에서도 좋은 평을 받게 되고 나중에는 모두가 좋아하는 영어 그림책 중 으뜸이 되었습니다.

그밖에도 안데르센 상이나 볼로냐 라가치 상은 전 세계 작가를 대상으로 수상 기회를 확대해나가고 있어요. 국내 작품 중 〈지하철은 달려온다〉, 〈팥죽할멈과 호랑이〉 같은 작품이 수상하기도 했습니다. 이제는 우리나라도 콘텐츠 강국이 되어가고 있는 것 같아 여간 뿌듯한 게 아닙니다.

다음은 먼저 제가 소개해드렸던 대구 구수산도서관 자원봉사 단체 'R.A.D'가 선정한 영어 그림책들입니다. 우선 반복되는 문구들이 인상적인 작품으로 고미 타로五味太郎라는 일본 작가가 쓴 〈악어와 치과 의사 The Crocodile and the Dentist〉가 있습니다. 환자로 등장하는 악어와 치과 의사가 하는 말이 마지막 페이지만 빼고 신기하게도 똑같습니다. 맨 마지막 페이지에서 You가 I로 바뀌는 것 빼놓고는 말이죠. 반복되는 표현과 유머러스한 상황 덕분에 많은 사람들의 사랑을 받게 되는 작품입니다. 끝소리가 같은 라임 rhyme을 이루는 단어들이 등장하는 오드리 우드 Audrey Wood의 〈실리 샐리 Silly Sally〉도 재미있는 그림책입니다.

감성을 키워주기에 좋은 책도 많습니다. 고미 타로가 쓴 또 다른 작품, 〈할머니를 그리워하는 코코 Coco Can't Wait〉 같은 경우 할머니하고 손녀가 서로를 그리워하는 애틋한 마음이 잘 묘사된 작품이죠. 과학을 소재로 한 작품도 있습니다. 대표작이 에릭 칼 Eric Carle의 〈배고픈 애벌레 The Very Hungry Caterpillar〉입니다. 이 그림책을 통해 아이들이 나비의 일생을 잘 알 수 있게 됩니다.

유머가 넘치는 그림책도 많습니다. 대표적인 작가가 데이비드 섀넌 David Shannon입니다. 모 윌리엄스 Mo Willems, 대브 필키 Dav Pilkey의 작품들도 눈여겨보세요. 어른이 읽어도 아주 재미있는 이야기들이에요. 영어책 읽는 재미가 무엇인지 새삼 느낄 수 있습니다.

수학 동화도 있습니다. 〈푸른 바다 Blue Sea〉 같은 경우는 사이즈, 즉 크기를 비교하죠. 비교급, 최상급에 대해서도 자연스럽게 배울 수 있습니다. 팻 허친스의 〈초인종이 울렸다 The Doorbell Rang〉에는 나눗셈 개념이 나옵니다. 엄마가 갓 구워주신 과자 12개를 처음에 남매 둘이 나눠 먹을 때는 각각 6개씩 먹으면 되는데 자꾸 친구들이 찾아오면서 서로 몫이 달라지게 됩니다. 그래도 전혀 개의치 않고 친구들을 반겨주는 두 남매의 마음씨가 너무 예쁘답니다. 미술과 음악 분야에는 〈페이퍼보이 The Paperboy〉라는 작품도 있습니다. 〈캡틴 언더팬츠 Captain Underpants〉라는 유머러스한 시리즈로도 유명한 대브 필키 Dav Pilkey의 작품입니다. 이 작품에는 반 고흐의 〈별이 빛나는 밤〉을 연상시키는 그림이 삽화로 아주 멋지게 묘사되어 있어요. 한 폭의 유화를 감상하는 느낌을 갖게 됩니다. 예술 혹은 미술을 좋아하는 아이들이 아주 좋아합니다. 아이들의 다양한 관심사를 잘 고려하면 좋은 책을 고르는 데 도움이 됩니다.

아이들의 사회성을 길러주는 데 도움이 되는 책들도 있습니다. 페기 래스만 Peggy Rathmann의 〈경찰관 버클과 글로리아 Officer Buckle and Gloria〉가 대표적입니다. 경찰관 아저씨가 단짝 경찰견과 같이 학교나 시설 등지를 찾아다니면서 모두에게 안전규칙을 설명하는데, 그 과정에서 재미있는 에피소드를 겪으며 우여곡절 끝에 서로 우정을 나눈다는 내용이죠.

영어책 읽기 활동과 읽기 지수에 대하여

처음에 큰 소리로 읽기 read aloud 활동에서부터 시작해서 독립적 읽기 independent reading 활동 단계로 넘어갑니다. 음소 인식 Phonemic Awareness이 되면서 파닉스 Phonics를 깨우치고 어휘력이 확장되면서 유창해지게 됩니다. 그런데 이 과정에서 언제나 이해력

comprehension이 바탕이 되어야 합니다. 책을 읽어주는 사람과 듣는 아이 혹은 읽는 아이 사이, 책과 독자 사이의 소통이 근간을 이뤄야 합니다. 큰 소리로 책을 읽어주거나 함께 읽다가, 차츰 아이가 책을 읽을 수 있도록 이끌어주면서, 그러다 나중에는 아이 스스로 혼자 읽을 수 있게 되고 결국 다독이 가능한 단계로 나아가는 겁니다. 유아나 유치원, 초등학교 시기가 가장 중요하다고 볼 수 있습니다. 이때 선생님의 역할과 비중이 가장 크죠.

무작위로 한 페이지를 펼쳐서 모르는 단어가 5개 미만 혹은 3개 미만이 나오는지 알아보는 "다섯 손가락 테스트 The Five Finger Test"라는 프로그램이 있습니다. 북어드벤처 www.bookadventure.com라는 웹사이트에 좀 더 자세한 내용이 나와 있어요. 무료로 제공되는 독후 퀴즈 사이트로도 유명하죠. 대략 원서 7천 권에 대한 퀴즈를 제공해줍니다. 유명한 작가의 작품들 중 웬만한 도서들은 거의 퀴즈가 제공된다고 볼 수 있겠죠.

읽기 지수에 대해 간단히 설명해드리겠습니다. 챕터북에 읽기 지수 reading level가 RL 1.2, 2.1 이렇게 씌어 있는 것을 보신 적이 있을 겁니다. 앞의 숫자가 미국의 학년, 뒤의 숫자가 개월 수를 의미한다고 이해하시면 됩니다. 말하자면 RL 1.2의 경우 미국 1학년 두 번째 달, RL 2.1은 미국 2학년 첫 번째 달 정도의 읽기 수준이라는 거죠. 그런데 렉사일 지수는 어휘 빈도수와 문장의 길이를 지수화한 겁니다. 이 경우 읽기 지수로 바꿔 이해하면 됩니다. 예를 들어 렉사일 200은 미국 초등학교 1, 2학년 수준, 이런 식으로 말이죠. 그렇기 때문에 전문가가 아니라면 굳이 렉사일 지수를 자세히 알 필요는 없지만 웹사이트에서 제공되는 렉사일 차트를 활용하시면 도움이 됩니다. 국내외 출판사들이 책의 난이도를 표준화하기 위해 렉사일 지수를 책에 표기하는 경우가 늘고 있기 때문입니다.

2011년 전국중고등학교 영어교과연구회 동계 워크숍에서 이병민 교수님이 발표하신 자료 중에 국내 학년별 영어 교과서에 대한 읽기 난이도 표가 있는데 이해를 돕기 위해 미국의 학년별 읽기 수준과 연동시켜보았습니다. 국내 중학교 1학년 영어 교과서 지문의 렉사일 지수가 300에서 500이면 미국 초등학교 1~2학년 수준으로 리딩 레벨은 1.1~2.10에 해당합니다. 고등학교 1학년 영어 교과서의 경우는 수준이 많이 높아져 미국의 초등학교 5~6학년 수준에 해당되죠. 〈해리포터〉 시리즈나 〈나니아 연대기〉가 바로 이 수준에 해당되는 도서들입니다. 결국 현행 수능 영어 영역에서 좋은 점수를 얻으려면 읽기 능력이 충분히 뒷받침돼야 한다는 걸 알 수 있겠죠. 그러니 읽기 능력이 이 정도 되지 않는 아이들이 시험 볼 때 애를 먹을 수밖에 없는 것은 당연합니다.

그런데 렉사일 지수나 읽기 지수를 절대적 기준으로 생각하실 필요는 없어요. 렉사일 지수가 어휘 빈도수, 문장 길이 등을 고려하여 텍스트 수준을 분류했다면, 읽기 지수는 주로 책의 내용을 토대로 정해진 기준이라고 보면 됩니다.

다음엔 읽기 reading를 듣기 listening, 말하기 speaking, 쓰기 writing와 연계하는 활동들을 살펴보죠. 우선 기초적인 글쓰기 훈련을 위해 고안된 저희 연구소의 '문장 만들기 making sentences' 활동은 책에서 읽은 단어를 활용하여 자기가 직접 문장을 만들어보는 활동입니다. 처음에는 책에 나오는 주요 단어가 활용된 문장을 그대로 한번 써보는 데서 출발합니다.

그다음에 '그래픽 오거나이저 graphic organizer' 활동 중에서 'KWL Chart'라는 활동이 있습니다. 책을 읽기 전에 이미 알고 있었던 것, 책을 통해 배운 것, 추가로 알고 싶은 것을 글과 그림을 활용해 표로 정리해보는 활동입니다. '스토리맵 story map'이라고 글과 그림을 조화롭게 섞어서 순서대로 이야기를 요약해보는 활동도 있습니다. 생각을 논리적으로 정리하고 효과적으로 표현하는 데 도움이 많이 되는 활동들입니다.

이후 본격적으로 독후감을 작성하게 됩니다. 공책을 활용하여 '북리포트 book report'를 직접 작성하거나 컴퓨터 프로그램을 활용하여 작성하고 첨삭을 받기도 합니다. 첨삭을 통해 제공되는 피드백 내용을 적용해 다시 작성하도록 하는 것 re-writing이 효과적입니다.

간단하게 영어 도서관 운영 모형도 고안해보았습니다. 컴퓨터로 진단 평가를 받고, 진단 평가 결과에 따라 수준에 맞는 독서 활동을 하고, 온라인 프로그램을 활용하여 책 내용을 제대로 이해했는지 확인한 다음 리딩 코치 reading coach와 일대일로 북토킹 booktalking을 하면서 이해력과 표현력을 키워주는 거죠. 매권, 매월, 매년 독서 이력을 체계적으로 정리하여 포트폴리오를 만들면 좋습니다. 학교 도서관이나 방과 후 수업을 통해 학교에서 이런 일이 가능하다면 좋지 않을까요? 그 달에 어떤 책을 얼마만큼 읽었는지, 어떤 성취를 이뤘는지, 월간, 연간 어떤 책을 읽었는지 아이들이 스스로 알 수 있게 해주면 아이들에게 성취감도 줄 수 있고 많은 도움이 될 거라고 생각합니다. 어려운 책을 읽었을 때는 더 많은 포인트를 주고, 쉬운 책을 읽었을 때는 독서 권 수를 많이 늘려서 포인트를 더 많이 얻을 수 있도록 기회를 주면 개인차를 고려한 수준별 독서 활동이 될 수 있습니다. 아이들에게 긍정적으로 동기를 부여하기 위한 적절한 이벤트를 하는 것도 좋습니다.

공공도서관·학교 도서관이 제 역할을 해야 사교육 문제 해결돼

자, 이제 마무리하겠습니다. 이런 제안을 보시고 너무 당연한 이야기를 한다고 생각하실 수도 있을 겁니다. 하지만 목표가 지나치게 거창하여 이루기 어려운 것보다 평범한 부모가 당장 실천 가능한 것을 이야기하고 싶습니다. 일단 아이들과 자주 도서관이나 서점을 찾고 함께 책을 읽는 기회를 갖는 게 어려운가요? 모두 다 할 수 있는 일이죠. 공공도서관이나 학교에서 제공되는 좋은 영어 독서 프로그램이 있다면 적극 참여하도록 유도하는 것, 매일 조금씩이라도 책을 읽어주시거나 혹은 어떤 책을 아이들이 읽고 있는지 관심을 갖고 물어보시고 격려를 해주시는 것, 어떤 특별한 일을 하는 것보다 이런 쉬운 일부터 함께 실천해가는 게 중요하다고 생각합니다. 아이들이 좋아하는 작가의 작품을 스스로 찾게 하고, 부모도 함께 관심을 갖고 인터넷에서 그 작가의 정보를 검색한 다음 아이들과 공유해보시면 어떨까요. 책을 매개로 공통의 관심사가 생기면 부모와 자녀 간에 대화도 늘어나겠죠. 책을 읽고 나면 느낀 점을 간단한 메모 형식으로 그림이나 글로 작성해보게 하는 것도 좋습니다. 이렇게 아이들이 영어 실력을 키운 뒤 동생들이나 후배들에게 영어책을 읽어준다든지 하는 봉사활동의 경험도 쌓게 해주셨으면 좋겠습니다.

아쉬운 점은 공공도서관 예산 및 자료비가 늘었으면 좋겠는데 오히려 삭감되고 있습니다. 공공도서관과 학교 도서관의 네트워크를 강화하는 과제지원센터도 설립됐으면 합니다. 지금 서울에만 초등학교가 500여 개나 있잖아요? 도서관 지원 시스템 혜택을 받는 도서관은 별로 많지 않다고 합니다. 그리고 전문 사서가 배치되어 있는 학교도 적다고 하네요. 영어 독서 이전에 우리가 관심을 가지고 들여다봐야 될 문제입니다. 캐나다 토론토 공공도서관을 이용해보고 놀랐어요. 많은 책을 마음껏 빌릴 수 있는데 대출 기한도 여유 있게 연장할 수 있었습니다. 바로 이거다! 우리나라에도 아이들이 학교 끝나고 학원에 가는 대신 멋진 도서관에 가서 마음껏 책 읽고 다양한 좋은 프로그램에 참여할 수 있는 환경을 만들어주면 저절로 사교육비가 절감될 수 있지 않을까 생각했어요.

영어 독서 교육 지원을 위한 시스템 및 프로그램 활용 인프라 구축도 필요합니다. 요즘 도서관도 늘어나고 시설도 많이 좋아지고 있는데 가서 보면 안타까운 게 이용자들이 온통 어른이에요. 정작 아이들은 학원에 다니느라 시간이 없어 못 오고 아이들 대신 부모님들이 책을 빌려 가시더군요.

공공도서관이나 학교 도서관이 제 역할을 하면 사교육비 문제도 상당 부분 해결될 수 있습니다. 공연히 돈 쓰고 싶은 부모가 어디 있겠어요? 노후 대비하기도 빠듯한 상황인데. 영어 유치원, 어학원을 상당 기간 다닌 아이들의 영어 실력이 다 우수할 것으로 생각하는데, 강남의 유명 어학원을 한 3~5년 이상 다닌 아이들의 경우에도 들인 돈과 시간을 고려할 때 효과가 거의 없는 사례가 많았습니다. 오히려 영어에 대한 부정적인 생각과 벌써부터 영어를 잘못한다는 패배 의식에 젖어 있는 것을 보고 안타까웠습니다. 그 시간에 차라리 책을 읽게 했더라면 어땠을까 싶은 생각이 들 정도였습니다.

그리고 모국어 독서 능력과 영어 독서 능력은 서로 무관할까요? 아니죠. 모국어 독서량이 충분한 아이들의 경우 영어 독서 능력에서도 그 역량을 발휘하는 경우가 많습니다. 영어를 일찍 가르치는 것보다 오히려 독서 습관을 키워주는 것이 우선이겠죠. 그리고 영어 독서만 해서는 영어 실력이 늘지 않는다는 불안감을 가진 분들도 많은데, 사실 앞에서 예를 든 아이들 정도의 영어 실력이면 걱정할 필요가 있을까요?

저희 연구소에서 본격적으로 영어 독서를 시작하기 전, 초·중학생 1만 5천여 명을 대상으로 자체적으로 개발한 진단 도구를 통해 영어 읽기 수준을 테스트해보았습니다. 거의 60퍼센트 이상이 미국 유치원 수준에 불과한 읽기 능력을 보여주었습니다. 그렇게 많은 비용과 시간을 사교육에 투자했는데도 불구하고 사실 그 효과는 미미한 것으로 드러난 셈이죠. 우리 아이들이 학교나 학원에서 실제 자신의 수준에 비해 너무 어려운 교재를 활용하고 있지는 않은지 돌아볼 필요가 있습니다.

초등학생들을 대상으로 한 온라인 독후 활동이나 포인트 누적 등 보상 프로그램 활용에 회의적이었던 측면도 있었습니다. 아이들에게 과도한 스트레스를 주는 게 아니냐고 생각했거든요. 그런데 우려했던 것과 달리 아이들이 흥미를 보이는 데다 학습이 끝나자마자 결과가 나오고 바로 성취 수준을 알려주는 시스템이 오히려 아이들에게 학습 동기를 부여한다는 사실을 알 수 있었습니다. 또한 영어 독서 후 말하기나 쓰기 활동을 병행했을 때 더욱 효과적이었습니다. 책에 대해 잠깐씩이라도 묻고 대답하고, 짧게라도 메모하는 것이 아이들의 독서 활동에도 여러모로 긍정적인 기여를 했거든요.

결국 듣기, 말하기, 읽기, 쓰기 이 네 가지 영역을 동시에 진행하는데, 다만 비중의 차이를 두어 늘 병행할 수 있도록 하는 것이 효과적이라는 거죠. 처음에는 물론 읽기 활동을 기본으로 하고 많이 듣는 게 더 중요하겠죠. 그러다가 말하기나 쓰기 등 표현의 기회를 점점 늘리면서 비중을 높여가는 거죠. 각 영역별 비율은 약간 조정할 필요가 있지만 처음부터 어느 하나라도 포기하지 않는 것이 좋습니다. 이러한 네 가지 영역을 아이들이 골고루 잘할 수 있도록 학교나 도서관이 관심을 갖고 그런 프로그램들을 준비할 수 있었으면 합니다. 앞으로 우리 아이들이 좀 더 나은 환경에서 좀 더 효율적인 방식으로 영어 독서 활동을 할 수 있도록 우리 모두 관심을 갖고 함께 협력해나갔으면 합니다.

질의 응답

청중1 아까 부산에서 학부모 스토리텔러 교실을 연 4회 진행한다고 하셨잖아요? 그럼 현재 다른 도서관에는 이런 프로그램이 없는 건가요?

권혜경 서울의 용산도서관이나 개포도서관에서도 무료로 학부모 영어 독서 지도 기본, 심화 과정을 운영하고 있습니다. 처음에는 영어책 읽어주는 봉사활동이라고 하면 대부분 영어 실력이 뛰어나야만 할 수 있는 줄 아시고 참여를 주저하시죠. 자료 만들고, 출석 체크는 영어를 잘하지 못해도 할 수 있답니다. 그러면서 부족한 영어 실력은 뜻만 있으면 이러한 과정을 통해 얼마든지 보완할 수 있습니다. 부산 영어도서관 말고도 지역의 평생학습관이나 공공도서관에서 학부모나 교사 대상의 영어 독서 교육, 영어 독서지도사 양성 과정이 점차 늘어나고 있습니다.

청중2 서울의 경우 어느 학교의 도서관이 영어 독서 교육 준비가 잘 돼 있나요? 한 번 보고 싶은데요.

권혜경 얼마 전에 '사교육걱정없는세상'에서 주최한 영어다독포럼에

발제자로 나오신 일선 학교 선생님들 말씀을 듣고 사실 저도 감동을 많이 받았어요. 대부분 선생님들의 개인적인 노력과 열정으로 영어 독서 환경이 점차 좋아지고 있다는 생각이 들었습니다. 하지만 안타깝게도 아직은 서울의 어느 학교 도서관이 영어 독서 교육 준비가 특별히 잘되어 있다고 자신 있게 소개해드리기는 어렵습니다. 다만 선생님들과 부모님들의 계속적인 관심과 노력에 힘입어 조만간 영어 독서 교육의 좋은 본보기가 될 만한 학교들이 많아질 것이라 기대합니다.

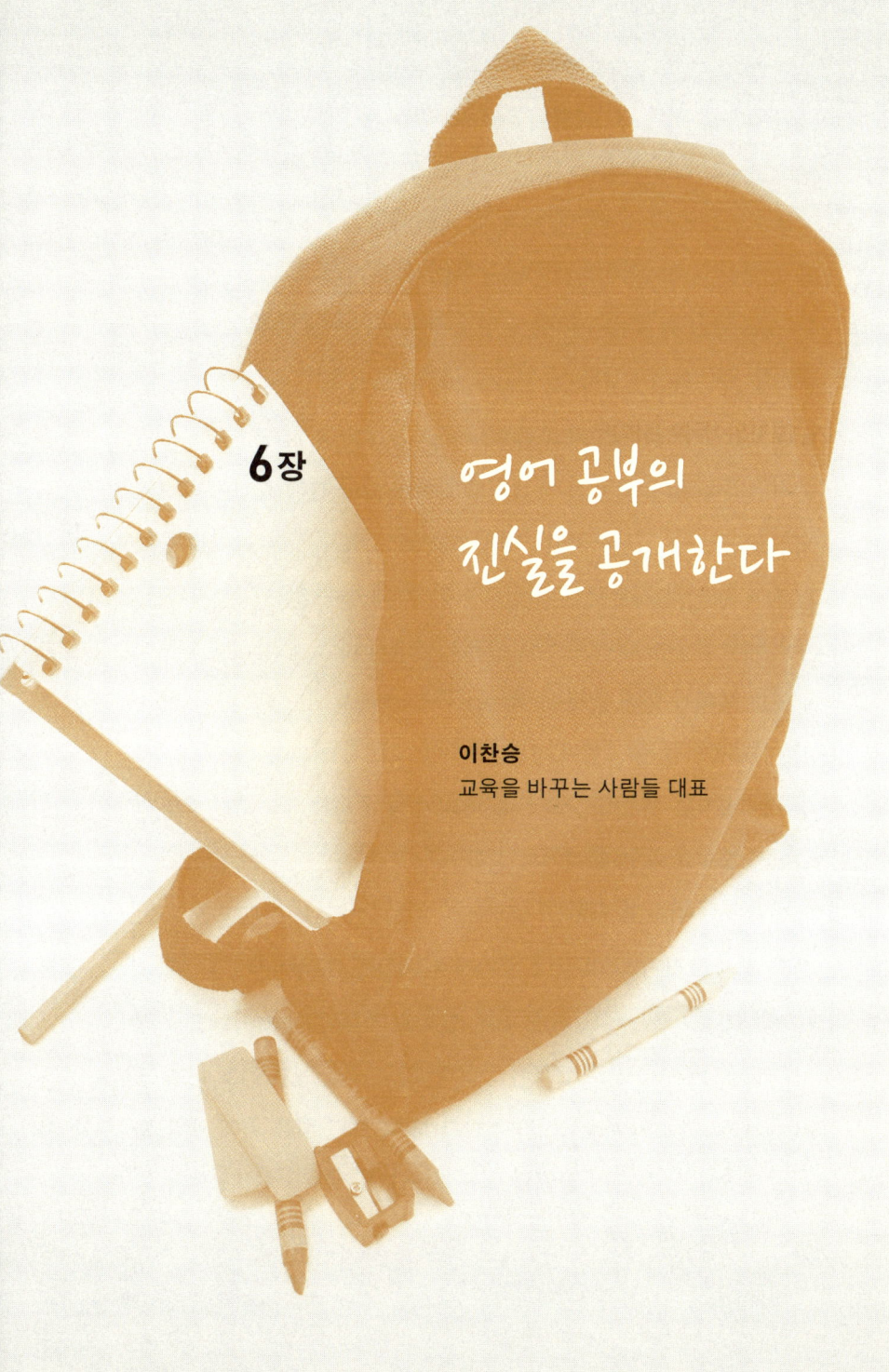

6장 영어 공부의 진실을 공개한다

이찬승
교육을 바꾸는 사람들 대표

교육을 바꾸는 일을 소명으로 삼다

저는 우리나라 교육 정책, 그리고 영어와 삶에 관해 관심이 많습니다. 영어가 우리의 성공이나 행복과 유리돼 있는 것이 아니잖아요. 그래서 늘 어떻게 하면 영어를 보다 더 잘 배울 수 있는가 생각하죠. 우리말의 경우는 태어나서 세 살만 되면 누구나 말을 잘하게 되는데 영어는 사회가 영어 교육에 엄청난 돈을 퍼붓는데도 왜 잘 안 될까. 저는 그게 정말 궁금했어요. 그래서 영어 습득 이론을 알고 싶어서 전 세계 영어교육학회 같은 데는 빠지지 않고 다니기도 하고 혼자서 영어 습득 이론을 공부하기도 했죠.

사람들은 저보고 이제 경제적으로 여유도 있고 시간도 있으니 여행도 가고 그러지 왜 세상에서 가장 힘든 일인 교육을 바꾸는 일에 뛰어들었냐고 물으세요. 저도 모르겠어요. 자다 잠시 깨어나도 우리나라 교육 바꾸는 일로 생각이 금방 꽉 차는 것을 보면 저도 어쩔 수가 없네요. 하늘이 내린 소명召命인가 보죠. 그런 일을 위해 매일 출근길에 오르면 가슴이 떨리니 어쩌겠습니까. 세상을 좀 더 살기 좋은 곳으로 바꾸는 데 일조할 것이라는 굳은 믿음으로 살고, 세상을 떠나기 전까지 세상을 조금이라도 더 살기 좋은 세상으로 바꾸는 데 미력이나마 보탤 수 있다면 참 보람 있는 삶이 될 거라 생각합니다.

귀중한 시간이지만 즐거운 분위기로 시작하기 위해 유머 하나 소개할게요. 즐거워야 학습이 잘되니까요.

청소년 셋이 정신과 의사 선생님을 찾아갔대요. 정신과 의사가 첫 학생부터 진단을 했죠. A라는 학생에게 2 더하기 7은 얼마냐고 물었어요. 그랬더니 10이라고 답했어요. 그러자 의사는 학습결손이 심각하군, 생각했죠. 두 번째 학생한테 다시 똑같은 질문을 했어요. 그랬더니 '밀리언million', 영어로 백만이라고 답했어요. 의사 선생님은 또 고개를 절레절레 흔들며 크게 실망했죠. 그다음 세 번째 학생한테 2 더하기 7은 얼마냐고 물었더니 9라고 답하는 거예요. 정답을 듣는 순간 의사 선생님은 '한 놈은 정상이구나'라고 생각하면서 미소를 지으며 어째서 9냐고 물었습니다. 그랬더니 대답이 걸작이었습니다. "얘가 말한 '10'에서 쟤가 말한 '밀리언'을 빼면 9예요." 그러더래요.

요즘 학생들이 하도 스트레스를 많이 받고 학습부진도 심각하다 보니 이런 유머까지 나오는가 봅니다. 대한민국 교육이 지금처럼 굴러가면 이런 학생들이 나오지 말라는 보장이 없습니다. 이런 학습부진이 더 이상 발생하지 않는 그런 세상이 하루 빨리 왔으면 좋겠습니다. 그럼 강의를 시작하죠.

영어, 모든 사람이 다 공부해야 할까요?

잘 생각해봐야 할 문제입니다. "영어는 얼마나 잘해야 할까요?" 영어교육자들조차도 가끔씩 이런 질문을 던집니다. 또 혹자는 "국민의 몇 퍼센트가 영어를 잘하면 충분한가?"라는 질문을 하기도 합니다. 저는 단적으로 이런 질문들은 부질없는 것이라고 생각합니다. 한 개인에게 영어가 왜 필요한지, 언제 또 얼마나 필요한지는 살아봐야 알지 아무도 모릅니다. 정말 모릅니다. 영어가 자기 목숨을 구해줄 수도 있으니까요. 용접 기술자로 일하다가 어느 날 영어시험을 봐 호주로 이민을 갈 수도 있어요. 제가 능률교육을 경영할 때 어떤 고객 한 분이 갑자기 캐나다에 가서 치킨집을 하려고 하는데 거기에 맞는 영어 프로그램이 없냐고 물어온 거예요. 그런 프로그램이 있을 리가 없죠. 저는 속으로 '어릴 때 영어 좀 잘해두셨더라면 지금 아주 긴요하게 쓰실 텐데' 하고 안타까워했을 뿐입니다. 이와 같이 영어가 언제, 누구에게 필요할지 정말 예상하기 어렵습니다.

영어를 공부해야 하는 데는 수많은 이유가 있습니다. 영어 교사들을 대상으로 영어 연수를 할 때면 "영어란 ~이다"라는 말을 완성해 보라고 합니다. 학생들이 영어를 배워야 하는 이유에 대해 일선에서 영어를 가르치는 선생님들은 어떤 생각을 갖고 있는지 궁금하기도 하고, 또 교사로서 학생들이 왜 영어를 배워야 하는지에 대해 충분히 알고 있어야 하니까요. 여러 가지 답변이 나옵니다. 이때, 저는 "영어는 제3의 눈이다" 또는 "영어는 세계를 향한 창이다" 이런 말을 빠뜨리지 않고 해드리죠. 그렇지 않나요? 영어를 잘하면 영어 방송,

영어로 된 책, 신문 다 읽을 수 있잖아요. 지식 기반 사회에 또 다른 눈을 하나 더 갖는 것보다 더 유용한 무기가 어디 있나요? 그리고 영어라는 창문을 열면 세계가 보이죠. 외국 사람들과 친구가 될 수 있고, 세계의 다양한 삶을 만날 수도 있고 말이죠. 그래서 영어는 세계로 향한 창인 셈이죠. 영어를 알면 시야가 달라지고, 세상을 보는 눈이 달라지고, 삶의 질이 달라질 수 있어요.

영어는 외국어인가요, 지구촌 공용어인가요?

영어에 대한 인식부터 바꿔야 합니다. 습관이 되어서 아직 많은 사람들이 영어를 외국어라고 불러요. 그런데 영어는 더 이상 외국어가 아니라는 것이 일반적인 시각입니다. 영어는 이제 지구촌 공용어의 위상을 갖게 되었으니까요. 과거에는 영어는 영미의 모국어라는 인식이 강했습니다. 그래서 우리는 그동안 영미의 모국어를 빌려다 외국어로 배우고 사용했죠. 그러나 지금은 영미 영어는 세계의 수많은 영어 중 하나라는 인식이 지배적입니다. 필리핀 영어, 인도 영어, 호주 영어, 심지어 중국 영어 Chinese variety of English, 한국 영어 Korean variety of English까지 언어의 적합성을 갖추어가면서 새로운 '세계 영어 world Englishes'로 진화하고 있다고 보는 겁니다(251쪽의 표 참조). 세계화나 인터넷의 발달로 영어가 모국어가 아닌 사람들 사이의 의사소통 수단으로 영어가 점점 더 많이 쓰이면서 이젠 세계 공용어의 위상까지 넘보게 되었습니다. 영어를 영미 모국어로 보느냐, 아니면 세계 공용어로 보느냐에 따라 영어의 표준, 유창성, 평가방법 등이 달라질 수 있습니다. 영어에 대한 이런 인식의 변화는 매우 큰 의미를 갖죠.

옆의 표를 보면 동그라미의 중앙에 '세계의 표준어 world standard English'라고 쓰여 있죠. 10~11시 방향을 보면 중국 영어, 일본 영어 등도 지금 '표준화되고 있는 중인 영어 standardizing English'라고 표현하고 있습니다. 이것이 시사하는 점이 매우 큽니다. 한국인이 쓰는 영어는 어차피 한국어의 영향을 받게 되죠. 그런 영어를 콩글리시 Konglish라고 부르며 저급한 영어로 생각해서는 안 된다는 뜻이기도 합니다. 핸드폰 hand phone은 매우 소중한 한국식 영어 표현입니다. 셀폰 cell phone만큼 잘 통하죠.

영어를 외국어라고 부르면 그것은 우리가 영미 모국어를 빌려 쓰는 아웃사이더라는 뜻입니다. 우리가 사용하는 영어가 미국이라는 나라의 언어를 빌려 쓰는 것이라는 생각을 갖게 되면 미국 거지 앞에서도 주눅이 들죠. 그들의 발음이 한국 사람들의 영어 발음보다 좋으니까요. 지금부터 영어는 영미의 모국어가 아니고 세계인이 의사소통할 때 쓰는 우리 지구촌 사람들의 공통의 자산이다, 그렇게 생각하셔야 해요. 이렇게 영어를 세계 공용어로 받아들이는 순간, 영어의 표준과 유창성의 정의가 달라진다고 했죠. 한국의 영어 교육은 과거에는 영어 교과서를 쓸 때 미국 영어를 표준으로 삼을 것을 강제했지만 지금은 그런 규정이 없어졌어요. 이젠 영어 교과서의 1과는 미국 영어, 2과는 영국 영어, 3과는 호주 영어로 하더라도 문제없습니다. 세계화의 시대에는 세계의 다양한 영어를 접하고 이런 영어를 사

세계의 표준영어

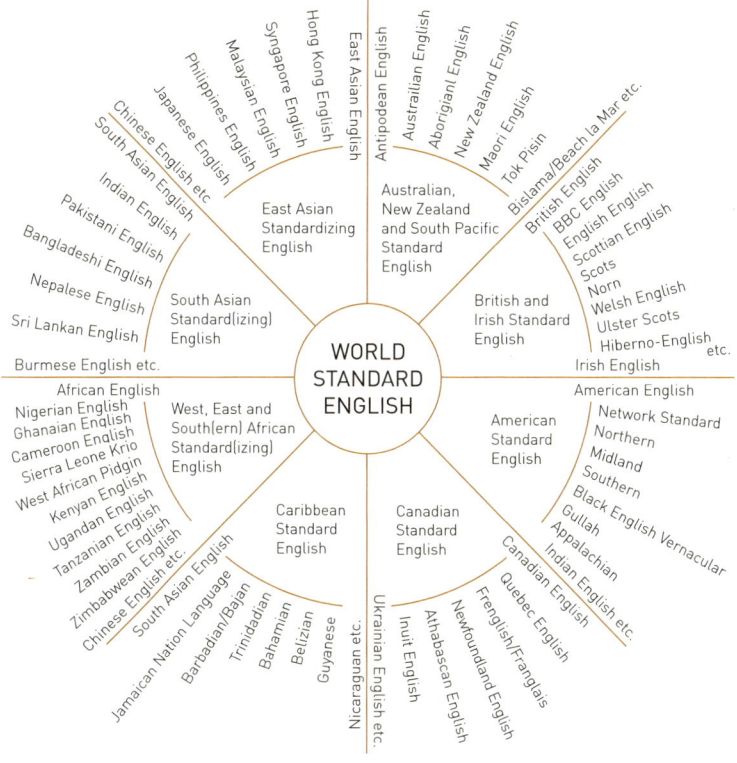

출처: Crystal, David, *English as a global language*, Cambridge: CUP, 1997.

용하는 사람들과도 소통이 되는 것이 중요하니까요. 우리가 살아가면서 영미인만 만나는 것은 아니잖아요.

그러나 한국은 미국 영어를 오랫동안 영어 교육의 표준으로 삼아왔기 때문에, 또 미국에서 학위를 받은 사람들이 많기 때문에 자연스럽게 미국 영어를 선호하는 경향이 강합니다. 하지만 이는 바람직하지 않아요. 우리가 미국 영어만을 우수한 영어로 보고, 미국 영어만 가르치고 배운다면 어떻게 될까요? 우선 미국 문화를 비판 없이 수용하는 위험도 있을 수 있죠. 한 나라의 언어 속에는 그 나라 사람들의 문화와 가치가 다 스며 있으니까요.

그리고 이 세상에 미국 영어만 존재한다면 얼마나 삭막하겠어요. 한국어의 경우를 생각해보세요. 가령 전라도 사람과 충청도 사람이 다 서울 중류층 말만 쓴다면, 또 제주도 사람들에게 서울 중류층 사람들의 말과 발음을 사용하라고 강요하는 것을 상상만이라도 해보세요. 정말 이상한 일이겠죠. 아직도 미국 영어를 가장 우수한 영어라고 생각하는 사람들을 만나면 저는 열이 납니다. 미국 발음을 최고라고 생각하시면 안 됩니다.

언어의 기능이 뭡니까? 하나는 의사소통. 두 번째가 뭘까요? 자기 정체성을 드러내는 거예요. 저도 고향인 경북 풍기에 가면 사투리가 막 나옵니다. 최근 미국의 한 학회에서 한국 사람, 중국 사람, 일본 사람의 영어를 모두 조사했더니 원어민이 가장 잘 알아듣는 게 한국 사람 영어였다는 발표가 있었어요. 한국 영어도 잘 통한다는 거죠. 미국 영어 발음이 최고라고 생각하며 자신의 발음이 미국인의 것과 다르다고 괜히 주눅 들 필요가 없다는 거죠. 통하면 돼요. 즉 알아들을 수 있기 intelligible 만 하면 돼요. 많은 교육학자들이 동의하는 부분입니다. 아니면 제가 이렇게 자신 있게 얘기하겠어요.

이상적인 영어 교사의 모델도 원어민이 아닙니다. 원어민은 한국인이 왜 영어를 어려워하는지, 아이들이 뭘 힘들어 하는지 잘 몰라요. 하지만 한국인 선생님들은 학습자들의 사정을 잘 알죠. 비슷한 상황을 겪었으니까요. 그래서 한국인에게 이상적인 영어 교사는 한국어와 영어 둘 다 유창한 한국인 선생님이에요.

영어를 세계 공용어로 보거나 영미 영어를 세계의 수많은 영어의 하나로 보게 되면 달라져야 할 것이 또 있어요. 비영어권 사람들과 영어로 의사소통을 할 때 영미 영어의 관용표현 사용을 삼가는 것이 좋다는 점이죠. 가령 중국인 친구에게 'I have (some great) news for you'라고 말하면 되지 굳이 'You know what?'이란 표현을 사용할 필요 없죠. 잘못 알아들을 가능성이 있으니까요.

아시아가 힘이 좀 더 세지면 영미권에 영미 영어에만 있는 영어 관용표현은 사용을 자제해달라고 당당히 요구해야 합니다. 너희들만 잘 아는 이디엄 같은 것 삼가고 모든 언어에 공통적으로 있는 영어 표현이나 구문들만 사용하라고. 그게 공정하니까요. 이처럼 공용어로 불릴 수 있는 영어를 흔히 글로벌 잉글리시 EGL: English as a Global English라고 해요. 이 분야의 연구자로 세계적인 권위자인 데이비드 그래돌 David Graddol은 254쪽의 도표처럼 영미 영어를 사용하는 사람들보다 글로벌 잉글리시를 사용하는 사람들이 훨씬 더 많을 것이라고 예상하고 있어요.

그리고 '영어가 유창하다'라는 말의 의미도 달라지게 됩니다. 외국어로서의 영어라면 발음, 표현 모두 영미인에 가까운 것이 유창한 거죠. 그러나 세계 공용어로서의 영어는 달라요. 호주 영어, 인도 영어, 남아프리카공화국 영어 등등 지구촌의 어떤 영어 사용자를 만나더

영미 외국어로서의 영어 사용과 세계어로서의 영어 사용 비교

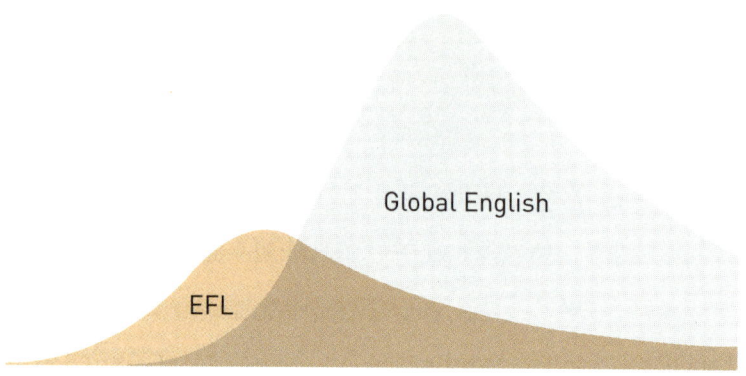

출처: http://www.britishcouncil.org/learning-research-english-next.pdf

라도 영미 영어와 다른 그들만의 발음과 표현을 존중하며 잘못 알아들으면 되묻고, 확인해서 원만하게 의사소통을 하는 것, 이것이 바로 세계 공용어로서의 영어가 갖는 유창성의 뜻입니다. 한국도 이제 미국 영어 중심의 사고를 벗어나 '한국 영어 Korean variety of English'를 자랑스럽게 사용하며 한국 영어를 발전시켜 갔으면 합니다.

영어 듣기, 말하기, 읽기, 쓰기 중 어떤 것이 더 중요할까요?

한국에 살면서 영어 4 스킬에 다 유창해지는 건 거의 불가능합니다. 그래서 영어를 배우는 분들 스스로 영어 듣기, 말하기, 읽기, 쓰기 중 어떤 것에 집중할지 전략적 접근이 필요합니다. 여러분은 어떻게 생각하세요? 이른바 4 스킬 중 말하기가 가장 기본이라고 생각하지 않으세요? 저는 한국적 상황에서는 기본적으로 읽기 reading 가 가장 중요하다고 생각합니다. 물론 지금 자녀가 어떤 목적으로 영어 공부를 하는가에 따라 다를 수는 있습니다.

　물론 읽기라고 해서 듣기, 쓰기, 말하기 등을 완전히 배제한 읽기를 의미하는 것은 아닙니다. 읽기도 녹음된 내용을 들으면서 하는 것이 효율적이니까요. 또, 읽은 내용을 요약해본다면 쓰기 과정도 포함되죠. 만약 읽은 내용을 놓고 짝과 함께 영어로 질문하고 답하는 시간을 갖는다면 말하기도 포함이 되는 셈입니다. 뿐만 아니라 읽기를 통해 어휘와 영어 문장의 구성 원리를 간접적으로 배우게 되죠. 이렇듯 주된 목적이 읽기라는 것이지 듣기, 쓰기, 말하기를 완전히 배제하는 것은 아닙니다.

　어떤 학자가 앞으로는 영어의 4 스킬 중 '쓰기writing의 쓰임이 커지고 회화speaking 학습의 수요는 줄어들 것이다'라고 쓴 글을 읽은 적이 있는데 공감이 가더군요. 왜 쓰기보다 회화가 우선순위에서 밀리게 될까요? 한국처럼 영어가 모국어나 제2외국어가 아닌 상황에서는 영어 회화는 배워도 일상적으로 쓸 일이 거의 없어요. 미국 입국 수속을 밟을 때 말이 안 통하면 한국말이 유창한 근무자가 대기하고 있다가 바로 달려와 통역을 해줍니다. 또 해외여행도 대부분 그룹 투어로 가잖아요. 그러면 영어 몰라도 아무 불편 없어요. 구글이 또 뭐 만들어요? 서바이벌 영어 정도는 휴대폰이 통역해줄 날이 멀지 않았다고 하죠. 학교에서 배우는 영어 회화 정도로는 서바이벌 수준을 넘을 수 없습니다. 사실 물건 사고 길 묻고 기차표 사는 정도는 영어가 유창하지 않아도 손짓발짓으로 의사소통을 할 수 있죠.

저부터 미국 가도 영어 쓸 일이 별로 없어요. 학회 같은 데 가서 워크숍에 참가하거나 할 때만 영어가 좀 필요할 뿐이죠.

　이런 사실들은 무엇을 의미할까요? 영어 회화를 어느 정도까지 배울 것인가에 대해 숙고해볼 필요가 있다는 것입니다. 읽기 실력이 탄탄한 사람이라면 서바이벌 수준의 영어 회화는 웬만큼 해낼 수가 있죠. 아래와 같이 말예요.

　방법 1 문법 다 무시하고 말하기
"어제 할머니 문병을 갔다 왔어요. 몹시 편찮으시거든요. 벌써 2개월째 입원 중이에요."

　• 초급 수준
"Yesterday I visit my grandmother. She very very ill. She in hospital two months."

이렇게 문법을 몰라도 상황을 서로 잘 알고 있기 때문에 이 정도로 말해도 잘 통합니다. 계속 정확한 영어를 접하면서 차츰 아래와 같은 영어를 닮아가게 되죠.

　• 고급 수준
"I visited my grandmother yesterday. She's seriously ill. She's been in the hospital for the past two months."

방법 2 핵심어만 우리말 순으로 말하기

"전철역이 어디 있죠?"

- 초급 수준

"Subway station where please?"

- 고급 수준

"Could you please tell me where the subway station is?"

"Could you tell me the way to the nearest subway station?"

방법 3 단어/구로만 말하기

- 단어/구로 말하기

A: coffee?

B: Please.

A: Milk?

B: Just a drop.

- 문장으로 말하기

A: Would you care for some coffee?

B: Yes, please.

A: Do you take milk (in your coffee)?

B: Yes, just a drop, please. Thank you.

학교에서 배우는 회화 정도 가지고는 자신의 인지 수준에 맞는 깊은 대화는 불가능합니다. 영어 사용국에서 박사학위를 딴 분들도 특별히 노력한 경우가 아니면 그런 영어 회화는 잘 안 되죠. 이런 점을 생각할 때 저는 한국 공교육이 영어 회화 교육에 너무 큰 비중을 두는 것은 바람직하지 않다고 생각합니다. 배워도 학교 밖에서는 쓸 일이 없으니까 금방 잊어먹게 되고요. 그래서 스티븐 크라셴Stephen Krashen 같은 영어 교육 전문가도 한국과 같은 아시아 국가들은 초등학교, 중학교에서 회화 가르치지 말고 영어 책이나 많이 읽히라고 조언합니다. 우리 사회가 어떤 착각에 빠져 있냐면, 교실에서 가르치면 그게 지속되리라고 생각해요. 결코 그렇지 않습니다. 영어 잘하던 사람도 안 쓰면 다 잊어먹고 혀가 굳어요. "Use it or Lose it"이라는 말 들어보셨나요? "(배운 것을) 사용하라, 그렇지 않으면 잊어버린다(=신경세포 간의 연결이 끊어진다)"라는 뜻인데, 뇌의 기억에 관계되는 매우 중요한 원리죠.

한국적 상황에서는 말하기보다 쓰기의 사용 기회가 더 많다고 볼 수 있어요. 채팅, 이메일, SNS 등을 통해서 원거리에 있는 사람과 글로 의사소통을 할 수 있죠. 실제로 자연스러운 일상에서 외국인과 영어로 말할 기회는 가장 적은 게 사실입니다. 그래서 저는 더 쓸모 있는 읽기, 듣기, 쓰기 등에 집중하는 것이 좋다는 생각입니다. 그리고 특히 쓰기는 곰곰이 생각하면서 또 사전을 찾아가면서 영작할 수 있다는 장점이 있습니다. 하지만 회화는 그렇게 할 수 없잖아요. 저는 회화의 전 단계pre-speaking로 구어체 영작을 많이 연습시키는 것이 훨씬 더 현실적인 회화 교육이 될 것이라고 생각합니다. 그러다가 나중에 회화가 필요한 시점에서 그때부터 열심히 실제 말하기 연습을 하면 되니까요.

영어 공부하는 데 어느 정도 시간이 드나요?

자, 그럼 이번에는 영어 잘하는 데 어느 정도 시간이 필요한지 얘기를 나눠보죠. 몇 시간 정도 걸릴 것 같아요? 여러분은 어떻게 생각합니까? 1만 시간의 법칙이란 게 있죠. 매우 의미 있는 숫자라고 생각합니다.

제가 능률교육을 경영할 때 영어 잘하는 직원들을 대상으로 영어 공부를 도대체 몇 시간이나 했는지 궁금해서 인터뷰를 해봤어요. 모두 영어에 노출된 시간이 3만 시간이 넘어요. 어렸을 때 유학을 가서 영어를 배우는 속도를 고려하면 3만 시간은 결코 과장된 것이 아니죠. 유학생의 경우 대부분 4 스킬에 비교적 유창해지는 데 2년 이상 걸립니다. 영어의 기초가 부족한 상태로 유학을 갔거나 부끄러움을 많이 타고 틀리는 것을 겁내는 학생들의 경우는 3~4년 걸려요. 이 학생들이 영어에 노출된 시간을 계산해보면 다 2만 시간이 넘어요. 그렇다고 그 친구들이 문법도 원어민처럼 잘하는가 하면 그렇지 않죠.

저의 이런 주장에 동의하지 않는 분들도 계실 거예요. 누구누구는 짧은 시간을 배우고도 영어를 잘하더라고 말씀하시면서 말이죠. 그런데 잘한다는 수준이 어느 정도를 말하는 것인가에 따라 소요 시간이 크게 달라질 수 있어요. 그냥 서바이벌 수준의 생활 영어를 웬만큼 잘하는 수준이라면 1만 시간까지 필요하지 않죠. 하지만 학술적인 내용까지 쓰고 토론할 수준이 되는 것은 전혀 다른 문제예요.

그런데 그 1만 시간의 법칙에서 말하는 1만 시간이면 하루에 몇 시간씩 몇 년을 해야 하는 거죠? 하루 3~4시간씩 10년을 해야 1만 시간이에요. 어마어마하죠. 한국의 경우, 공교육의 영어 수업 시간을 다 합쳐도 총 800시간도 안 되는데 고등학교 졸업하고 영어로 말 한마디 못한다고 핀잔주면 안 되죠. '영어 학습법에 문제가 있어서 그렇다, 시험 중심 교육을 해서 그렇다', 다들 부분적으로는 일리가 있는 원인 분석이지만 사용 기회가 없고 영어에 쏟는 절대 시간이 부족한 것이 주원인입니다. 저는 수학을 전공했어요. 회화를 하려면 알아야 할 단어, 그것이 만드는 필수 연어, 숙어, 표현을 습득하려면 하나하나에 몇 번씩 반복 노출이 돼야 하는지 계산해보면 답이 바로 나오죠. 지금 교육 과정 기준은 그냥 만든 겁니다. 만든 전문가들도 다 압니다. 교사도 도달하기 어려운 수준이거든요.

세계적으로 유명한 영어교육학자 중에 제레미 하머Jeremy Harmer라는 분이 있어요. 한국에도 자주 오는 분인데, 최근 발간한 자신의 책에 이렇게 썼어요. "선생님이 아무리 영어를 잘 가르쳐도 학교 교실 수업만으로는 영어를 잘할 수 없다." 이 문장을 읽으면서 속이 시원했어요. 영어 공부에 쓰는 절대 시간이 턱없이 부족한데 교육 과정의 영어 성취 기준에 도달하라고 하면 이는 국가가 학생들을 영어 사교육으로 내모는 것이나 다름없죠.

영어 몰입 교육에 대해서 어떻게 생각하세요?

영어라는 새로운 언어를 하나 익히는 데는 엄청난 시간이 듭니다. 특히 영어를 일상적으로 쓰지 않는 한국과 같은 상황에서는 더욱 그렇습니다. 그래서 영어를 영어 과목을 통해서만 배우지 않고, 수학, 생물 같은 과목까지 영어로 가르치고 배우는 방식이 등장한 거죠. 그게 이른바 영어 몰입immersion 교육이에요. 우리나라에서는 주요 도시의 사립초등학교에서 많이 하고 있죠. 또, 주요 대학들이 다양한 과목을 영어로 강의하고요. 한편 일반 학교에서는 TEETeaching English in English라고 해서 영어로 영어 수업을 진행하는 방식을 권장하고 있습니다. 이미 제한적이지만 한국의 경우에도 영어가 강의나 학습의 매개 언어가 되어가고 있습니다. 이게 세계적인 추세죠.

앞에서 말씀드린 바와 같이 학교 영어만으로는 영어 4 스킬을 잘 할 수 없어요. 그래서 어떤 부모님들은 아동기에 우리말로 된 책을 많이 읽히고 또 많이 뛰어놀게 하는 것이 좋다는 것을 알면서도 영어 몰입 교육을 하는 사립초등학교에 자녀를 입학시키고 싶어 합니다.

영어 몰입 교육을 어떻게 볼 것인가? 우리나라에는 이런 현상을 자연스럽게 받아들이는 분들도 계시고, 아예 초등학교에서 영어 교육을 금지하자고 주장하는 분들도 계십니다. 영어 교육에 대한 관점이 다양한 거죠. 초등학교에서 영어를 가르치니까 고액 영어 유치원이 성황하게 되고, 돈 없는 가정은 자녀를 영어 유치원에 보내는 것은 꿈도 못 꿀 형편이니 초등학교에 입학하는 시점에 이미 차이가 많이 나게 되죠. 이런 점은 가슴 아픈 일입니다. 가정의 사회경제적

위치가 영어 격차를 낳고, 영어 격차가 학벌의 격차를 확대하고, 이것이 소득 격차, 계층 격차로까지 이어지게 되기 때문입니다. 그렇다고 이를 규제하기는 매우 어려운 면이 있습니다. 공립이 아닌 사립초등학교가 영어 몰입 교육을 하는 것, 경제력이 있는 부모가 초등학교 4학년쯤에 2년 정도 조기유학 보냈다가 1년 정도 적응 기간 갖고 특목고를 목표로 하는 것 등은 어디까지나 개인의 자유, 사립학교 운영의 자유이기 때문입니다. 또, 영어가 세계 공용어 성격을 더해가면서 영어 조기 교육이 세계적인 추세가 되기도 했고요.

영어 교육을 금지하거나 제약하는 데 법적 한계가 있다면 입시에서의 비중을 좀 낮추는 방향은 어떨까요? 원서를 사용하면서 영어로 강의를 진행하는 대학 진학을 생각하면 입시에서 요구하는 영어 수준을 대폭 낮추는 것도 문제가 있습니다. 그렇다면 영어 학원이나 몰입 교육을 하는 학교에 다니지 않더라도 학교, 가정 그리고 사회가 힘을 합쳐서 영어책 읽기를 강화하고 도와주는 것은 어떨까요?

이렇게 하더라도 현재와 같은 조기 영어 교육 추세를 꺾기는 어려울 거예요. 스트레스를 크게 받고, 심지어 모국어 발달 지연, 한국인으로서의 정체성 문제 등을 각오하면서 어릴 때부터 영어를 가르치겠다는 부모들은 여전히 적지 않을 테니까요. 영어가 세계어의 성격을 갖는 오늘날, 직업 선택의 장을 전 세계로 확대하기 위해서는 영어가 유창한 것은 필수적입니다. 이런 상황을 감안할 때 한국 공교육이 영어 읽기, 듣기, 쓰기를 강화하고 영어 몰입 교육은 지양하는 분위기를 만들어가는 것도 필요할 것 같습니다.

미국 표준 발음과 많이 다른 선생님으로부터 영어를 배우는 것은 문제가 있나요?

부모님들이 꺼리시죠. 발음은 일시적으로 몇 개월 배운다고 쉽게 달라지지 않습니다. 그리고 영어가 이젠 세계 공용어이며, 세계의 다양한 영어가 공존하는 것이 자연스럽다는 인식을 바탕으로 영미 영어 이외의 발음을 접하는 것도 나쁘지 않아요.

미국 영어, 영국 영어도 이 세계에 존재하는 여러 영어 중 하나일 뿐이라는 식으로 생각이 바뀌고 있어요. 이런 시대에 미국 영어 하나 달랑 잘하고 다른 것은 모른다? 다른 것은 저급 영어라고 생각한다? 그건 아니죠.

영어 습득 이론 중 한국 실정에 적용할 만한 것은 무엇인가요?

영어가 어떻게 습득되는가에 대한 이론을 이해하면 영어 학습 전략을 짤 때 매우 도움이 됩니다. 265쪽의 표는 주요 외국어 습득 이론을 도표로 정리한 것입니다.

외국어 습득 이론의 생성과 발달의 역사를 보면 꽤나 살벌합니다. 스키너Skinner가 지배하던 그 완강한 행동주의Behaviorism 아성은 촘스키Chomsky에 의해 무너지고, 크라센Krashen까지 가세해서 상당한 기간 군림하던 멘털리즘Mentalism은 또 다른 후배 학파들에 의해 공격을 당하고, 인지주의 이론Cognitive theory과 사회문화주의 이론Socio-cultural theory이 뒤를 잇죠. 이제 살벌한 전쟁은 끝나고 평화로운 공존이나 절충의 시대를 맞은 듯하지만 또 알 수 없는 일입니다.

　이들 이론을 간단히 살펴보면, 행동주의 이론은 원어민이 사용하는 영어를 틀리지 않도록 반복 연습하는 것을 매우 중요시합니다. '의미 있는 연습meaningful drill'이 가능하다면 여전히 매우 유용한 외국어 학습법입니다. 이 이론은 많은 비판을 받았지만 지금은 그 명성을 다소 회복하고 있는 중이기도 합니다.

　행동주의를 비판하면서 등장한 것이 생득주의, 멘털리즘, 심리주의, UGuniversal grammar 등으로 불리는 이론인데, 중심에 촘스키가 있죠. 이 이론은 인간은 이미 뇌 속에 언어를 배울 수 있도록 프로그래밍이 되어 있기 때문에 특정 언어에 노출만 많이 되면 어떤 언어든 자연히 배울 수 있다는 이론입니다. 즉 인간은 언어습득장치LAD를 가지고 태어난다는 이론이죠. 이 이론은 모국어를 배우는 과정을 보면 매우 그럴싸합니다만 한국과 같이 목표 언어target language를 일상적으로 사용하는 환경이 아닌 나라에서는 별로 유용하지 않은 이론입니다.

　언어 습득 이론은 20~30년을 주기로 옛것이 후퇴하고 새것이 등장합니다. 멘털리즘 전성시대가 지나고 나면 인지주의 전성시대를 맞게 됩니다. 이중 특히 정보처리 이론Information Processing theory은 언어수행을 위한 입력input과 출력output 사이에 뇌 속에서는 매우 복잡한 의식적/무의식적 정보처리 과정이 수반된다는 이론입니다. 새로운 어휘와 표현을 끊임없이 뇌 속에 저장하고, 반복 접속하고, 사용함으로써 언어 수행이 가능해진다는 이론이죠. 인간의 마

Theory of learning	Dominant metaphor	Associated method	Implications for teaching
Behaviorism	carrot and stick	audiolingualism	repetition; avoidance of error; correction
Mentalism/UG	hard-wiring	natural approach, TPR	exposure (so as to trigger parameter resetting); acceptance of error and a developmental order
Cognitive theory 1 information-processing	black box	communicative language teaching (CLT)	comprehensible input; noticing; output; interaction; feedback; focus-on-form
Cognitive theory 2 usage-based; emergentism, connectionism	order for free	no defined method as yet	
Sociocultural theory	scaffolding	task-based learning?	interaction; assisted performance of tasks

출처: http://www.thornburyscott.com/assets/what%20good%20is%20SLA.pdf

음을 컴퓨터에 비유한 것이라고 할 수 있습니다. 이 정보처리 이론은 주의attention의 집중과 의미 있는 연습meaningful practice을 중시합니다.

　인지주의의 대표적인 것으로 발현주의發現主義, 연결주의connectionism 같은 것이 있습니다. 이는 인간이 문장을 생성하는 과정은, 두뇌 속의 의미 덩어리들chunks이 상호작용을 일으켜서 자생적으로 문장이 생성되고self-organizing 이것이 밖으로 드러나는emerge 것이라고 설명합니다. 현재 전 세계적으로 유행하고 있는 의사소통 교수법은 바로 이런 인지주의 이론을 바탕으로 하고 있습니다.

　예를 들어 'Would you mind turning off the TV?'라는 문장

이 있다면 여기서 'would you mind'와 'turn off the TV'가 옆 그림의 동그라미에 해당되는 의미의 기본 단위죠. 이걸 '청크chunk'라고 부르는데, 이는 사전事前에 문법적으로 잘 조립된 의미 단위를 말합니다. 조물주가 인간이 말할 때 단어 하나하나를 불러와 문장으로 만들어 쓰도록 프로그래밍했겠어요? 그러면 얼마나 바쁘고 힘들겠어요. 이 단어 가져와, 관사 나와, 인간의 뇌가 이렇게 비효율적으로 문장을 조립한다면 어떻게 대화를 자연스럽게 이어가겠어요. 상식에도 안 맞죠. 단어들이 짝을 이루어 자주 함께 결합되어 쓰이는 것들이 많죠. 예로, '버스를 타다, 버스에서 내리다; 우산을 쓰다, 우산을 펴다' 등. 이렇게 한 덩어리로 사용되는 것을 하나의 어휘로 보자는 것, 이게 바로 '렉시스(=확장된 어휘의 개념) 접근법 The Lexical Approach'입니다. 그래서 앞으로 영어 어휘를 익힐 때는 단어 single word 형태가 아닌 그 단어들과 함께 자주 결합하는 의미 덩어리, 즉 연어 collocation를 의미의 최소 단위로 익히는 게 좋습니다. 그렇게 학습을 해두면, 'Would you mind opening the window?'라는 문장을 생성할 때 'would you mind'와 'open the window'라는 두 덩어리가 순간적으로 활성화되고 결합되어 입 밖으로 튀어나온다는 이론입니다.

회화책이나 문법책 속에 있는 수많은 문장과 문법 규칙을 암기하면 필요할 때 꺼내 쓸 수 있다고 생각하는 것, 그것이 보통 말하는 통문장 암기법이죠. 그런데 그게 아니라는 거예요. 문장이란 원재료 몇 개(오른쪽 그림의 동그라미들)를 결합해서 머릿속에서 자체 조립

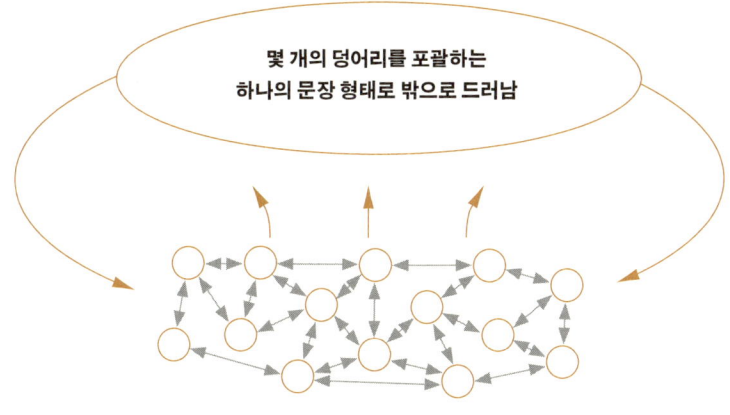

의미 덩어리들의 상호작용

되는 self organizing 것이지 단어와 문법을 사용해 말할 때마다 새롭게 조립해서 쓰는 것이 아니라는 겁니다. 소위 어휘접근법 The Lexical Approach은 20세기 말 마이클 르위스 Michael Lewis가 〈어휘접근법 The Lexical Approach〉이라는 책을 세상에 내놓으면서 영어 교육계에 본격적으로 알려지기 시작합니다. 그때까지 외국어를 배운다는 것은 밖에, 즉 책 속에 존재하는 수많은 표현들을 머릿속에 저장해두었다가 필요할 때 이를 꺼내서 사용하는 거라고 생각하는 것이 일반적이었죠. 그러나 발현주의는 정반대의 주장을 합니다. 두뇌 속에 저장된 의미 덩어리들이 결합되어 하나의 문장으로 만들어지고, 이것이 밖으로 드러나는 것이라고 설명합니다. 지금까지의 상식과 상당히 다르죠.

마지막으로 사회문화주의는 학습이나 언어 습득은 학습자가 고유하게 가지고 있는 능력에 의해 가능해지는 것이 아니라, 타인과의 상호작용을 통해 타인의 도움을 받으면서 가능해진다는 이론입니다. 외국어는 실제 사용하면서 배우는 것이 가장 효과적이라는 주장은 이 이론을 근거로 하고 있습니다. 이 이론을 따르는 대표적인 교수학습법이 과제수행 교수학습 TBL: task-based learning입니다.

이상을 보면 5개의 학습 이론 중에 버릴 것은 하나도 없습니다. 모두 일리가 있습니다. 그래서 가장 좋은 교수법은 상황에 맞게 5가지 이론을 잘 절충하여 사용하는 것이라고 말할 수 있습니다.

한국과 같은 영어 습득 환경에서는 인지주의가 가장 와 닿지 않을까 생각됩니다. 연결주의는 20세기 후반 마이클 르위스의 〈어휘접근법〉(모든 단어가 태생적으로 취하는 어휘 짝꿍과 문장 형식이 있으므로 어휘와 문법이라는 이분법을 벗어나 '어휘-문법 lexico-grammar'이라는 새로운 영역을 의미의 기본단위로 봐야 한다는 주장을 담고 있다) 및 스콧 손버리 Scott Thornbury의 〈언커버링 그래머 Uncovering Grammar〉를 통해 공감대를 넓혀갔다고 할 수 있습니다. 제 개인적인 생각으로는 말하기와 쓰기 교육이 강화되고 있는 요즈음 우리나라의 영어 교육에 어휘접근법의 기본 개념을 도입해보면 어떨까 합니다. 코퍼스 corpus에 기반해 최근에 개발되어 나온 사전들을 보더라도 외국어 교육에 '어휘-문법 lexico-grammar 접근법'이 도입되어야 하는 것은 자명합니다. 그러나 아직 한국은 여전히 어휘와 문법이라는 이분법의 낡은 틀에서 벗어나지 못하고 있는 실정이니 영어 교육의 비효율성이 높을 수밖에 없습니다.

사회문화주의는 어떤가요? 이론 자체는 아주 멋집니다. 공감도 많이 가죠. 하지만 실제 일상생활 속에서 사회문화적 활동을 통해 영어를 사용할 일이 거의 없고, 수업에서 활용하기에는 과밀학급이나 수능시험이 장애가 되고 있습니다.

한국적 상황에서 가장 유용한 이론의 조합은 '행동주의+인지주의+사회문화주의'가 아닐까 싶습니다.

어떻게 하면 영어를 잘할 수 있는가?

제가 가장 자주 받는 질문입니다. 주로 영어 잘하는 비결을 딱 한 마디로 정리해주길 바라는 경우도 있죠. 이 질문에 한 마디로 답하기는 거의 불가능합니다. 아주 교과서적으로 답변을 드린다면, '①강한 동기 ②많은 노출 ③사용의 기회'라고 말씀드릴 수 있을 것 같습니다. 동기가 가장 중요한 사례를 하나 들어볼까요?

제 초등학교 동창 얘기입니다. 경북 풍기 산골 학교를 나왔고, 그 당시는 초등학교에서 영어를 가르치지 않았죠. A, B, C도 못 배웠다는 얘기죠. 그런데 나이 60이 다 되었는데 2년 만에 생활영어를 꽤 하더라고요. 깜짝 놀랐습니다. 한국 학교에서는 10년 해도 안 되는 게 영어인데. 비결이 뭐였을까요? 이혼하고 미국 남자와 새로 결혼해서 미국에서 살거든요. 이렇게 영어를 하지 않으면 안 되는 상황을 맞으면 누구나 하게 돼요. 그래서 저는 영어 잘하는 비결로 영어 학습에 대한 강한 동기를 1순위로 꼽죠.

몇 년 전 영어학회에 참석차 미국 시애틀에 갔다가 그 친구 부부와 저녁을 함께했는데 이 친구의 영어라는 게 "서울역을 어떻게 가요?"를 말하고 싶으면 그냥 우리말 식으로 "Seoul station where, please?"라고 말하는 식이에요. 이럴 때 한국의 학교 영어에서는 어떻게 가르칩니까? "Would you please tell me how to get to...?" 아니면 "How can I get to...?" 뭐 이런 식으로 가르치죠. 이 표현 속에 알맹이에 해당되는 내용이 들어 있나요? 없습니다. 그냥 겉치장뿐이죠. 제 친구는 이런 거추장스런 것 다 생략하고 그냥 핵심 단어만 한국말에 꿰맞추어 말합니다. 잘 통해요. 60이 넘어 어떻게 완전한 영어를 사용합니까? 문법 맞추고, 조동사 찾고, 그럴 것 없이 우리말 하듯 하더라고요. 여러분도 영어를 배우지 않으면 살 수 없을 정도로 절박해지면 다 해내실 겁니다. 지금은 영어 몰라도 사는 데 지장이 없으니까 목숨 걸고 배우지 않죠. 그러니까 잘 안 되고요. 결국 영어 공부 비결은 절박한 동기가 있느냐 없느냐라고 할 수 있습니다.

하지만 영어를 배우려는 목적, 현재의 수준, 도달하고자 하는 목표 수준, 자신에게 허용된 시간 등에 따라 영어 공부 방법도 다 다를 수밖에 없죠. 그래서 결국 각자의 상황에 맞는 영어 공부 방법을 찾아야 합니다. 누구에게나 다 적용되는 영어 공부 비법은 없어요.

영어 공부 비결은 교과서적으로는 얼마든지 말할 수 있어요. 읽기, 듣기의 경우라면 다독extensive reading, 다청extensive listening이 비결이겠죠. 한국과 같은 환경 속에서도 마음만 먹으면 얼마든지 혼자서도 매일 할 수 있어요. 회화와 쓰기라면 어떨까요? 이것은 좀 다르죠. 활용할 기회를 찾기가 쉽지 않죠. 저는 회화의 경우, 가장 빠른 방법은 일단 실제 사용을 통해 배우는 것이라고 봅니다. 원어민을 만나서 하든, 화상영어를 통해서 배우든. 이렇게 사용을 통해 배우는 방식과 비슷한 효과를 낼 수 있는 방법이 있죠. 우리말을 영어로 번역하는 방법이 그것입니다. 그냥 틈날 때마다 일과 중에 남과 주고받은 말을 머릿속에서 영어로 옮겨보는 거예요. 문장 수준이 안 되면 어휘 수준 정도라도. 이 방법을 강력히 추천드리고 싶습니다. 번역을 하는 과정은 출력 output 과정이라는 점에서 말하고 쓰는 것과 동일하기 때문입니다. 어휘와 문법 학습도 번역을 통해 익히면 나중에 말하고 쓸 때 아주 유용합니다.

영어 공부 방법에 관해 몇 가지 정리한 내용을 전해드리고 강의 마치겠습니다.

한국인의
영어 미신 10가지

1. 문법은 빨리 배울수록 좋다.
   ⇒ 문법 규칙을 명시적으로 배우는 것은 중급 수준까지 미루는 것이 좋다. 초급 수준에서 전통적인 방식으로 문법을 배우면 틀리는 것을 두려워해서 유창성 발달에 장애가 될 수 있다.

2. 단어는 반드시 문맥 속에서 암기해야 한다.
   ⇒ 단어는 원론적으로 문맥 속에서 암기하는 것이 맞다. 엄격히 말하면 단어의 뜻은 문맥이 있을 때만 확정되는 것이기 때문이다. 그러나 '영어 단어-우리말 뜻' 식으로 문맥에서 분리해서 암기하는 것도 읽기/듣기를 위한 용도로는 효과가 있다. 특히 단시간에 시험 준비를 위해 여러 단어를 암기해야 할 때는 전통적인 방법인 '영어 단어-우리말 뜻' 식이 더 효율적일 수 있다. 하지만 말하기/쓰기처럼 표현을 위한 용도를 생각하면 단어는 구나 문장 단위로 암기하는 것이 정석이다.

3. 어휘는 단어장이나 깜빡이 같은 기기로 암기하는 것이 가장 빠르다.
   ⇒ 어휘는 말하기/쓰기/읽기/듣기라는 목적에 따라 다르게 학습해야 한다. 특히, 표현 speaking/writing을 위한 어휘는 문맥(담화, 문장,

구) 속에서 학습(예: 읽기, 듣기, 쓰기)하는 것이 효율적이다.

4. 영어는 원어민에게 배우는 것이 가장 좋다.
⇒ 영어는 학습자와 비슷한 어려움을 겪어본 한국인으로서 영어가 유창한 선생님이 이상적이다.

5. 영어 발음이 좋지 않은 선생님에게 영어를 배우면 영어 발음이 나빠지기 때문에 피해야 한다.
⇒ 선생님의 영어 발음이 단기간에 그렇게 쉽게 학생들에게 전이되지 않는다. 표준 발음을 더 많이 듣기 때문이다. 오히려 미국 표준 발음과 다른 영어 발음에 익숙해질 필요가 있다(인도 영어, 영국 영어, 호주 영어, 필리핀 영어 등).

6. 영문법 공부는 규칙 암기를 통해서 하는 것이 가장 빠른 방법이다.
⇒ 틀린 생각이다. 영문법 규칙은 자신의 발달 수준을 넘는 것, 또 영문법의 습득 순서와 어긋나는 것은 일시적으로 암기할 수는 있어도 금방 잊힌다. 영문법 규칙을 정확히 사용할 수 있는 능력은 영어에 오랜 세월 노출되고 사용을 하면서 조금씩 향상된다.

7. 외국에 나가서 어학연수를 하는 것이 영어를 익히는 가장 빠른 방법이다.
⇒ 외국에 나가서 하는 만큼 한국에서도 집중해서 하면 큰 차이가 날 이유가 없다. 그러나 동기유발을 위해 외국에서 공부하는 경험을 갖는 것은 바람직하다.

8. 소위 '통문장 암기'는 매우 효과적이다.
⇒ 인간의 대뇌는 사전 조립된 의미 덩어리(연어 등)를 저장했다가 필

요에 따라 2~3개의 덩어리를 조립하며 표현하게 되지, 통문장을 암기했다가 통문장 그대로 쓰는 경우는 매우 소수의 표현에만 해당된다.

9. 영어는 처음부터 정확히 사용하는 습관을 들여야 한다.
⇒ 조물주가 언어는 틀리면서 배우도록 프로그래밍을 했다. 외국어를 배우는 것은 자전거 타기와 비슷해서 넘어지면서 배울 수 있고 그것이 가장 빠른 방법이다.

10. 영어가 유창하다는 것은 영미 모국어를 틀리지 않고 빨리 말할 수 있는 능력이다.
⇒ 영어를 세계 공용어로서 사용하고, 세계의 다양한 영어를 존중해야 하는 21세기의 유창성은 세계의 다양한 종류의 영어 사용자들과 만나 영어 발음, 문법, 사용법 등의 지역 영어 특성을 극복하면서 성공적으로 의사소통을 하는 능력으로 재정의되고 있다.

> **초등·중학생이 고쳐야 할 8가지 잘못된 영어 공부 방법**

제가 잘 아는 이상엽 선생님이라고 계세요. '덩어리고리영어'라는 새로운 영문법 학습법을 개척하신 분이기도 하고요. 이 선생님이 주장하는 초등·중학생이 고쳐야 할 잘못된 8가지 영어 공부 방법을 소개해드립니다.

1. 선생님이 설명해주신다.
   ⇒ 내가 한다. 안 되는 것만 선생님께.

2. 급할 때, 시간 날 때 한다.
   ⇒ 정해진 시간, 정해진 장소에서 규칙적으로 한다.

3. 문제의 답만 맞으면 된다.
   ⇒ 과정이 충실하지 않으면 진짜 실력을 기를 수 없다. 이해가 확실치 않은 부분은 반드시 해결한다.

4. 눈으로 보고 이해되면 된다.
   ⇒ 언어는 이해가 아니고 습득이다. 쓰는 연습, 말하는 연습을 반복한다.

5. 문법에 전념한다.

⇒ 문법은 영어를 사용(읽기, 듣기, 쓰기, 말하기)하기 위한 수단일 뿐 그 자체가 목적이 아니다. 문법은 단기에 정리하고, 이를 사용 능력에 활용할 수 있어야 한다. 문법만 하다가는 고등학교에 가는 순간 성적이 반 토막 된다.

6. 교과서와 참고서만 보면 된다.

⇒ 양이 너무 부족하다(중1, 2 교과서 본문 다 합쳐야 고1 모의고사 1회 분량밖에 안 됨). 그리고 흥미를 유지하기가 어렵다. 다양한 독해, 듣기 자료(storybook, 신문, 방송 등)를 접한다.

7. 쓰기, 말하기는 시험에 나오지 않으므로 중요하지 않다.

⇒ 영어를 습득하는 과정에서 매우 중요하다. 써봐야 문법이 제대로 연습되고, 영어식 표현에 익숙해진다. 말할 기회는 많지 않지만 큰 소리로 따라 읽는 것도 많은 도움이 된다. 발성을 해보는 것은 영어 자체에 흥미를 유발시키고 배운 것을 암기하는 데에도 효과적이다.

8. 단어는 철자로 암기한다.

⇒ 단어는 소리로 암기한다. 제대로 발음할 수 없는 단어는 외울 수도 없다. 단어에 대한 소리 이미지가 저장되어야 발음과 철자의 관계를 알 수 있고 암기가 쉬워진다.

출처 : Con & Con 대표 이상엽

> 이찬승의
> 영어 공부
> 15계명

1. 동기를 관리하라.
    - 영어를 통한 자신의 비전을 세우고 간절히 원하라.
    - 영어를 잘해야 하는 절실한 이유를 만들라.
    - 자신의 영어가 잘 통하는 상황을 자주 상상하라.
    - 성취감과 자신감으로 동기를 강화하라.
    - 가능하면 동기유발을 위해 어학연수/해외여행을 한번쯤 떠나라.

2. 피할 수 없다면 즐겨라.
    - 영어를 깨닫는 묘미를 즐겨라.
    - 영어 공부를 취미로 만들라.
    - 성취감, 자신감 증가를 즐겨라.

3. 수준에 맞는 것으로 계획을 세워 공부하라.
    - 목적과 수준에 맞는 학습 자료를 선택하라.
    - 일간/주간/월간/연간 계획을 세워 공부하라.
    - 영어 공부는 자기와의 집요한 싸움이다. 세운 목표는 기필코 달성하라.

4. 어휘-학습법을 바꿔라.

   읽기를 위한 어휘 학습은 전통적인 방법도 효과가 있지만 말하기, 쓰기를 위한 어휘 학습법은 전면 바뀌어야 한다. 아래와 같이 기본 3천 어를 연어 중심으로 학습하라.

   - 기본 3,000 word families를 마스터하라.

     (meanings, collocations, grammatical features)

     연어(collocations):

     access/delete/copy/create/download/save a file

     make/strike/sign/conclude/close a deal

     a(n) slight/slim/good/excellent chance

5. 문법-학습법을 바꿔라.

   - 좋은 영문법 책 한 권을 5회 이상 반복 학습하라.
   - 핵심 문법 core grammar을 우선 학습하라. 시제/조동사/의문문/접속사/인용할 때 필요한 표현 등.
   - 문맥 속에서 이해를 바탕으로 학습하라. 재미없고 어려운 설명이 준다.

     a. 'What a mess!'

        'Yes, they've been painting the kitchen.'

     b. 'The flat is looking nice.'

        'Yes, they've painted the kitchen.'

   - 초급 수준에서는 표현 전체를 한 덩어리로 익히는 학습 item learning 을, 중급 이상에서는 규칙을 활용한 연역적 학습 rule learning 을 병

행하라.

＊ item learning의 예

a. Can I have a _____ ?

＊ rule learning의 예

b. can: 능력, 가능성, 허가(ability, possibility, permission)를 나타낼 때 사용한다.

6. '유창성 → 정확성' 순으로 학습하라.

- 의미message를 전달하는 데 초점을 맞춰라. 처음부터 정확한 표현으로 의미를 전달하는 것은 불가능하다. 정확성을 먼저 갖추어야 유창해질 수 있다고 생각하나 이는 틀린 생각이다. 오히려 정확성은 유창성이 갖춰지면서 그 이후 점차적으로 갖춰질 수 있는 성질이다. '정확성은 유창성에서 나온다(Accuracy comes out of Fluency)'.

- 초급자 버전

"Yesterday I visit my grandmother. She very very ill. She in hospital two months."

- 중고급자 버전

"I visited my grandmother yesterday. She's seriously ill. She's been in the hospital for the past two months."

7. 배운 것을 실제 사용해보라.

- 실제 사용해본 것은 90퍼센트 이상 기억된다.

- 어휘와 문법은 학습 후 즉시 쓰기를 통해 활용하라.

- 아웃풋output을 통해 자신의 영어와 표준 영어와 차이를 파악하기

(noticing the gap).

8. 생활화하라.
   - 영어는 마라톤이다. 장기적 안목과 목표를 가지고 삶의 일부분으로 만들라.
   - 매일 2시간, 1년 700시간씩, 3년 동안 집중 공부하라.
     (하루 2시간 = '60분 읽기+20분 듣기+30분 쓰기+10분 말하기')
   - 원어민과 주 2회 이상 대화하고 주 2회 이상 이메일을 쓰라.
   - 잠잘 때만 빼고 읽기, 듣기 자료를 항상 휴대하라.
   - 명저를 우리말로 먼저 읽고, 그다음 영어판을 읽어라.

9. 뻔뻔함을 길러라.
   - 틀리지 않으면 못 배운다.
   - 모국어 스킬을 적극 활용하라.
   - 콩클리시도 마음껏 사용하라.

10. 영영/한영 사전을 끼고 살아라.
    - 연어 collocation 가 강화된 최신 사전을 선택하라.
    - 사전의 연어, 주요 문법 패턴에 자주 눈길을 주어라.
    - 사전 조립된 의미 단위 lexical chunks 를 암기하라.
      (예: delete a file, strike a deal, strong possibility)
    - 표현 speaking/writing 을 위한 어휘 학습은 '한글⇒영어'순으로 하라. (예: 크게 강조를 하다 → put[place] (a) heavy emphasis on)

11. 이해한 후 암기하라.
    - 이해 가능한 comprehensible 것만 습득된다.

- '무조건 암기'는 지양하라.

12. 큰 소리로 읽고, 큰 소리로 발음하라.
    - 기억, 저장, 회상이 더 수월해진다.
    - 따라 읽기는 받아쓰기dictation의 효과가 있다.

13. '공부'하지 말고 '사용'하라.
    - 영어 공부는 자전거 타기와 같다. 넘어지면서 배워라.
    - 영어 공부는 운동과 같다. 레슨만 받지 말고 직접 해보라.
    - 배운 후 말하려 하지 말고, 말하면서 배워라.
    - 배운 후 쓰려고 하지 말고, 쓰면서 배워라.

14. 잊기 전에 필사적으로 복습하라.
    - '30분-1시간-12시간-1일-10일-1개월' 간격으로 6회 이상 복습하라.
    - 자주 반복-반복-반복 연습하라.
    - 자주 반복-반복-반복 회상하라.

15. 영어를 가르쳐라.
    - 배운 것을 남에게 설명하라. 가르쳐본 것은 90퍼센트 이상 기억한다.

> **영어 공부 비결**
> **– 사전 활용법**

좋은 사전 끼고 살라는 말도 꼭 하고 싶어요. 옛날 호주에 유학 갔다 온 한 직원이 영어를 정말 잘하더군요. 그런데 교재 개발하라니까 못하겠다는 거예요. 영어 사전보다 더 좋은 교재란 이 세상에 있을 수 없다는 게 자기 생각이라는 거죠. 영어 사전 말고 왜 다른 책을 내느냐는 겁니다. 저는 공감이 갔어요.

혹시 코퍼스corpus 아세요? 인간이 사용한 언어를 대용량 컴퓨터에 입력하여 언어가 어떻게 사용되는지 분석할 수 있는 도구예요. 그걸 들여다보면 다 나와요. 시중에 나와 있는 사전이 얼마나 엉터리인지. 옛날에 나온 사전을 가지신 분, 예로 engage라는 단어를 한번 찾아보세요. 맨 처음 나오는 뜻이 '약속하다, 계약하다'로 되어 있을 거예요. 미안하지만 engage에는 그런 뜻이 없어요. 옛날 일본 사전 베껴서 그렇지 않나 짐작됩니다. 코퍼스를 뒤져보니까 '약속하다, 계약하다'는 뜻으로는 engage가 쓰이지 않아요. 이젠 코퍼스를 기반으로 개발하지 않은 사전에는 틀린 정보가 너무 많아요. 코퍼스를 기반으로 해서 만든 사전에는 engage가 제일 많이 쓰이는 뜻으로 '주의, 관심을 끌다. 사로잡다'를 제시하고 있을 거예요.

　사전 몇 가지 추천하죠. 코퍼스를 기반으로 한 사전입니다. 영한사전으로는 〈능률롱맨영한사전〉, 〈옥스퍼드영한사전〉 등이 대표적이고요. 한영사전은 〈능률한영사전〉이 비교가 안 될 만큼 단연 최고입니다(제가 어마어마한 돈을 들여 직접 개발에 참여한 사전이죠). 영영사전으로는 〈롱맨영영사전〉, 〈옥스퍼드영영사전〉을 추천합니다.

30개의 외국어를
익힌 리처드 버튼
경의 비밀

　마지막으로 외국어 하나를 2개월 만에 배울 수 있었던 사람을 소개하겠습니다. 19세기에 실존했던 인물 리처드 버튼Richard Burton 경이 바로 그 신비의 인물이죠. 그는 생전에 30개 외국어를 익힐 수 있었다고 하는데 그 비결은 다음과 같습니다.

　I got a simple grammar and vocabulary, marked out the forms and words which I knew were absolutely necessary,
　(나는 쉬운 문법 항목과 어휘를 구해서 꼭 필요한 것들만 구분해 골랐다)

　and learnt them by heart
　(그리고 나는 그것들을 암기했다)

　by carrying them in my pocket and looking over them at spare moments during the day.

(주머니에 넣어 다니며 하루 종일 틈날 때마다 반복해서 살펴보았다)

I never worked for more than a quarter of an hour at a time, for after that the brain lost its freshness.
(나는 한 번에 15분 이상 학습하지 않았다, 왜냐하면 그 이상 공부를 하면 뇌가 상쾌한 상태를 잃기 때문이다)

After learning some three hundred words, easily done in a week,
(약 300단어를 학습하고 나서 - 이는 일주일에 어렵지 않게 해낼 수 있었다)

I stumbled through some easy book-work (one of the Gospels is the most come-at-able),
(나는 쉬운 책을 더듬거리면서도 끝까지 읽었다 - 복음서 중의 하나가 가장 쉽게 할 수 있었다) *come-at-able(구어) 가까이하기 쉬운, 쉽게 할 수 있는; 입수할 수 있는

and underlined every word that I wished to recollect,
(기억해두었다가 나중에 회상하고 싶은 단어에는 밑줄을 그었다)

in order to read over my pencillings at least once a day

(내가 연필로 밑줄 친 부분을 적어도 하루 한 번 읽고 복습하기 위해서)

... If I came across a new sound like the Arabic Ghayn, I trained my tongue to it by repeating it so many thousand times a day.

(Ghayn과 같은 아랍어 단어가 나오면 하루에도 수없이 반복 발음하여 나의 혀를 훈련시켰다)

When I read, I invariably read out loud, so that the ear might aid memory

(읽을 때는 기억이 더 잘 되도록 항상 소리 내어 읽었다)

... whenever I converse with anybody in a language I was learning, I took the trouble to repeat their words inaudibly after them, and so to learn the trick of pronunciation and emphasis.

(내가 배우는 언어로 누군가와 대화를 나눌 때면 나는 마음속으로 따라 반복했다. 이는 발음과 강세를 익히기 위한 목적이기도 했다)

리처드 버튼 경이 사용한 외국어 학습 전략 11

1. 의사소통에 필요한 최소한의 핵심 어휘와 문법에 집중했다.
2. 어휘와 문법을 학습할 때 암기 전략을 활용했다.
3. 복습에는 자투리 시간을 잘 활용했다.
4. 뇌의 특성을 고려한 학습brain-based learning을 했다.
5. 독해를 하기 전에, 필요한 최소한의 어휘를 먼저 공부했다.
6. 이해의 어려움을 최소화하기 위해서 배경 지식이 있는 읽기 자료를 선택했다.
7. 중요한 것과 중요하지 않은 것을 구분해서 학습했다.
8. 규칙적으로 복습했다.
9. 발음이 어려운 단어는 소리 내어 수없이 반복 연습했다.
10. 소리 내어 읽기의 장점을 적극 활용했다.
11. 상대방의 말을 그대로 따라 말해보는 shadowing 기법을 활용했다.